suhrkamp taschenbuch 4880

Cees Nootebooms Liebe zu Venedig dauert nun schon über 50 Jahre an, viele Male hat er die Stadt besucht. Das erste Mal, 1964, in Gesellschaft einer jungen Frau. Dann, 1982, mit dem Orientexpress. Erst beim zehnten Mal das Wagnis: eine Gondelfahrt. Und schließlich, 2018, kappt ein heftiger Sturm die einzige Landverbindung zwischen der Stadt und dem Rest der Welt und sorgt dafür, dass der Gast länger bleibt als geplant.

Nooteboom wohnt in prachtvollen Hotels und düsteren Apartments, huldigt den Malern und Schriftstellern, die hier lebten und arbeiteten, beobachtet den drohenden Ausverkauf Venedigs ebenso wie das Verhalten der Bewohner und Besucher: klug und selbstironisch, fast zärtlich.

Cees Nooteboom, geboren 1933 in Den Haag, lebt in Amsterdam und auf Menorca. Sein Werk, das im Suhrkamp Verlag in einer Gesamtausgabe von bisher zehn Bänden vorliegt, wurde mit zahlreichen Preisen ausgezeichnet, zuletzt mit dem Prix Formentor 2020.

Helga van Beuningen, geboren 1945, lebt in Schleswig-Holstein. Sie übersetzt aus dem Niederländischen Autorinnen und Autoren wie A. F. Th. van der Heijden, Marcel Möring und Margriet de Moor. Für ihre Arbeit wurde sie mit zahlreichen Preisen ausgezeichnet.

Cees Nooteboom

Venedig

Der Löwe, die Stadt und das Wasser

Mit Fotografien von
Simone Sassen

Aus dem Niederländischen von
Helga van Beuningen

Suhrkamp

Die niederländische Ausgabe erschien 2019 unter dem Titel
Venetië. De leeuw, de stad en het water
bei Uitgeverij De Bezige Bij, Amsterdam.

Abb. S. 198: Giorgione, *Das Gewitter,* Accademia, Venedig
Foto: © Scala, Florenz

2. Auflage 2022

Erste Auflage 2021
suhrkamp taschenbuch 4880

Umschlagfoto: Simone Sassen
Umschlaggestaltung: Hermann Michels und Regina Göllner
Druck und Bindung: CPI books GmbH, Leck
Dieses Buch wurde klimaneutral produziert:
climatepartner.com/14438-2110-1001.
Printed in Germany
ISBN 978-3-518-46880-7

www.suhrkamp.de

Venedig

Der Löwe, die Stadt und das Wasser

DAS ERSTE MAL

Ein erstes Mal, immer gibt es ein erstes Mal. Wir schreiben das Jahr 1964, ein alter, klappriger Zug aus dem kommunistischen Jugoslawien, Endstation Venedig. Neben mir eine junge Frau, Amerikanerin. Die lange Reise ist uns anzusehen. Alles ist neu. Wir nehmen die Stadt so, wie sie sich uns zeigt. Erwartungen haben wir nicht, ausgenommen die mit dem Namen der Stadt verbundenen, und dann erfüllt sich alles. Im geheimen Gewebe des Gedächtnisses wird alles gespeichert. Der Zug, die Stadt, der Name der jungen Frau. Wir werden einander verlieren, werden unterschiedliche Leben führen, einander viel später auf der anderen Seite des Globus wiederfinden, vom eigenen Leben erzählen.

Mehr als vierzig Jahre später wird jener erste Tag aus dem Jahr 1964 in einer Erzählung landen, die den Titel *Gondeln* trägt. Die Stadt und alles, was in der Zwischenzeit verschwunden war, wird zur Kulisse für diese Geschichte.

1982, eine andere Stadt, ein anderer Zug. Eine Freundin hat mich zur Victoria Station gebracht, in London. Ich werde den Orientexpress nach Venedig nehmen.

Doch dieser Zug ist nicht da. Etwas ist defekt, wir fahren nicht unter dem Meer hindurch, sondern fliegen über Land. Zwei Tage später geht der Zug dann doch, von Paris aus, ein Nachtzug. Ich erinnere mich an die nächtlichen Bahnhöfe, Stimmen in der Dunkelheit, den zu Zügen gehörenden Rhythmus, die unsichtbaren Trommler, die irgendwo unter den Wagen hausen, Lautsprecher, die etwas verkünden in anderen Sprachen.

Im Zug habe ich die Leute erkannt, die in London mit mir auf dem leeren Bahnsteig standen, aber es sind keine Spione darunter, keine großen Lieben, niemand, der sich für einen Roman eignen würde. Die Notizen von dieser Reise stehen in einem anderen Buch, so dass ich sie nicht mehr mit herumtragen muss. Die rosa Schirmlampe aus dem Luxuszug, die in jenem Buch geblieben ist, habe ich zusammen mit den Leuten in Abendkleidung, den umfangreichen Speisekarten, dem Französisch der Kellner und ihren Uniformen schon vor Jahren weggeräumt, ebenso wie die himmelblaue Uniform des Mannes, der über unseren Zugteil waltete und inzwischen in den Kellern der Erinnerung umherirrt. Ich kann ihn jetzt auch nicht mehr bewahren, es ist zwar noch dasselbe Leben, aber ich habe andere Dinge zu tun, ich bin auf dem Weg, zum zweiten Mal. Diesmal werde ich die Wasserstadt mit niemandem teilen. Es ist 1982 in meinem jetzigen Damals, die Gegenwart meiner Sätze ist in eine fortwährende Wiederholung eingebettet, von jetzt an werde ich hier ankommen und zurückkehren, die Stadt wird mich anziehen und von sich stoßen, ich werde an immer wieder neuen Adressen wohnen, werde weiterhin darüber schreiben und lesen, die Stadt wird zu einem Teil meines Lebens werden, wie ich nie ein Teil ihres Lebens sein werde, wie ein Staubkorn werde ich durch ihre Geschichte flirren, sie wird mich fressen, wie sie alle ihre Geliebten und Bewunderer stets verschlungen hat, die im Laufe der Jahrhunderte zu ihren Füßen gelegen haben, als wären sie selbst, unsichtbar, zu Marmor geworden, ein Teil der Luft, des Wassers oder des Bürgersteigs, etwas, über das man geht, den Blick auf den immerwährenden Glanz von Palästen und Kirchen gerichtet, für kurze Zeit Schicksalsgefährte in der Geschichte vom Löwen, der Stadt und dem Wasser.

LANGSAME ANKUNFT

Im Jetzt von damals ist es neblig in der Po-Ebene. Ich habe keine Lust zu lesen und sehe mir die mobilen Gemälde draußen an: eine uneigentliche Palme, einen kahlgestutzten Apfelsinenbaum, in dem die albern wirkenden Früchte wie ein Vorwurf hängen – nur: an wen? Trauerweiden entlang einem verschmutzten braunen Fluss, beschnittene Zypressen, ein Friedhof mit riesigen Grabhäusern, als wohnten prahlerische Tote darin, eine Wäscheleine mit rosafarbenen Laken, ein umgefallenes Schiff mit verrottendem Kiel, und dann fahre ich über Wasser, die weißliche, spiegelnde, umnebelte Fläche der Lagune. Ich drücke den Kopf an die kalte Scheibe und sehe in der Ferne die graue Andeutung von etwas, das eine Stadt sein soll und jetzt erst als Steigerung des Nichts sichtbar ist, Venedig.

Bereits in der Bahnhofshalle ist der Zug von mir abgefallen, braun und lackiert bleibt er am herbstlichen Bahnsteig zurück, ich bin wieder ein ganz normaler Reisender, jemand, der aus Verona eintrifft, eine Person mit einem Koffer, die zum Vaporetto eilt. »Über die düsteren Kanäle wölbten sich die hohen Brücken, und da war ein dunkler Geruch von Feuchtigkeit, Moos und grüner Fäulnis, und da war die Atmosphäre einer jahrhundertealten Geheimnisvergangenheit, einer Vergangenheit der Intrigen und Verbrechen; dunkle Gestalten schlichen über die Brücken, an Kaimauern entlang, in Umhänge gehüllt, maskiert; die Leiche einer weißen Frau schienen zwei *bravi* dort von einem Balkon ... ins schweigende Wasser gleiten lassen zu wollen! Doch es waren lediglich Schemen, es waren lediglich Spukerscheinungen aus unserer eigenen Phantasie.«

Das bin nicht ich, das war Couperus*. Mir gegenüber sitzt kein Schemen, sondern eine Nonne. Sie hat ein weißes Gesicht, lang und schmal, und liest ein Buch über *educazione linguistica*. Das Wasser ist schwarzgrau, ölig, es glänzt keine Sonne darin. Wir fahren an geschlossenen Mauern entlang, die angegriffen sind, bewachsen mit Moos und Schimmel. Auch für mich gehen dunkle Gestalten über die Brücken. Es ist kühl auf dem Wasser, eine durchdringend feuchte Kälte, die vom Meer heraufzieht. In einem Palazzo sehe ich jemanden zwei Kerzen an einem Leuchter anzünden. Alle anderen Fenster sind hinter abgeblätterten Läden geschlossen, und jetzt schließt sich auch noch der letzte Laden – eine Frau tritt vor und macht die Bewegung, die sich nicht anders machen lässt: Mit weit ausgebreiteten Armen geht sie auf die Läden zu, ihre Gestalt zeichnet sich gegen das schwache Licht ab, so verdunkelt sie sich selbst bis zur Unsichtbarkeit. Mein Hotel liegt gleich hinter der Piazza San Marco, von meinem Zimmer im ersten Stock sehe ich ein paar Gondolieri, die zu so später Stunde noch auf Touristen warten, ihre schwarzen Gondeln wiegen sich im Wasser. Auf dem Platz suche ich nach der Stelle, von der aus ich zum ersten Mal den Campanile und San Marco gesehen habe. Das ist lange her, doch der Augenblick bleibt unvergesslich. Die Sonne knallte auf die Piazza, auf all die runden, weiblichen Formen von Torbögen und Kuppeln, die Welt machte einen Sprung, und mir schwindelte. Hier hatten Menschen etwas getan, was unmöglich war, auf diesen paar sumpfigen Stücken Land hatten sie sich ein Gegengift ausgedacht, einen Zauber gegen alles, was häss-

* Louis Marie Anne Couperus (1863-1923), niederländischer Schriftsteller, der neben Gedichten, Novellen, historischen Romanen auch viele Reiseerzählungen verfasst hat.

lich war auf der Welt. Hundertmal hatte ich diese Abbildungen gesehen, und trotzdem war ich nicht darauf vorbereitet, weil es vollkommen war. Dieses Glücksgefühl ist nie vergangen, und ich erinnere mich, dass ich den Platz betrat, als wäre es nicht erlaubt, aus den engen, dunklen Gassen hinaus auf das große, ungeschützte, sonnenbeschienene Rechteck, und an seinem Ende dieses *Ding*, dieses unglaubliche Gespinst aus Stein. Oft genug bin ich danach noch in Venedig gewesen, und selbst wenn sich dieser Pfeilschuss des ersten Mals nicht wiederholt hat, erlebe ich doch nach wie vor diese Mischung aus Entzücken und Verwirrung, auch jetzt bei Nebel und angebrachten Schutzbrettern gegen die Flut. Wie viel wohl alle Augen zusammen wiegen, die diesen Platz gesehen haben?

Ich spaziere an der Riva degli Schiavoni entlang. Ginge ich nach links, müsste ich mich im Labyrinth verirren, aber ich will nicht nach links, ich will auf dieser bereits halb verhüllten Grenze zwischen Land und Wasser entlangspazieren, bis zum Partisanendenkmal, der großen, gefallenen Gestalt einer toten Frau, die von den kleinen Wellen des Bacino di San Marco umspült wird. Grausam und traurig ist dieses Denkmal. Die Dunkelheit verdüstert den großen finsteren Körper, der sich sacht hin und her zu bewegen scheint, die Wellen und der Nebel täuschen mich, es ist, als würde ihr Haar durch die Bewegung des Wassers auseinandergefächert, als wäre jetzt Krieg und nicht damals. Sie ist so groß, weil sie bei unserer Erinnerung etwas bewirken will, eine viel zu große Frau, die erschossen wurde und dort im Meer liegt, bis sie, wie alle Denkmäler, aus einer bitteren Erinnerung an diesen einen Krieg und diesen einen Widerstand zu einem Zeichen wird, das immer für Krieg und Widerstand steht. Und dennoch – wie leicht verliert ein Krieg all sein Blut, sofern er sich nur vor hinreichend langer Zeit zugetragen hat. In dem Buch, das ich bei mir habe, *The Imperial Age of Venice*, 1380-1580, sind die Schlachten, das Blut und die Reiche zu Schraffuren, Pfeilen und hin und her springenden Grenzen auf der Karte von Italien, Nordafrika, der Türkei, Zypern sowie dessen abstrahiert, was heute der Libanon und der Staat Israel ist, die Pfeile reichten bis Tana und Trapezunt am Schwarzen Meer, bis nach Alexandria und Tripoli, und auf den Routen dieser Pfeile kehrten die Schiffe beladen mit Kriegsbeute und Handelswaren zurück, die aus der Stadt am Wasser eine byzantinische Schatzkammer machten.

Ich nehme ein Boot zur Giudecca. Dort habe ich nichts zu suchen. Die von Palladio erbauten Kirchen stehen wie hermetische Marmorfestungen da, die Passanten gehen umher wie Geister. Man ist daheim – hinter geschlossenen Fenstern ist das erstickte Geräusch der Fernseher zu hören. Ich gehe wahllos in Straßen hinein und hinaus, will zur anderen Seite hinüber, was mir aber nicht gelingt. Die Lichter der Stadt kann ich jetzt fast nicht mehr erkennen. So dürfte die Vorhölle für mich gern aussehen, Gassen ohne Ausweg, plötzlich auftauchende Brücken, Ecken, verlassene Häuser, Geräusche, die zu nichts gehören, das Rufen eines Nebelhorns, Schritte, die sich entfernen, Passanten ohne Gesicht, die Köpfe in schwarze Tücher gehüllt, eine Stadt voller Schemen und voller Erinnerung an Schemen, Monteverdi, Proust, Wagner, Mann, Couperus, die in der allgegenwärtigen Nähe dieses schwarzen, mit Tod bestrichenen, wie ein marmorner Grabstein geschliffenen Wassers umhergeistern.

Am nächsten Tag besuche ich die Accademia. Ich bin des so weltlichen *Abendmahls* von Veronese wegen gekommen, doch das wird gerade restauriert, der Saal ist durch einen Vorhang geschlossen. Die beiden Restauratoren, ein Mann und eine Frau, sitzen nebeneinander auf einer niedrigen Bank und beschäftigen sich mit den Steinplatten unter der rosafarbenen und der grünen Person, wie ich sie der Einfachheit halber nennen will. Mit einem Stock, an dem ein weißer Ball befestigt ist, reiben sie über eine äußerst kleine Fläche. Dort wird es heller. Die Frau trägt ein Rot, das zu einer der Figuren passt. Von Zeit zu Zeit lassen sie ihre chemischen Stöcke sinken und diskutieren über eine Farbe oder eine Richtung, mit Gesten so theatralisch wie die Veroneses. Ich weiß nicht mehr, ob es Baudelaire war, der Museen mit Bordellen verglichen hat, jedenfalls steht fest, dass es immer viel mehr Gemälde gibt, die etwas von dir wollen, als umgekehrt. Das macht die Atmosphäre in den meisten Museen so niederdrückend, all diese mit einer Absicht gemalten Quadratmeter, die so werbend dahängen und einem nichts zu sagen haben, die nur dahängen, um eine Periode zu illustrieren, Namen zu repräsentieren, Reputationen zu bestätigen. Heute jedoch, während ich enttäuscht vom verborgenen Veronese weggehe, habe ich Glück.

Irgend etwas an einem Gemälde, an dem ich schon vorbei bin, ruft mich zurück, mein Hirn ist an etwas hängengeblieben. Von dem Maler, Bonifacio de' Pitati, habe ich noch nie gehört. Das Bild heißt *Die Erscheinung des Ewigen* (*Apparizione dell'Eterno*) und sieht auch so aus. Über dem Campanile – der tatsächlich im Jahr 1902 einstürzte, doch das konnte der Jahrhunderte zuvor gestorbene Maler nicht wissen – hängt drohend eine düstere Wolke. Die Spitze ist unsichtbar, die Wolke selbst mehrschichtig, und mit weit ausgebreiteten Armen fliegt in seinem eigenen, noch düstereren und ebenfalls wolkenartigen Umhang ein Greis vorbei, umgeben von Köpfen und Teilen – der Andeutung eines Händchens, einer aufwärts fliegenden molligen Armpartie – jener reizlosen Engelart, die man *putti* nennt. Aus der Düsternis des Umhangs und des geringeren Übels, der Wolke, rettet sich eine Taube, die ein seltsam durchdringendes Licht verströmt.

Ich bin durch meine Erziehung von früher her perfekt konditioniert, diese Art von Bildern zu deuten. Dies sind der Vater und der Heilige Geist, und sie sausen, ohne Begleitung des Sohns, mit großer Geschwindigkeit über die Lagune. San Marco ist fein gepinselt, alles andere etwas verschwommen, es kostet Mühe, mir klarzumachen, dass diese so viel früher gemalte Kirche in Wirklichkeit ganz in meiner Nähe steht. Auf dem großen Platz *verkehren* mit leichten Strichen angedeutete menschliche Wesen. Einige von ihnen haben zarte, fliegenflügelartige Arme erhoben, doch massenhaften Schrecken, wie bei einer Schießerei, ruft diese Darstellung der Ewigkeit nun auch wieder nicht hervor. Einige Segel von Schiffen werden vom Taubenlicht erfasst, doch niemand der Anwesenden auf dem Platz wird *nonym*, sie haben keine Gesichter und damit keine Namen, keine Charaktere, stellen lediglich eine Menschenmenge dar. Mit Mühe löst sich die Andeutung eines Hundes aus dem gemalten Pflaster, ein Fleck, der einen Hund verkörpert, zwischen anderen, ebenfalls materiellen Flecken, die nichts verkörpern, keine Substantive, lediglich die Nuancen von Farbe und Stein, Beiwerk. Jemand trägt eine Tonne oder ein schweres Holzbündel und geht folglich gebeugt, viele scharen sich um einen, doch warum, wird nicht klar, Handelsgegenstände hängen am Vordach einer Bude, längliche Hasen, Tücher, Lavendelbüschel, nur der Maler wusste es. Die Erscheinung schiebt ihre winzigen Schatten in Flugrichtung voraus, die Kuppeln von San Marco sind verengt, aufgebläht, sind beim Glasblasen nicht gut geraten, zu hoch und zu dünn.

Noch einmal starre ich, als könnte ich selbst dabeistehen, auf diese seltsamen Reihen menschlicher Wesen, frühere Venezianer. Sie sind aufgestellt wie an einer englischen Bushaltestelle, allerdings ohne Haltestelle, das Warten, das von ihnen verlangt wird, beginnt offenbar an einem geheimnisvollen Ort des Nichts, es ist die Stelle, die ich nachher auf diesem Platz gern wiederfinden würde, markiert durch eine Formel, die nur ich lesen könnte, so dass ich, und niemand sonst, die Ewigkeit sähe, die dort, und nur dort, vermummt als alter Mann, der einer Taube nachjagt, vorbeifliegen würde, als könnte sie Ikarus einholen.

EIN TRAUM VON MACHT UND GELD

Ein anderes Damals, ein anderes Jetzt. Zeit wiegt hier nichts. Heute beschäftige ich mich mit dem Wasser. Alles ist eine Wiederholungsübung, die Stadt muss stets aufs Neue erobert werden. Palude del Monte, Bacino di Chioggia, Canale di Malamocco, Valle Palezza, wie herrlich wäre es, sich Venedig noch einmal zum ersten Mal zu nähern, nun aber schleichend: auf das Labyrinth zufahrend durch jenes andere Labyrinth der Sümpfe, zwischen Wassertieren, im morgendlichen Frühnebel an einem Januartag wie diesem, ringsum nichts als das Geräusch der Vögel und das Plätschern der Ruder, das brackige Wasser still und glänzend, die Vision in der Ferne noch verschleiert, die Stadt in ihr eigenes Geheimnis gehüllt. Palude della Rosa, Coa della Latte, Canale Carbonera, auf der großen Karte der Lagune wirken die Wasserwege wie fächelnde Algen, wie Pflanzen mit gewundenen, beweglichen Fangarmen, doch es sind Wasserwege im Wasser, Wege, die man kennen muss, wie ein Fisch seinen Weg kennt, Fahrrinnen im Wasser, das bei Ebbe wieder zu Land wird, nassem Land aus saugendem Schlamm, Jagdrevier des Dunklen Wasserläufers, des Rotschenkels, des Strandläufers auf ihrer ewigen Suche nach Würmern und kleinen Muscheln in deren Behausung aus Wasser und Sand. Sie waren die ersten Bewohner, und vielleicht, wenn die Stadt dereinst wie eine unendlich verlangsamte Titanic wieder im weichen Boden versinkt, auf dem sie jetzt noch zu schwimmen scheint, werden sie auch die letzten sein, als habe die Welt zwischen diesen beiden Augenblicken etwas geträumt, etwas Unmögliches, einen Traum von Palästen und Kirchen, von Macht und Geld, von Herrschaft und Niedergang, ein Paradies der Schönheit, das aus sich selbst vertrieben worden ist, weil die Erde ein so großes Wunder nicht ertragen konnte.

Die Ewigkeit können wir uns bekanntlich nicht wirklich vorstellen. Womit sie für meinen Menschenverstand noch am ehesten Ähnlichkeit hat, ist die Zahl Tausend, wahrscheinlich wegen der runden Leere dieser drei Nullen. Eine Stadt, die schon länger als tausend Jahre existiert, ist eine greifbare Form der Ewigkeit. Ich denke, das wird der Grund dafür sein, dass die meisten Menschen sich hier ein wenig fremd bewegen, verirrt zwischen all den Schichten der Vergangenheit, die in dieser Stadt gleichzeitig alle zur Gegenwart gehören. Anachronismus ist in Venedig das Wesen der Dinge selbst, in einer Kirche aus dem 13. Jahrhundert betrachtet man ein Grab aus dem 15. und einen Altar aus dem 18. Jahrhundert, was die Augen sehen, ist, was die jetzt nicht mehr existierenden Augen Millionen anderer gesehen haben, und das ist hier durchaus nicht tragisch, denn während man schaut, reden sie weiter, man befindet sich fortwährend in der Gesellschaft Lebender und Toter, man nimmt teil an einer seit Jahrhunderten geführten Konversation. Proust, Ruskin, Rilke, Byron, Pound, Goethe, McCarthy, Morand, Brodsky, Montaigne, Casanova, Goldoni, da Ponte, James, Montale, wie das Wasser in den Kanälen umfließen einen ihre Worte, und wie das Sonnenlicht die Wellen hinter den Gondeln in tausend kleine Glitzerlichter zersplittern lässt, so echot und leuchtet in all diesen Gesprächen, Briefen, Skizzen, Gedichten das Wort »Venedig« auf, immer gleich, immer anders. Nicht von ungefähr nannte Paul Morand sein Buch über diese Stadt *Venises* (»Venedige«), und eigentlich ist selbst das noch nicht genug. Nur für diese Insel müsste es eine Steigerungsstufe des Plurals geben.

Ich kam nicht auf dem Wasser, ich kam aus der Luft, von der einen Wasserstadt in die andere. Ein Mensch, der sich verhält wie ein Vogel – das kann nicht gutgehen. Dann mit einem Taxi über die Brücke, die es nie hätte geben dürfen, mit einem Fahrer, der es entsetzlich eilig hat, ein Mensch, der sich verhält wie ein Jagdhund, ich spüre, dass es nicht richtig ist, nicht hier. Doch ich habe mich gewappnet, ich bin gepanzert mit Vergangenheit. In meinem Gepäck befinden sich der Baedeker von 1906 und der Führer des Touring Club Italiano von 1954. Der Bahnhof liegt noch immer dort, wo er hingehört, ich werde mich nicht fragen, wie viele Menschen hier seit 1906 mit dem Zug angekommen sind. »Gondeln mit einem Ruderer 1-2 fr., nachts 30 c. mehr, mit zwei Ruderern das doppelte, Gepäck jedes kleinere Stück 5 c. Gondeln sind stets ausreichend vorhanden, außerdem bis gegen Mitternacht die Stadtdampfer (Koffer und Fahrräder nicht zugelassen, Handgepäck frei). Bahnhof S. Marco 25 min. Fahrpreis 10 c. Pensionen, Riva degli Schiavoni 4133, deutsch, Zimmer von 21/2 fr. an. Möblierte Zimmer (auch für kurze Zeit), Frau Schmütz-Monti, Sottoportico Calle dei Preti 1263. Hotel: H. Royal Danieli, nahe dem Dogenpalast, mit Aufzug, 220 Z. von 5 fr. an mit Zentralheizung.« 1954 kostet eine Gondelfahrt von der Stazione Ferroviaria zum Albergho del centro für zwei Personen mit höchstens vier Koffern bereits 1500 Lire, danach haben sich die Beträge den astronomischen Zahlen der Raumfahrt angepasst. Louis Couperus reiste zu Beginn unseres Jahrhunderts noch mit zehn Koffern und umgeben von einer Wolke von Gepäckträgern nach Venedig, doch der Fortschritt hat uns zu unseren eigenen Dienern gemacht, und so schleppe ich meine beiden störrischen Koffer zwischen den Beinen der Menge hindurch zum Vaporetto und zahle einen Betrag, von dem zu Rilkes und Manns Zeiten eine Familie eine Woche lang hier hätte leben können. Eine halbe Stunde später wohne ich auf einem vier Marmortreppen hohen Alpengipfel in einer Gasse, in der man seine Ellbogen besser nicht spreizt, doch aus sechs schmalen Fenstern habe ich Aussicht auf eine Kreuzung zweier Kanäle, die ich als Amsterdamer Grachten nennen würde. In dem Augenblick, da ich eines dieser Fenster öffne, fährt eine Gondel vorbei mit acht durchfrorenen japanischen Mädchen und einem Gondoliere, der *O sole mio* singt. Ich bin in Venedig.

Viertelstunde, halbe Stunde, Stunde, die bronzenen Stimmen der Zeit, die man in anderen Städten nicht mehr hört, hier überfallen sie einen in Gassen und auf Brücken, als wäre es die Zeit persönlich, die einen verfolgt, um mitzuteilen, welches Stück nun wieder von ihr abgeschlagen worden ist. Du hast dich im Labyrinth verirrt, suchst die Santa Maria dei Miracoli, die Ezra Pound als *jewelbox* bezeichnet hat, du weißt, dass du ganz in ihrer Nähe bist, der Name der Gasse, in der du stehst, ist nicht auf der sonst so ausführlichen Karte angegeben, eine Uhr schlägt, und dann schlägt eine andere und noch eine andere, und die spricht nicht mehr von der Zeit, sie ruft etwas vom Tod, düstere, schwarze Schläge, oder von einer Hochzeit oder einem Hochamt, und dann galoppieren die Uhren gegeneinander, als machten sie ein Wettrennen. Um zwölf Uhr mittags wird das Angelus geläutet, dessen lateinische Worte ich noch aus der Schulzeit kenne: Angelus Domini nunciavit Mariae, der Engel des Herrn hat Maria verkündigt, und gleichzeitig siehst du sie vor dir, all die Verkündigungen, die byzantinischen wie gotischen, die von Lorenzo Veneziano und den Bellinis gemalten, in der Accademia, in der Ca d'Oro, in den Kirchen: immer wieder der Flügelmann und die Jungfrau, du siehst sie so oft, dass du dich nicht mehr darüber wunderst, dass ein Mann Flügel hat, genausowenig wie du dich über die anderen Traumfiguren wunderst, gekrönte Löwen, Einhörner, durch die Luft fliegende Menschen, Greife, Drachen, sie wohnen hier, *du* bist es, der sich in das

Hoheitsgebiet des Traumes, der Fabel, des Märchens verirrt hat, und wenn du klug bist, lässt du es auch zu. Du hast etwas gesucht, einen Palast, das Haus eines Dichters, aber du verläufst dich, biegst in eine Gasse ein, die an einer Mauer endet oder an einem Ufer ohne Brücke, und mit einem Mal wird dir bewusst, dass es genau darum geht, dass du erst dann die Dinge siehst, die du sonst nie sehen würdest. Du bleibst stehen, und was du hörst, sind Schritte, das vergessene Geräusch, das zu einer Zeit ohne Autos gehört und hier seit Jahrhunderten ununterbrochen ertönt. Schlurfende, stürmische, eilige, träge, schlendernde Schritte, ein Orchester mit Instrumenten aus Leder, Gummi, Holz, Sandalen, Stöckelschuhe, Stiefel, Freizeittreter, doch stets das menschliche Maß, das in den Stunden des Lichts anschwillt und, wenn es dunkel wird, allmählich abnimmt, bis man nur noch Soli hört und schließlich die einsame Arie der eigenen Füße, die in der dunklen, schmalen Gasse, auf den Marmorstufen widerhallen, und dann nur noch Stille, bis die Stadt zum letzten Mal etwas sagen will: dass es auch in Fabeln Mitternacht wird. Von meinen hohen Fenstern aus höre ich in der allumfassenden Stille die Marangona, die große Glocke des Campanile, die noch *ein*mal geläutet wird, umflorte, schwere, befehlende Schläge. Die Stadt am Wasser wird geschlossen, dies ist das Ende aller Geschichten, geh schlafen. Keine Bewegung mehr auf dem reglosen Wasser dort unten, keine Stimmen, keine Schritte. Der Doge schläft, Tintoretto schläft, Monteverdi schläft, Rilke schläft, Goethe schläft, die Löwen, Drachen, Basilisken, die Standbilder von Heiligen und Helden, alle schlafen sie, bis die ersten Schiffe mit Fisch und frischem Gemüse eintreffen und die Sinfonie der hunderttausend Füße von Neuem beginnt.

Zinkfarbenes Licht, der Maler weiß noch nicht, was er mit diesem Tag anfangen soll, so lassen, mehr Kupfer, grünlich verfärbt, hineingeben, das Grau stärker betonen oder aber mehr Licht über alles fließen lassen. Fledermauswetter, und als es zu regnen beginnt, spannt jeder seinen Regenschirm auf, verwandelt sich in seine eigene Fledermaus. Fünf Minuten später scheint die Sonne wieder, der Wind bläst über die Riva degli Schiavoni, das Wasser ist erregt wie eine nervöse Schauspielerin, ich rieche das Meer zu meinen Füßen, denn ich habe mich auf eine kleine Holztreppe gesetzt, die ein Stück weit ins Wasser hinausragt. Hier hat Petrarca gewohnt, habe ich hinter mir gelesen, *l'illustre messer Francesco Petrarca essendogli compagno nell'incantevole soggiorno l'amico Giovanni Boccaccio*, und jetzt möchte ich sehen, was sie sahen, wenn sie vor dem Haus standen, die beiden Meister mit ihren beobachtenden Augen. Die Spitze am Ende des Sestiere Dorsoduro, wo jetzt zwei Atlanten die goldene Weltkugel auf dem Turm der Dogana stützen müssen, aber die gab es damals noch nicht. Punta del Sale hieß die Spitze früher wegen der vielen Salzspeicher an der Zattere. Und genau gegenüber, auf der kleinen Insel, auf der jetzt die klassizistische Gewalt der San Giorgio Maggiore steht, befand sich eine Benediktinerabtei, die, wenn die beiden jetzt neben mir stünden, auf rätselhafte Weise verschwunden wäre. Wie sollte ich ihnen das erklären, Palladio? Das Heimweh nach den reinen Linien des vorchristlichen Roms, das diese riesigen triumphalen Tempel über ihre bescheidene, wahrscheinlich präromanische, wahrscheinlich im Jahr 982 aus Backstein errichtete Abtei gebaut hatte, genauso wie das gleiche heidnische Heimweh auch die ebenso stolze Kirche Il Redentore ein paar hundert Meter weiter auf La Giudecca gebaut hatte sowie die Santa Maria della Salute gleich jenseits der Dogana am Canal Grande. Nur die San Marco würden sie, zumindest der Form nach, wiedererkennen, der Rest wäre eine Vision, etwas, das auf geheimnisvolle Weise wie eine vorstellbare Vergangenheit und gleichzeitig wie eine undenkbare Zukunft aussah. Doch dies sind schon wieder die Träume des Anachronismus, und diesmal sind es verbotene Träume,

denn während ich hier sitze und über sie nachsinne, sehe ich, wie ein kleines Polizeiboot um mich herumfährt, umdreht, zurückkommt, manövriert, wie es nur die auf dem Wasser geborenen Venezianer fertigbringen. Der Carabiniere streckt den Kopf heraus und sagt, dass ich da nicht sitzen darf: Ich befinde mich auf meiner Kokosmatte vier Meter zu weit von der Küste entfernt, dies ist Zona militar! Gehorsam erhebe ich mich, ich kann ja schlecht erklären, dass ich mich gerade mit Petrarca und Boccaccio unterhalte, und mit den Seestreitkräften der Serenissima ist nicht zu spaßen, da braucht man nur an allen Küsten dieses Meeres zu fragen!

Es geschieht unweigerlich. Man ist den ganzen Tag in der Accademia umhergewandert, hat einen Quadratkilometer bemalte Leinwand gesehen, es ist der vierte, sechste oder achte Tag, und man hat das Gefühl, dass man gegen einen mächtigen Strom von Göttern, Königen, Propheten, Märtyrern, Mönchen, Jungfrauen, Ungeheuern geschwommen ist, die ganze Zeit mit Ovid, Hesiod, dem Alten und dem Neuen Testament unterwegs gewesen ist, dass einen die Viten der Heiligen, die christliche und die heidnische Ikonographie verfolgen, das Rad der Katharina, die Pfeile des Sebastian, die geflügelten Fersen des Hermes, der Helm des Mars und sämtliche Stein-, Gold-, Porphyr-, Marmor-, Elfenbeinlöwen es auf einen abgesehen haben. Fresken, Tapisserien, Grabmale, alles ist mit Bedeutung befrachtet, verweist auf tatsächliche oder ersonnene Geschehnisse, Heerscharen von Meeresgöttern, Putten, Päpsten, Sultanen, Condottieri, Admiralen, die alle beachtet sein wollen. Sie sausen an den Decken entlang, blicken dich mit ihren gemalten, gewirkten, gezeichneten, gebildhauerten Augen an. Manchmal sieht man dieselben Heiligen mehrmals an einem Tag, in gotischer, byzantinischer, barocker oder klassischer Vermummung, denn Mythen sind mächtig, und die Helden passen sich an, ob Renaissance oder Rokoko, ist ihnen egal, sofern man nur schaut, sofern nur ihr Wesen intakt bleibt. Einst waren sie damit betraut, die Macht ihrer Herren zum Ausdruck zu bringen in einer Zeit, in der jeder wusste, was sie verkörperten, Tugend, Tod oder Morgengrauen, Krieg, Offenbarung, Freiheit, sie spielten ihre Rolle in den Allegorien, die ihnen gewidmet waren, sie erinnerten an Bekenner und Kirchenväter, Feldherren und Bankiers; jetzt ziehen andere Heerscharen an ihnen vorbei, die der Touristen, die ihre Bildsprache nicht mehr verstehen, die nicht mehr wissen, was sie bedeuten oder bedeutet haben, nur ihre Schönheit ist geblieben, das Genie des Meisters, der sie erschaffen hat, und so stehen sie da, ein Volk steinerner Gäste, winken von Kirchenfassaden, beugen sich vor aus den Trompe-l'œils der Palazzi, die Kinder von Tiepolo und Fumiani sausen durch die Luft, und wieder wird der heilige Julian enthauptet, wieder wiegt die Madonna ihr Kind, wieder kämpft Perseus mit der Medusa, spricht Alexander mit Diogenes. Der Reisende weicht zurück vor all dieser Gewalt, will kurzzeitig nichts mehr, nur auf einer Steinbank am Ufer sitzen, zuschauen, wie ein Ohrentaucher im grünlichen Brackwasser nach Beute sucht, auf die Bewegung des Wassers blicken, sich in den Arm kneifen, um sicher zu sein, dass er selbst nicht gebildhauert oder gemalt ist. Könnte es sein, denkt er, dass es in Venedig mehr Madonnen gibt als lebende Frauen? Ob jemand weiß, wie viele gemalte, gebildhauerte, in Elfenbein geschnittene, in Silber ziselierte Venezianer es eigentlich gibt? Und angenommen, denkt er, aber das kommt nur daher, weil er so müde ist, sie erhöben sich einmal alle zur gleichen Zeit, verließen ihre Rahmen, Nischen, Predellen, Sockel, Teppiche, Dachgesimse, um die Japaner, Amerikaner, Deutschen aus ihren Gondeln zu jagen, die Restaurants zu besetzen und mit ihren Schwertern und Schilden, ihren Purpurumhängen und Kronen, Dreizacken und Flügeln endlich den Lohn für zehn Jahrhunderte treuer Dienste einzufordern?

Ein Tag kleiner Dinge. Trotz Kälte und Wind auf dem Vordeck des Vaporetto sitzen, vom Regen gegeißelt, von der Anlegestelle aufs Deck springen und vom Deck auf die Anlegestelle, wünschen, man würde jeden Tag so befördert, stets das sich bewegende Element Wasser um sich herum, die Verheißung des Reisens. Einst, im Jahr 1177, hatten die mächtigen Venezianer Barbarossa gezwungen, hier in der Vorhalle der San Marco Papst Alexander den Fuß zu küssen und Seiner Heiligkeit danach draußen auf der Piazza in den Steigbügel des päpstlichen Maulesels zu helfen. Zum Dank dafür hatte der Papst dem Dogen einen Ring geschenkt, mit dem er sich jedes Jahr am Himmelfahrtstag mit dem Meer vermählen konnte: »Wir vermählen uns dir, Meer, zum Zeichen der wahren und dauernden Herrschaft.« Die See hat ihren jeweils neuen, aber immergleichen Gemahl danach vielfach betrogen, doch in einer Hinsicht ist sie treu geblieben: Immer noch liegt jeden Morgen ein Silberschatz auf den Steintischen des Fischmarkts, *orata* und *spigola*, *capone* und *sostiola*, und all die anderen Farben, die Sepia, die mit Tinte beschmiert ist, als hätte der Schriftsteller lange herumprobiert, die noch lebende, sich windende *anguilla*, rot von Blut durch die Kerben des Hackmessers, die Krabbe, die mit ihren acht Beinen noch immer nach dem Leben sucht, die lebenden Steine der Austern, Mies- und Herzmuscheln – jeder Mensch des Mittelalters würde sie wiedererkennen, wie er auch die Pescheria wiedererkennen würde, die hier schon mehr als tausend Jahre am Canal Grande nahe der Rialtobrücke liegt, neben der ältesten Kirche Venedigs, der San Giacometto. Ich bin unter der viel zu großen Uhr mit dem einen Zeiger und den vierundzwanzig mächtigen römischen Ziffern hineingegangen, vorbei an den fünf schlanken Säulen mit ihren korinthischen Kapitellen, die schon seit dem Jahr 900 auf Fisch und Gemüse herabblicken. Wenn ich meine Reiseführer richtig verstanden habe, wurde hier drinnen alles gründlich umgebaut, doch dies ist nicht der Moment, mich mit Kunstgeschichte zu befassen. Ein alter Priester im grünen Messgewand erteilt seinen Gemeindemitgliedern den Segen und schickt sich an, noch etwas zu sagen. Die kleine Kirche ist voll, gleicht einem Wohnzimmer, in dem die Bewohner ihre Mäntel anbehalten haben. Sie sind unter sich, sie kennen einander, es scheint, als wüssten sie, dass an diesem Ort schon seit fünfzehnhundert Jahren gebetet wird, als hätten sie selbst noch am Sterbelager der römischen Götter gestanden und hätten von draußen das eigenartige Getöse der Reformation, der Französischen Revolution, das Rasseln eines eisernen Vorhangs und das Geschrei aus dem Sportpalast gehört. Hier drinnen hatte sich währenddessen nichts geändert. Jemand, der später in Turin einen Esel umarmt hatte, soll behauptet haben, Gott sei tot, doch sie hatten sich weiter mit denselben Worten an ihn gewandt, mit denen sie das schon immer getan hatten, und jetzt schlurfte der alte Mann zum Altar des heiligen Antonius, hielt eine Reliquie des Heiligen in die Höhe, ein Knöchelchen oder ein Stückchen Kutte hinter Glas, das konnte ich nicht richtig erkennen. Der Priester bittet den großen Wüstenheiligen, uns in unserer *debolezza* beizustehen. Als ich dieses Wort später sicherheitshalber nachschlage, sehe ich, dass es Schwäche bedeutet, eine nicht unangemessene Beschreibung. Hinterher unterhalten sich die Männer noch eine Weile unter den sechs Ewigen Lichtern, in denen hinter roten Scheiben ein brennendes Ölflämmchen glüht. Der Priester geht, gehüllt in eine viel zu dünne Plastikjacke über der Soutane, jeder gibt jedem die Hand. Ich werfe noch schnell einen Blick auf den Beichtstuhl. Es hängt nur ein dürftiges violettes Gardinchen davor, der Beichtende hat keine Chance, sich zu verstecken, wer hier seine Sünden flüstert, kann sie genausogut ausrufen lassen. Die Mauern wispern noch Neuigkeiten über die Zunft der Ölumfüller (*travasadori d'olio*), der Getreidesiebmacher und der Lastenträger, über den Dogen, der jahrhundertelang an jedem Gründonnerstag hierherkam, um den Heiligen zu ehren, doch ich bin jetzt mit dem größten aller venezianischen Maler in der Scuola di San Giorgio degli Schiavoni verabredet: Vittore Carpaccio. In der Accademia hat er einen eigenen Saal, wo man in seinem Universum gefangen wird, wenn er an allen vier Wänden die Legende der heiligen Ursula erzählt, ein Gemäldezyklus, über den man ein Buch schreiben müsste. Hier in der Scuola ist die Pracht nicht geringer, doch heute bin ich in diesen kleinen intimen Raum zurückgekehrt, um ein einziges Gemälde zu sehen, die Vision des größten Heiligen unter den Schriftstellern und des größten Schriftstellers unter den Heiligen: Augustinus von Hippo. Vielleicht, weil auf diesem Bild das Arbeitszimmer eines Schriftstellers abgebildet ist, in das ich am liebsten sofort einziehen würde. Gut, die Mitra auf dem Altar, den Stab, die Christusfigur mit Kreuz und Fahne darf ich mir nicht anmaßen, doch das perfekte Licht, die aufgeschlagenen Bücher, die Partitur, die Muschel, dem Anschein nach ein Mitglied aus der Familie der Cypraeidae, die prachtvoll gebundenen Mappen an der linken Wand, die möglicherweise Manuskripte bergen, der drehbare Bücherständer, der die Neugier erregende Brief, der irgendwo mitten auf dem Fußboden liegt, und das flauschige weiße Hündchen mit den vorgestreckten Vorderbeinen, der hochgereckten Nase und den beiden kirschschwarzen klaren Augen, nein, wer hier nicht schreiben kann, braucht es gar nicht erst irgendwo sonst zu versuchen. Der Heilige selbst ist im geheimnisvollsten aller Momente ertappt worden, dem der Inspiration. Er hat die Feder erhoben, Licht strömt herein, er hört, wie die Wörter sich formieren, und weiß schon fast, wie er sie niederschreiben wird; eine Sekunde später, wenn Carpaccio weg ist, taucht er seine Feder in die Tinte des Tintenfischs und schreibt den Satz, der jetzt in allen Bibliotheken der Welt in einem seiner Bücher bewahrt ist.

Ende. Ein letzter Tag, der in einem anderen Jahr wieder ein erster sein wird, denn zwischen Venedig und Venedig darf viel vergessen werden. Jetzt will ich die Toten aufsuchen. An den Fondamenta Nuove nehme ich das Vaporetto, das zur Toteninsel San Michele und dann weiter nach Murano fährt. In einer wunderbaren Novelle von Alejo Carpentier, *Barockkonzert*, kommt eine Szene vor, in der Händel und Vivaldi, der rote Priester, nach einer wilden karnevalesken Nacht voller Musik und Wein mit ein paar Leuten auf der Toteninsel frühstücken. Sie essen und trinken, »indes der Venezianer, an einer Scheibe in Essig, Thymian und rotem Pfeffer gebeiztem Wildschweinschinken kauend, ein paar Schritte ging und plötzlich stehen blieb vor einem Grab in der Nähe, das er schon seit einiger Zeit betrachtet hatte, weil darauf ein in dieser Gegend ungewöhnlicher Name prangte. ›Igor Strawinsky‹, sagte er buchstabierend. ›Stimmt‹, sagte der Deutsche, seinerseits buchstabierend. ›Er wollte in diesem Friedhof ruhen.‹ – ›Ein guter Musiker‹, sagte Antonio, ›aber manchmal sehr altmodisch in seinen Vorhaben. Er inspirierte sich an den altgewohnten Themen: Apollo, Orpheus, Persephone – wie lang noch?‹ – ›Ich kenne seinen *Oedipus Rex*‹, sagte der Deutsche. ›Manche behaupten, dass er am Schluss des ersten Aktes – *Gloria, gloria, gloria Oedipus uxor!* – an meine Musik anklingt.‹ – ›Aber … wie konnte er auf die seltsame Idee verfallen, eine weltliche Kantate auf einen lateinischen Text zu schreiben?‹, sagte Antonio. ›Auch sein Canticum Sacrum haben sie in San Marco gespielt‹, sagte Georg Friedrich. ›Darin kommen Melismen in einem mittelalterlichen Stil vor, den wir längst hinter uns gelassen haben.‹ – ›Das kommt daher, dass diese sogenannten avantgardistischen Musiker sich unglaublich anstrengen zu erfahren, was die Musiker der Vergangenheit machten, manchmal versuchen sie sogar, ihre Stile zu erneuern. Darin sind wir weit moderner. Mir ist es scheißegal, wie die Opern, die Konzerte vor hundert Jahren waren. Ich mache meine Musik nach

bestem Können und Vermögen und punktum.‹ – ›Ich denke wie du‹, sagte der Deutsche, ›obwohl man auch nicht vergessen sollte, dass …‹ – ›Hören Sie doch auf mit dem blöden Zeug‹, sagte Filomeno und nahm einen ersten Schluck aus einer frisch entkorkten Flasche. Und die vier streckten wieder die Hände in die Körbe des Ospedale della Pietà, die wie mythologische Füllhörner sich nicht leeren wollten. Als aber die Stunde der Quittenkonfitüre und des Nonnenzwiebacks schlug, verflogen die letzten Morgenwolken, und die Sonne schien prall auf die Grabsteine, die weiß unter dem Dunkelgrün der Zypressen leuchteten. Als sei er durch das viele Licht größer geworden, war der russische Name deutlich zu lesen, der ihnen so nahe war.«

Die Öffnungszeit ist fast vorbei, als ich am Friedhof ankomme. Ich gehe am Pförtner vorbei, erhalte eine Landkarte des Todes mit den Wohnungen von Strawinsky, Diaghilew, Ezra Pound und dem frisch dazugetippten Joseph Brodsky. Ein ungelegener Moment, alle schlafen, und ich lege fast so etwas wie Eile an den Tag. Ich gehe an den Kindergräbern vorbei, Marmorgebäuden für Seelen, die nur einen einzigen Tag gelebt haben, und Jungenporträts, in deren Augen man noch den unsichtbaren Fußball sieht, über die Trennungslinie zwischen den Militari del Mare und jenen de la Terra, als ob diese Unterschiede dort, wo sie jetzt sind, noch zählten, und gelange so in den evangelischen Teil, stumpfe Säulen, bemooste Pyramiden, die dem 19. Jahrhundert eigene Grammatik des Todes, Palmen, Zypressen, die meisten Gräber sind bereits selbst gestorben, die Inschriften unlesbar, Dänen, Deutsche, Konsuln, Adel, und zwischen alldem die beiden Grabplatten von Olga Rudge und Ezra Pound in einer niedrigen herzförmigen Einfriedung aus Pflanzen, und nicht weit davon ein kleiner Hügel aus fast sandfarbener Erde mit ein paar Sträußen verwelkter, vermoderter Blumen und ein dünnes, schlichtes Kiefernkreuz mit Kieselsteinen auf den Armen, Joseph Brodsky. Im Reparto Greco hinter der Mauer liegen zwischen russischen Prinzen und griechischen Dichtern Igor und Vera Strawinsky. Händel und Vivaldi sind gerade gegangen, doch ihre Blumen haben sie hiergelassen, auf jedes der beiden Gräber eine rosa Rose und eine blaue Iris gekreuzt hingelegt. Ich überlege, wie viele Jahre es her ist, seit ich Vera Strawinsky in New York fragte, ob Strawinsky am Ende seines Lebens, als er bereits über neunzig war, die häufigen Reisen nach Venedig nicht anstrengend fand, woraufhin sie mit diesem strahlenden russischen Akzent rief: *Ach, you don't understand! Strawinsky, he LOFTE the FLYINK*!!

Eine mechanische Stimme aus dem Totenreich schallt über die Insel, ein Herold, so polyglott wie der Papst. Auf Deutsch, Englisch, Russisch, Japanisch werden wir gebeten, die Toten nun ruhen zu lassen, die Tore werden geschlossen. Lauft, *ragazzi*, lauft, rufen die Totengräber, die mit ihren geübten Ohren das Vaporetto bereits gehört haben, und so laufen wir alle zur Anlegestelle, als wäre einer mit einer Sense hinter uns her. Als wir auf dem offenen Wasser sind, sehe ich auf der einen Seite Murano, auf der anderen Venedig. Die orangefarbenen Lichter, die die Fahrrinne markieren, sind angegangen, wie Schemen schwimmen die beiden Inseln, die große und die kleine, auf dem dunklen Wasser, und dann kommt plötzlich der kupferne Schlag des Sonnenuntergangs hinter einer schwarzen Wolke hervor, der die Stadt vor mir zehn Sekunden lang in eine apokalyptische Glut taucht, als hätte dieser Traum da unten nun lange genug gedauert.

DAS ZERSTÜCKELTE LABYRINTH

Ich habe eine schier unermesslich große Karte der Lagune von Venedig gekauft, weil ich versuchen will, die Stadt auf ihre richtigen Proportionen zurückzuführen, ein merkwürdiges Unterfangen. Ich weiß, dass ich dort morgen, aus der Luft kommend, eintreffen werde und dass ich mich der Stadt, die ich schon oft besucht habe, diesmal über das Wasser nähere. Auf der Karte beträgt das Verhältnis Wasser zu Stadt vielleicht tausend zu eins, in dem endlosen Blau ist die Stadt zu einem Städtchen geschrumpft, einer kleinen geballten Faust auf einem ausgebreiteten Tuch, was den Anschein erweckt, diese ganze Leere habe in einem Augenblick der Wut die Stadt hervorgebracht, die sie später beherrschen wird. Die mexikanische Schriftstellerin Valeria Luiselli erblickt in meiner Faust eine gebrochene Kniescheibe, und wenn ich genau hinschaue, muss ich ihr recht geben. Aus der Höhe von Google Earth betrachtet wird das noch deutlicher, der Canal Grande ist die Bruchlinie im Knie, das bröselige, zerstückelte Labyrinth ringsum der Knochen der Stadt, in der ich mich morgen wieder verirren werde, wie jeder, der von außerhalb kommt, sich in ihr verirren muss, die einzige Möglichkeit, sie kennenzulernen. Ich habe hier an den unterschiedlichsten Adressen logiert, manchmal in alten Hotels, meist in schmalen, dunklen Gassen, in Teilen eines Palastes, der nie aussah wie ein Palast, mit heruntergekommenen Treppenhäusern, kleinen Zimmern mit gerade mal einem Fenster, das Aussicht bot auf ein dem Anschein nach unbewohntes Hinterhaus, obwohl doch an einer kümmerlichen Wäscheleine zwei gefrorene Slips in der stillen Kälte hingen. Einmal auch der Blick auf das Wasser eines unbekannten Seitenkanals, auf dem jeden Tag zur selben Zeit ein mit Obst und Gemüse beladenes Boot vorbeifuhr. Diesmal ist es nicht Winter, sondern September, und jeder Traum von einer leeren Stadt verfliegt bereits bei der Ankunft: Venedig gehört der ganzen Welt, und die ganze Welt hat sich eingefunden, falls ein Proust oder ein Thomas Mann, ein Brodsky oder ein Taine darunter ist, ist er jedenfalls nicht zu erkennen, es sind anrückende Heerscharen, die in dieser Jahreszeit unterwegs sind, die chinesische Armee, die japanische Armee, die russische Armee, wer sein eigenes Venedig finden will, muss hartnäckig sein und entschlossen, angetan mit einem unsichtbaren Panzer, und demütig daran denken, dass er für jeden Einzelnen all dieser anderen auch nur ein anderer ist, der ihm vor die Füße läuft und im offenen Mittelteil des Vaporettos unangenehm eng an ihn gedrückt steht, ohne sich an irgend etwas festhalten zu können.

Doch so weit ist es noch nicht. Ich bin gerade erst angekommen und habe gleich drei der vier Elemente in meine Reise gemengt: Ich kam aus der Luft und ging auf der Erde zum lichtbeglänzten Wasser, vor dem ich jetzt stehe und an einer Anlegestelle auf ein Taxi warte. An das vierte Element, Feuer, wage ich mich nicht heran, auch wenn die Sonne im schaukelnden Wasser flammt, der heutigen Beschreibungskunst sind schließlich Grenzen gesetzt, Grenzen, die etwas mit der Geduld des neuen Lesers zu tun haben. Vor meiner Abreise habe ich mir ein Buch von Hippolyte Taine aus dem Jahr 1866 gekauft, die Passagen, die ich angestrichen hatte, handeln vom Glanz in der Bewegung des Wassers, und auch das ist eine Lektion in Demut, denn in Taines Beschreibung glänzt das Wasser tatsächlich; jetzt, während ich hier stehe, erkenne ich, wie schwer es ist, das zu tun, was das 19. Jahrhundert noch ohne Hemmung tat – minuziös bis ins letzte Detail

hinein impressionistisch beschreiben, was es zu sehen gibt. Das Taxi macht meinen Überlegungen ein Ende, es bricht das Wasser der weiten Lagune auf, fliegt entlang der geometrischen Linie der Duckdalben über das, was der Canale di Tessera sein muss, und springt auf die Stadt zu, ich sehe die Silhouetten der bekannten Türme, habe für einen Moment das Gefühl, nach Hause zu kommen, wir sausen an Murano vorbei und dicht an der Toteninsel San Michele, biegen dann beim Arsenale ein, mit einem Mal langsam entlang den hohen Kaimauern aus Backstein, und dann schräg über den Canale di San Marco zur kleinen Insel San Giorgio, auf der ich diesmal wohnen werde. Dass die Glocken der gigantischen Kirche San Giorgio sofort zu läuten beginnen, ist nicht meine Schuld, es ist sechs Uhr abends, Zeit fürs Angelus. Über das Wasser höre ich nun auch die Glocken der Kirchen San Marco und Il Redentore, in einem Kreuzfeuer aus Klängen stehe ich auf dem großen, offenen Platz vor dem Gotteshaus und sehe einen Mann, der auf Knien mit einer viel zu kleinen Stahlbürste die Algen, die sich dicht unter der Wasseroberfläche auf den Treppen gebildet haben, wegzuschrubben versucht, Zentimeter um Zentimeter, eine Sisyphusarbeit, die mehr mit der Ewigkeit zu tun zu haben scheint als mit der Welt, aus der ich heute gekommen bin. Eine Stunde später gehe ich, nachdem ich den Koffer in meine Klosterstube gebracht habe, in die riesige, noch geöffnete Kirche. Es ist einer dieser Räume, in denen man unwillkürlich zur Seite weicht, die Leere in der Mitte ist gefährlich. Ob Menschen hier beten können, weiß ich nicht, hier gibt es keine Spur der Intimität romanischer Kirchen, es ist eine Raumstation für die Reise zum Mars, hier herrscht ein anderer, klassischer und martialischer Gott in dem Haus, das Palladio für ihn entworfen hat, selbst die großen Flächen der im Halbdunkel kaum sichtbaren Tintorettos ordnen sich in das mathematische Gefüge aus unerbittlichen Linien ein. Ich weiß, dass sich hinter dem mächtigen Hauptaltar ein prachtvolles flämisches Chorgestühl befinden muss, doch als ich dorthin gehen will, hält mich der Klang von Stimmen davon ab, ein leises, aber quengeliges Gemurmel von Altmännerstimmen. Einst war dies ein Benediktinerkloster.

Später, nachdem die Mönche vertrieben waren, geriet alles in Verfall, heute beherbergt die Insel eine Stiftung, bei der ich in diesen Tagen wohnen darf, aber die Mönche sind in ihr geschrumpftes Kloster zurückgekehrt; von den vielen Chorstühlen sind vier besetzt, ich habe mich in der um sich greifenden Dunkelheit so hingestellt, dass ich die Männer während ihrer Vespergebete sehen kann. Ihre Stimmen mit dem gregorianischen Summen ertrinken in den Ausmaßen des Gebäudes, der Gegensatz zwischen klassizistischer Pracht und hilflos bittendem Flüstern ist nicht ohne Pathos, hier herrscht eine Atmosphäre unwiderruflichen Abschieds, und als ich auf Zehenspitzen die Raumstation verlasse, höre ich hinter mir das immer schwächer werdende Echo einer endgültig vergangenen Zeit. Draußen sehe ich die Lichter des großen Platzes auf der gegenüberliegenden Seite und die Boote auf dem Wasser, die von der Riva degli Schiavoni nach Giudecca fahren. Ich bin wieder da.

Wie wäre es, für immer hier zu leben? Ich erinnere mich, dass mich diese Frage beschäftigte, als ich vor nunmehr fast fünfundzwanzig Jahren eine Zeitlang im von Mauern umschlossenen Berlin wohnte. Man konnte hinaus, wenngleich es nicht einfach war. Nach einiger Zeit gewöhnte man sich daran, und dennoch war im Hintergrund das Gefühl des Eingeschlossenseins stets gegenwärtig. Die Situation ist nicht vergleichbar, die Mauer um Venedig ist nicht aus Stein, sondern aus Wasser, wenn ich morgens ins Freie trete, fällt mein Blick nicht auf Beton und Backstein, sondern auf eine weite, freie Fläche, und trotzdem wirkt die an sich wohltuende Abwesenheit von Bussen, Autos und Verkehrsampeln geheimnisvollerweise auch wie eine unsichtbare Trennung vom Rest der Welt, und ich verspüre ein Gefühl der Befreiung, als ich bei der Fondamenta Nuove stehe und auf das Vaporetto nach Torcello warte. Damit kein Missverständnis aufkommt – ich bin glücklich in Venedig, aber es ist ein Glück mit Beigeschmack, vielleicht aufgrund der geballten Vergangenheit, des Übermaßes an Schönheit, des Zuviels an Glück, der Spannung in diesem Labyrinth, das einen mitunter mehrmals am Tag irgendwo in einem geschlossenen Hof, vor einer Backsteinmauer oder vor einem Gewässer ohne Brücke stehen lässt, wodurch, was sich öffnen sollte, sich plötzlich als verschlossen erweist und man umkehren muss, zurück dorthin, woher man kam. Für einen Augenblick hielt die Stadt einen fest, einen Moment lang war man die Fliege im Spinnennetz, Borges' Gefangener, auf Abstand gehalten durch ein Netz aus tausend Kirchen und Palästen, eingezwängt von schmalen, dunklen Gassen, und jetzt ist das auf einmal vorbei, man steht im Licht des Kais, sieht Schiffe, die sich kreuz und quer durch dieses Licht bewegen, und dahinter, in der Glut des Septembers funkelnd, die Miniatur Murano. Näher, praktisch gegenüber, liegt die Toteninsel San Michele mit den hohen Zypressen als Wächtern; das ist nicht traurig, weil man weiß, dass dort Brodsky, Strawinsky und Diaghilew in der Nähe des Grabes von Ezra Pound liegen und bis zum Ende aller Zeiten russische Lieder summen.

Auf der großen Karte der Lagune hat jeder Quadratzentimeter Wasser einen Namen. Wir fahren durch den Canale dei Marani um Murano herum, vorbei an dem niedrigen Backsteingebäude der Glasbläserei Marco Polo und einer bleichen Pietà in der Außenmauer des Leuchtturms; die Schmerzensmutter blickt geradeaus und trägt eine Krone von derselben Teigfarbe wie der Turm. Die Duckdalben sind an manchen Stellen zu sechsen zusammengebunden, düstere Skulpturen, die eine gewaltige Kraft ausstrahlen. Es kann heftig toben in der Lagune. Bei Burano müssen wir aussteigen und warten, wenig später kommt das Boot nach Torcello, warum das so ist, habe ich nie verstanden, denn Torcello liegt jetzt fast zum Greifen nahe, man kann den Turm der Maria Assunta bereits sehen.

Immer wenn ich in Venedig bin, muss ich dorthin, es ist, als ginge man durch eine umgekehrte Geräuschbarriere, die Aktualität wird aus einem weggesogen, dies ist leeres, altes Land, nur knapp über dem Wasser gelegen, man mag kaum glauben, dass hier 639, als die erste Kirche auf der Insel erbaut wurde, zwanzigtausend Menschen wohnten, die Bewohner von Altinum, die von lombardischen Angreifern vom Festland vertrieben worden waren und nach ihrer Flucht hier, auf diesem vom Meer geschützten niedriggelegenen Land, wie in einer Festung lebten. Langsam gehe ich den Weg neben dem schmalen Kanal entlang. In einer sanften Biegung steht ein Harmonikaspieler unter einem knallblauen Regenschirm. Die Stelle ist gut gewählt, jeder, der zur Kirche will, muss an ihm vorbei. Er spielt Bach, ich höre die Musik noch, als ich längst vorbei und in einen merkwürdigen kleinen Weg eingebogen bin, eigentlich nur weil es verboten ist. »*Proprietà privata*« steht da zweimal, und »Achtung Hund«, ein Untier mit weit aufgerissenem Maul, einmal in Rot, einmal in Schwarz. An der Tür ist ein großes Schild angebracht, »Designer Foodstylist Hochzeitsplaner«, und dann ein deutscher Name, aber ich möchte heute nicht heiraten und habe Angst vor dem zweifach abgebildeten Hund, und was ein Foodstylist ist, will ich schon gar nicht wissen, mir genügen die ersten Gerüche des Herbstes, die vertrockneten Brombeersträucher, die ihre dornenbewehrten Ranken um den Stacheldraht gewickelt haben. In der Ferne sehe ich noch den blauen Regenschirm des Harmonikaspielers wie eine tropische Blume in der Landschaft, doch als keine Leute mehr auf dem Weg gehen, hört der Mann auf zu spielen, und es gibt nur noch das Geräusch des Windes und des Bootes, das wieder abgelegt hat.

Nach Torcello kommt man des byzantinischen Echos der Kathedrale wegen. 639 erbaut, Umbau im Jahr 864 und noch einmal 1008, wobei frühere Elemente intakt geblieben sind. Es ist einer jener eigenartigen Räume, in denen man das Gefühl hat, an Gewicht zu verlieren, als würde man, weil dieser ganze lichte Raum zu schweben scheint, selbst ein wenig über dem Marmor und den Mosaikfußböden schweben. Hier ist das Licht eingesetzt worden, als wäre es ein Material, es hat seine Farbe den schlanken Säulen gegeben, die das Gebäude in die Höhe heben, man wird wie von selbst nach vorn gesogen, zur Ikonostase, die auf noch leichteren Säulen über einer geschlossenen Marmorbalustrade aus sich gegenüberstehenden Pfauen und Löwen ruht. Im Boden das Grab eines Bischofs, eine Gestalt aus fast fließendem Stein, der in seinen Gewändern dort nun schon tausend Jahre lang schläft. Wenn er die Augen aufschlägt, blickt er über den Altar hinweg in ein Halbkuppelgewölbe aus Tausenden kleiner goldener Steinchen, Hintergrund für eine hohe, strenge, byzantinische Maria; schräg über ihr an diesem goldenen Himmel ein Engel mit sonderbar gesprenkelten Füßen, der mit seinen Flügeln fast die schlichte Seitenwand aus Backstein berührt, was einem das Gefühl vermittelt, hier komme die Welt von Byzanz zum ersten Mal mit der von Venedig in Berührung, mit der sie später noch so viel mehr zu tun haben wird. Maria blickt durch die gesamte Kirche auf die Westwand ihr gegenüber, auf der das Jüngste Gericht dargestellt ist. Dort kann sie sich noch einmal selbst sehen, aus dem stilisierten goldfarbenen Kind, das sie in ihrer goldenen Kuppel auf dem Arm trägt, ist jetzt ein strenger Gott geworden, der mit einem griechischen Kreuz in der Linken die Welt regiert; über dem Kopf seiner Mutter tief unter ihm – alles ist doppelt in dieser Kirche – sind Teufel und Engel damit beschäftigt, die Seelen zu wiegen. Jenen, die zu wenig wiegen, ergeht es schlecht, daran haben sich die namenlosen Künstler vor tausend Jahren mit ihren kleinen Steinchen nach Herzenslust ausgetobt. Die Glückseligen stehen rechts, sie haben geschlechtslose beigefarbene Körper mit einem großen Komma als Nabel und vollbringen Merkwürdiges mit ihren Händen, wahrscheinlich aus Freude, dass sie das Schicksal der Verdammten neben sich nicht erleiden müssen. Zwei von diesen stehen bis zum Nabel in den Flammen, der dritte, ein etwas älterer Mann mit würdevollem grauen Haar und Bart, dem man keineswegs zutraut, je eine Sünde begangen zu haben, sitzt mehr oder weniger bequem mit seinem nackten Körper im hoch auflodernden Feuer, dargestellt durch lange Zungen aus roten und schwarzen Steinchen. Sie sehen merkwürdig ungerührt aus, als könne ein steinernes Feuer keine Schmerzen verursachen, was vermutlich auch so ist. Darunter geht es schlimmer zu, dort schweben Totenköpfe ohne den Rest eines Skeletts durch die schwarze Finsternis der Ewigkeit, mit langen, schlierigen weißen Würmern, die sich in ihren leeren Augenhöhlen winden. Abschreckend ist dies alles nicht, eher eine Feststellung denn eine Drohung: Wenn du dich nicht benimmst, passiert dir genau das. Viele Meter hoch ist diese Wand, eine ganze Lehre ist auf ihr abgebildet, Theologie, Heilsgeschichte, Traumbild, Eschatologie, es dauert lange, bis man alles in sich aufgenommen hat, doch wenn man sich dann wieder umdreht, ist da das um soviel reizvollere Bild des lichten Raums der Kirche selbst, mediterranes Licht, in dem sich Schuld, Strafe, Buße und apokalyptische Weissagungen auf der Stelle auflösen und das sich draußen im herbstlichen Septembermittag der Lagune fortsetzt. Die Lehre auf dieser Wand war zu dem Zeitpunkt, als die Künstler sich an die Arbeit machten, erst etwas mehr als tausend Jahre alt, genug, um zu einer Vorstellungswelt zu gelangen, die davor so nie existiert hatte, und als wollte ich mir nicht nur eine Lektion in Kunstgeschichte, sondern auch in den Metamorphosen von Religionen erteilen, gehe ich sofort, nachdem ich mit dem Vaporetto wieder an der Fondamenta Nuove angekommen bin, in die Kirche I Gesuiti, wo sich dieselbe Religion in die barocke Formensprache der Zeit siebenhundert Jahre später gekleidet hat, was vielleicht umso ironischer ist, als diese Jesuitenkirche denselben Namen trägt wie jene auf Torcello, Santa Maria Assunta, doch alles, was dort intim ist und von einer antiken Frömmigkeit, ist hier extrovertiert, theatralisch, ein nach außen gerichteter Machtanspruch. Am schönsten sind vielleicht noch die tanzenden Gestalten oben am Giebelrand, als befände sich dort in der Höhe eine frivole Diskothek, in der die Heiligen mit ihren schwingenden Gewändern zu einem Allegro molto von Vivaldi tanzen, das wir hier unten nicht hören können. Drinnen ist es nicht anders. Im deutschen Fernsehen gibt es neuerdings Untertitel für Gehörlose, und bis jemand mir erklärte, dass man sie mit einer einfachen Handbewegung löschen kann, habe ich sie eine Zeitlang mit großer Faszination gelesen. Wenn der Verbrecher in eine Kirche flüchtet und keuchend Platz nimmt, steht da »er keucht«, und wenn dann in dieser Kirche eine Orgel zu spielen beginnt, steht in verschwörerischem Ton »Orgelmusik« da. Jetzt bin ich der Verbrecher, denn in dem Moment, als ich die Kirche betrete, setzt leise Orgelmusik ein. Ich kann nichts dafür, der Fernsehzuschauer in mir denkt jetzt ebenfalls »Orgelmusik«, und entsprechend habe ich das Gefühl, mich zu Untertiteln für Gehörlose zu bewegen. Dass ich dabei auch noch an Ignatius von Loyola denken muss, ist mir vermutlich nicht anzusehen. Einst gründete er den Jesuitenorden als strenge, fast militärische Gemeinschaft, doch die Kirche, die seine italienischen Anhänger hier gebaut haben, ist von Strenge weit entfernt. In seiner Lehre sollte das Wort zentral stehen, aber die riesige Kanzel in der Mitte der linken Seitenwand mit Baldachin, Krone und Draperien aus gefältelten, troddelbehängten steinernen Vorhängen hat keinerlei Ähnlichkeit mehr mit einer Kanzel, von der herab Gottes Wort verkündet oder erläutert wird, sondern eher mit der

Loge eines Musiktheaters. Der Mann – nie eine Frau –, der auf diesem Balkon sprechen soll, wird wie ein Opernstar präsentiert, dies ist von der Schlichtheit der Kirche auf Torcello so weit entfernt, dass ich keinen Blick mehr für die wundervollen Intarsien und die übrige barocke Pracht in dem riesigen grauweißen Raum habe und auch nicht zu den Gemälden von Palma Giovane in der Sakristei gehe. Der Kopf ist voll, er vermag den Sprung durch die Jahrhunderte nicht mehr mitzuvollziehen, und so sitze ich wenig später in einem wunderbaren kleinen, dunklen Lokal und höre die schönste Begrüßung seit Jahren. Es sind nur wenige Menschen im Raum, zwei ältere Männer mit Seemannsgesichtern, ein verliebtes junges Ehepaar, der Mann hinter der Bar, der mit einem Freund redet und mir gerade ein großes Glas beinahe schwarzroten Wein und ein Schälchen schwarze Oliven gebracht hat. Ich bin eindeutig der einzige Ausländer und sinniere vor mich hin über all die Erscheinungsformen, die die Kirche als Institution im Laufe von zweitausend Jahren angenommen hat, und wie das nun weitergehen soll, als ein fröhlicher Mann hereinkommt und mit strahlendem Lachen an niemanden im besonderen gewandt ruft: *Buona sera, quasi tutti*! Mit mir sitzen sieben Menschen in dem kleinen, dunklen Raum zwischen den großen Weinfässern. »*Quasi tutti*« heißt »fast jeder«. Wen will er also nicht grüßen? Ich habe keinen Komplex, aber bin ich sofort als Tourist erkannt worden? In der Amsterdamer Innenstadt ärgere ich mich auch gelegentlich über all die Touristen, die einem vor die Füße laufen, und in Venedig muss das noch hundertmal schlimmer sein. Guten Abend, fast alle! Ich muss es doch mal in meiner Stammkneipe im Jordaan ausprobieren.

Ein altes Taschenbuch. Bräunlich verfärbtes Papier, das ich immer Kriegspapier nenne. Am Anfang des Buchs eine ziemlich graue Karte der Lagune. An drei Stellen stehen handgeschriebene Zahlen auf dieser Karte. Ich hatte das Buch jahrelang nicht mehr zu Gesicht bekommen, die Zahlen stammen aber eindeutig von meiner Hand. Das Buch heißt *Tödliche Lagune*, erschien in der Originalfassung 1994, und ich weiß nichts mehr davon, nur, dass die Hauptfigur ein Polizeikommissar ist namens Aurelio Zen. Nun ist Zen für jemanden, der mal in einem japanischen Zen-Kloster war, an sich schon ein wunderbarer Name, doch in Venedig erhält er noch eine zusätzliche Bedeutung, ich komme später darauf zurück. Beginnen wir mit Seite 171. Diese Zahl steht bei der Stadt Chioggia. Etwas weiter oben auf der Karte habe ich neben einen schmalen, grau gezeichneten Streifen, der in der Lagune liegt, die Zahl 273 geschrieben; auf der Karte liegt rechts das Adriatische Meer und links der Teil der Lagune, der Laguna Morta heißt, mit den Fondi dei Sette Morti. Das heißt: die Tiefen der sieben Toten und die Tote Lagune, nicht eben gemütlich. I Murazzi und Pellestrina ist daneben geschrieben, das ist, wie auf Seite 273 nachzulesen, »eine bizarre Gemeinde, die – drei Kilometer lang und einen Steinwurf breit – auf einer Sandbank im Schatten der Murazzi lag, des massiven Verteidigungswalls, den die Republik vor dreihundert Jahren errichtet hatte«.

Doch vielleicht sollte ich erst einmal etwas erklären. Zu den bekanntesten Krimiautoren, die sich mit Venedig befassen, gehören Michael Dibdin und Donna Leon. Ich lese gern Krimis, am liebsten die in Venedig spielenden, weil ich das Gefühl habe, durch ihre Lektüre mehr von der Stadt zu verstehen. Schließlich kommt man dabei ganz schön herum. Schiffswerften, Krankenhäuser, Paläste, Verbrechen und Korruption findet man überall. Und wenn ich etwas lese über einen jahrhundertealten merkwürdigen Verteidigungswall, dann will ich sofort dorthin, es ist eine Methode, zu den Geheimnissen einer Stadt vorzudringen.

Dibdins Held heißt Commissario Zen, der von Donna Leon Commissario Brunetti, und dieser hat, seit ihre Bücher verfilmt worden sind, sogar ein Gesicht erhalten. Das kann schrecklich sein, wenn die Filmfigur der eigenen Vorstellung nicht entspricht, doch in diesem Fall ist es gutgegangen. Brunetti, seine schöne Frau Paola, die an der Universität von Venedig amerikanische und englische Literatur unterrichtet und von adliger venezianischer Herkunft ist, ihre beiden pubertierenden Kinder, vor allem aber die Meisterin des Internets, die bildschöne, Blumen kaufende Signorina Elettra, die äußerst kluge Sekretärin des ach so dummen Vice-Questore Patta, sind trotz der Tatsache, dass es sie nicht gibt, eine Art Familie für mich geworden.

Bei Aurelio Zen ist das ein wenig anders, aber mit ihm hat es angefangen: Da in Venedig nun einmal alles, was sich nicht per Boot machen lässt, zu Fuß geschehen muss, ist es leicht, den Wegen von Brunetti und Zen zu folgen, daher die Zahlen, die ich in diese Bücher schreibe, damit ich später mit der Karte in der Hand sehen kann, wo sie sich bewegt haben und wie. Weil es beide nie gegeben hat, sind sie sich auch nie begegnet, ihr Präsidium dagegen existiert tatsächlich. Und diesmal habe ich vor, es aufzusuchen. Zurück zu Zen. Er ist in Chioggia, etwa zwei Stunden per Boot von der Riva degli Schiavoni entfernt, und er ist nicht allein. Jemand hat zu ihm gesagt: »Im Gegensatz zu Ihnen sind wir wahre Venezianer und stolz darauf!«, und Zen hat im Dialekt gemurmelt: »Aber ich hab' gehört, deine Großmutter bumst mit Albanern rum«, und jetzt sind wir auf Seite 171, und Zen beginnt mit einem Verhör. »Die Polizistin richtete sich auf. ›Fertig‹, erklärte sie Zen, worauf dieser nickte. Die Tonbandspulen begannen sich zu drehen. Zen nannte Datum, Uhrzeit und Ort. ›Anwesend sind Vice-Questore Aurelio Zen und Sottotenente …‹ Er warf einen fragenden Blick zu der Polizistin, einer grazilen, aber ziemlich strengen Brünetten, die es schaffte, ihrer Dienstuniform den Anschein zu geben, als prangte darauf ein Designer-Etikett von einem der besseren Häuser.

›Nunziata, Pia‹, antwortete sie, nachdem sie das Tonband angehalten hatte. ›... und Sottotenente Pia Nunziata‹, fuhr Zen fort.«

Vielleicht würde ich den beiden jetzt am liebsten weiter folgen, aber es ist nicht mein Buch, und ich denke, Michael Dibdin wäre auch nicht damit einverstanden. In meiner eigenen Geschichte mache ich mich nun auf die Suche nach dem Polizeipräsidium, in dem sowohl Zen wie Brunetti arbeiten. In fiktionaler Literatur haben nicht existierende Polizisten zuweilen echte Büros, und wenn ich mich nicht irre, liegt dieses echte Büro am Campo San Lorenzo, gegenüber der verlassenen Kirche San Lorenzo, neben einem Altersheim. Alles richtig. Das Vaporetto hat mich von meinem Kloster auf der kleinen Insel San Giorgio zur Anlegestelle San Zaccaria gebracht, und beschützt von diesen beiden Heiligen suche ich nach dem dritten und verirre mich natürlich prompt. Die Venezianer haben absichtlich Sackgassen angelegt. Das dämmrige kleine Sträßchen nahe der Zaccaria, das auf der Karte keinen Namen hat, kann nicht gemeint sein, ich muss wieder zurück zum Platz vor der Zaccaria (ein Spaziergänger in Venedig ist jemand, der beherzt denselben Weg zurückgeht) und wandere dann tapfer, die Kirche im Rücken, über den Campo San Provolo zur Fondamenta dell'Osmarin, überlege noch, dass alle diese Namen eine Geschichte haben, und will wissen, welche, biege dann vor der Brücke, die zur Calle Madonna führt und das Wasser in den Rio dei Greci und den Rio San Lorenzo teilt, nach links, und schon bin ich da, alles bestens. Folgen Sie mir nur in meinem Chaos, es hat schon seine Richtigkeit. In diesem weiß verputzten Büro hat Aurelio Zen gearbeitet, und meines Wissens arbeitet Brunetti dort noch immer. Wer nicht an Bücher glaubt, hat hier nichts zu suchen. Polizia di Stato, Questura, Commissariato di San Marco steht auf der Mauer. Unter einer der beiden Videokameras ist der weiße Putz abgeblättert, so als stünde das Gebäude in Unterwäsche da. In der Eingangshalle sehe ich ein

Schild mit den Worten »Sub Lege Libertas«. Freiheit unter dem Gesetz. Ich brauche nur hineinzugehen und werde zu Papier, dagegen kann man als Schriftsteller nichts haben. Gern würde ich mit Zen einen Espresso trinken und mit Brunetti einen Grappa, ich würde gern sehen, welche Blumen die schöne Elettra heute am Rialto für den Vice-Questore ausgesucht hat, schaue hinauf zu den Fenstern, an denen Brunetti so oft steht, um auf den Campo zu blicken oder über das geheime Netz kleiner und großer Korruption nachzusinnen, in dem diese Stadt gefangen ist und das von Donna Leon so gnadenlos gut beschrieben wird, dass ihre Bücher in allen Sprachen erscheinen, ausgenommen auf Italienisch. Ob der Grund dafür wirkliche Angst ist oder ob sie nur weiterhin unbehelligt in ihrer Lieblingsstadt wohnen will – ich weiß es nicht. Brunettis Blick im Rücken, gehe ich über die Brücke zum leeren Platz, doch als ich die Kirche betreten will, gerate ich in eine seltsame Ruine, ein Kunstwerk für sich, eine Apotheose des Verfalls, als wäre hier ein großer, aber negativer Künstler am Werk gewesen, der ein Bündnis mit der Zeit geschlossen hat. Im Ersten Weltkrieg wurde San Lorenzo von einer Bombe getroffen und nie wieder richtig restauriert. Ich schaue in geheimnisvolle Tiefen, sehe freigelegte Mauern, unterirdische Holzwände, ein leeres Tabernakel, einen ausgehöhlten Fliesenboden. Zwischen den einst porphyrfarbenen Säulen links und rechts zwei andere, gemarterte und grau verstaubte Säulen, die Wände lassen an Arte povera denken, unglaublich, welche Braun- und Graunuancen langsamer Verfall anzubringen vermag. Die Girlanden und Engelköpfe, die verrosteten Baugerüste, manchmal sagt Abbruch mehr über einen Stil und ein Gebäude aus als Vollkommenheit. Einst war Marco Polo hier beigesetzt worden, doch man hat sein Grab nicht mehr gefunden, er ist noch immer auf Reisen.

Schaukel

Schaukel. Schaukelschaukel. Schaukelschaukelschaukel. Endlich habe ich mich getraut. Zehnmal in Venedig, und zum ersten Mal in einer Gondel. Wenn ich frühmorgens meinen Kaffee an der Ecke der Procuratie Nuove trinke, stehen sie neben mir, die Gondolieri. Große Gespräche über den gestrigen Wettkampf in unverständlichem Dialekt. Es ist kalt auf dem Wasser, da hilft ein warmer *cappuccio*. Draußen liegen ihre schlanken schwarzen Vogelboote in Reih und Glied, die Vogelköpfe (es sind Vogelköpfe, schauen Sie nur genau hin) der Insel zugewandt, auf der ich wohne. Warum wollte ich nie? Weil es das absolute Venedig-Klischee ist? Das wäre kindisch. Wegen der Gesichter der Menschen in den Gondeln? Was ist denn mit diesen Gesichtern? Die unerträgliche Glückseligkeit ob des endlich Erreichten, die ultimative Venedig-Taufe, dank der man für immer dazugehört? In der Gondel zusammen mit Thomas Mann, Marcel Proust, Paul Morand, Henry James, Ezra Pound. Louis Couperus? Ich bin auch ein Berliner, so etwas? Oder: Wenn unsere Nachbarn in Kansas, Bielefeld, Wakayama, Nowosibirsk, Barneveld uns sehen könnten – dieser Ausdruck? Als hätten sie dort unten auf dem Wasser die gesamte Stadt wie einen Umhang um sich drapiert, ein stiller, schaukelnder Augenblick der Erfüllung, Wellenschlag, Wassergeflüster um einen herum auf den ruhigeren Kanälen, hinter einem der unsichtbare Mann, der Fährmann mit seinen rhythmischen, kräftigen Bewegungen. Und dennoch haben die meisten Menschen nicht den richtigen Gesichtsausdruck gefunden, obwohl sie sich alle Mühe geben. Das kann nur daran liegen, dass sie wissen, sie fahren nirgendwohin und werden bald wieder am Ausgangspunkt ankommen. Was für ein Gesicht macht man außerdem schon, wenn man von den Leuten in den Vaporetti, die tatsächlich zu einem bestimmten Ziel fahren, gemustert wird? Nie hatte ich mehr gewagt als das Traghetto, ebenfalls eine Gondel, die aber lediglich von der einen Seite des Canal Grande zur anderen fährt. Schwankend einsteigen, kräftige Hand des Fährmanns, die einen am Arm packt, versuchen, so zu stehen, dass man das Gleichgewicht nicht verliert, oder sich schnell auf das schmale Sitzbrett setzen, um nicht das Gesicht zu verlieren. Gesicht oder Gleichgewicht, darum geht es. Eine Gondelfahrt, nein, die hatte ich noch nie gemacht. Im vergangenen Jahr, als es in Venedig schneite und wir ein kleines Apartment beim Campo San Samuele hatten, auf der an einer Gasse gelegenen Rückseite von etwas, was einst ein Palazzo gewesen sein muss, ein dunkler, verborgener Raum hinter Gittern mit einem Hund, der immer bellte, wenn wir eintraten, und kaum Aussicht aufs Wasser, hatte ich bereits am frühen Morgen Japaner vorbeigleiten sehen, dicht zusammengedrängt unter Regenschirmen, Schnee auf Hüten und Mützen, glückstrahlend. Der Gondoliere sang von der Sonne, während er sich den Schnee aus den Augen wischen musste. *O sole mio*. Ich bewunderte ihn. Langsam fuhr das Boot vorbei, und ich wusste, diese Fahrt würden sie nie mehr vergessen, ich wollte, ich wüsste das japanische Wort für »nie«. Wenn man nicht in einer Gondel gesessen hat, war man nicht in Venedig, jeder machte ein Foto von jedem, als Beweis. Man kauft in Japan diese Reise inklusive Gondelfahrt. Aber war das ein Grund für mich, es nicht zu tun? Durchnässte Chinesen im Regen, Amerikaner mit einer Flasche Prosecco? Ich hatte versucht, meiner unsinnigen Haltung eine rationale Ausrede zu unterlegen, eine Gondel ist ein Beförderungsmittel, man benutzt es, wenn man irgendwohin will, wie früher, als es noch keine Vaporetti gab, nur ein bisschen herumzuschaukeln konnte doch nicht Sinn und Zweck sein, obwohl ich sonst ja auch ziellos

durch die Stadt streife. Eine noch schwärzere Gondel als gewöhnlich, mit einem Sarg unter einem goldbestickten Tuch, auf dem Weg zur Toteninsel San Michele, das war echt, die Essenz von Beförderung, alles andere war Tourismus, Gedöns, Theater, etwas für andere Leute.

Und jetzt? Jetzt waren wir selbst die anderen und saßen in einer Gondel, schwankend eingestiegen, doch zu schwer, das kleine Boot neigt sich zur Seite, aber die geübte Hand kennt die unbeholfenen Körper, drückt sie auf ein Kissen, die Fahrt kann beginnen, und auf einen Schlag hat sich die Welt verändert, spielt sich über dir ab, man sieht an den Ufern neben sich keine Gesichter, nur Schuhe, die Häuser dehnen sich, und auf einmal entdeckt man alles Mögliche, worauf man nie geachtet hat, ein leichtes Wogen hat sich der Stadt bemächtigt, man nimmt die Mauern wahr wie eine lebendige Haut, Verletzungen, Wunden, Narben, Heilung, Alter, Geschichte, schwarze Algen, grüne Algen, die geheimnisvolle Unterseite von Brücken, Marmor und Mauerwerk, die anderen Boote, das Leben auf dem Wasser in einer Stadt aus Stein und Wasser. Leise nennt der Gondoliere die Namen von Kirchen und großen Häusern, als betete ein alter Priester eine Litanei herunter, der man nicht zuhören muss. Ich versuche dann und wann, unsere Route auf der Karte zu verfolgen, weiß aber schon bald nicht mehr, wo wir sind. Manchmal, wenn wir scharf um die Ecke biegen, ruft er ganz laut »Oi!«, als befänden wir uns in Lebensgefahr, doch ich habe mich längst ergeben, wie ein Kind in der Gebärmutter lausche ich dem Murmeln des Fruchtwassers und will nie mehr geboren werden.

Eine Erinnerung. Ein Wintertag. Es hat geschneit auf dem Markusplatz, doch der Schnee ist schnell geschmolzen. Ich stehe in einem der Arkadengänge und blicke auf den nassen Platz, meine das Schmelzwasser langsam wegfließen zu sehen, aber wie in dem Gedicht von Nijhoff erweist sich die Realität als eine andere: Ich sehe nicht, was ich sehe, denn als gäbe es mitten zwischen den Pflastersteinen des Platzes eine Quelle, beobachte ich, wie das Wasser an einigen Stellen langsam steigt, so als wäre die Stadt porös. Ich habe keine Sirenen gehört, die vor ernsthaftem Hochwasser warnen, schlimm kann es also nicht sein, und trotzdem kann ich meinen Blick nicht lösen. Unter dem Pflaster sollte Erde sein, kein Wasser, eine Stadt ist kein Schiff. Oder doch? Ich stehe auf Stein, bin ja nicht Jesus. Aber stehe ich wirklich auf Stein? In der Ferne sehe ich Leute diese eigenartigen Bretterstege herbeischleppen, ich weiß kein anderes Wort dafür, lange Dinger aus Holz auf vier Metallfüßen, auf denen man knapp über der Wasseroberfläche seinen Weg verfolgen kann, ohne durchs Wasser waten zu müssen. Das kann bis zu einem halben Meter hoch steigen, und wenn das geschieht, werden diese Stege zu schmalen Wegen verbunden, auf denen die Fußgänger mit Mühe aneinander vorbeikommen. Schwarz ist der Schlick, der aus den Tiefen der Lagune kommt, Totenwasser aus der Lethe, dem Fluss der Vergessenheit. Ich habe zugeschaut, wenn irgendwo gebaggert wurde, ein Greifer, der in der Tiefe gräbt und pechschwarzen Schlamm erbricht nebst allen möglichen Gegenständen aus dem Totenreich, die die Farbe von trauerndem Wasser angenommen haben, eine Gegenstadt, die dort unten ihre Zeit abwartet. Ist das Wasser wieder gesunken, bleiben die Bretterstege als Memento dafür zurück, dass es auch anders kommen kann, dass der Vollmond von den romantischen Gemälden zuweilen, übelgelaunt, den Befehl über das Wasser übernimmt. Und da sich seit der letzten Eiszeit zehnmal mehr Wasser als Land in der Lagune befindet, haben sich die Menschen in diesem Kampfgebiet zwischen Flüssen und Meer durchschlagen müssen, so gut es ging. Der Gedanke an die Niederlande und die See liegt da natürlich nahe. Die verzweigten Arme des Po-Deltas führen Sand aus den Bergen des Hinterlands heran, die Meeresströmung arbeitete dem entgegen, es bildeten sich Sandbänke, die die Lagune einschließen wollten, die Nebenflüsse des Deltas mussten umgeleitet werden, um das Ganze nicht durch den Schwemmsand zu verstopfen und das Süßwasser durch drei Öffnungen ins Meer abfließen zu lassen. Auf einer aus großer Höhe gemachten Luftaufnahme wirkt die Lagune wie ein lebender Organismus, die Wasserwege gleichen Blutbahnen, die umgeleiteten Flüsse im Norden und Süden Schlagadern, die Industriegebiete von Mestre und Porto Marghera großen Geschwüren und Venedig selbst einem achtlos weggeworfenen, verlorengegangenen Juwel; die Sümpfe im Umkreis haben dann etwas von einem Königsmantel für einen König auf wackligem Thron aus istrischem Sandstein, der rettenden Steinart, die der Gefräßigkeit des Meerwassers zu widerstehen vermag, genau wie die ebenfalls aus Istrien stammenden Holzpfähle, die, wie in Amsterdam, tief in Sand und Lehm gerammt, Häuser und Paläste tragen. Wer das alles zustande gebracht hat, kann ausziehen, die Welt zu erobern.

Drei Miniaturen

Tiepolo im Dogenpalast. Drei Gestalten vor dem Blau des Himmels. Dank des Dreizacks weiß man, welcher Gott gemeint ist. Aber er hält ihn nicht fest, die merkwürdige Waffe, die sein Emblem ist, liegt schräg über seinem Rücken und über dem der dunklen jungen Frau im tiefgrünen Gewand, deren Kopf dem seinen so nahe ist. Was seine Waffe an ihrem Platz hält, ist nicht auszumachen. Dies ist das menschlichste Porträt des Gottes, das ich kenne. Er ist groß und stark, halbnackt, das lange Haar schwarz, der Bart wild und grau, sein rechtes Auge blickt verliebt, das andere ist nicht zu

sehen, doch dieses eine genügt, seine junge Haut ist braun und glänzt, ein paar Brusthaare, die Arbeitshände von dunklerer Farbe, wie bei Bauern und Fischern. Mit ihnen umfasst er das Füllhorn, das er jetzt vor der blonden gekrönten Frau ihm gegenüber ausschüttet. Münzen, grellrote Korallenstücke, Perlenketten, das ist so phantastisch gemalt, dass man die Konterfeis auf den Münzen zu sehen glaubt, Gestalten in Gold- und Silberglanz, ein Schatz, der über sein mächtiges Knie auf ihr goldbrokatenes Gewand strömt, kein Zweifel, er entrichtet keinen erzwungenen Tribut, sondern gibt aus Liebe, und Venedig ist die Frau, der er dies alles schenkt. Mit einer langen, hellen Hand, die unter dem Hermelin zum Vorschein kommt, zeigt sie auf ihn und sieht ihn mit einem Blick an, der zwischen Befremden und etwas wie Angst liegt. Die sexuelle Konnotation ist nicht zu übersehen, die Frau ist schön, ihre Linke, in der sie das Zepter locker hält, ruht auf dem Kopf eines schwermütigen Löwen mit schaurigem Maul, zurückgelehnt in all ihren Gewändern nimmt sie fast zwei Drittel des Gemäldes ein, so dass es den Anschein hat, Poseidon ströme wie eine schwere Woge auf sie zu, der Himmel mag wissen, was noch geschehen kann zwischen dem Meeresgott und seiner Lieblingsstadt. So gesehen im Dogenpalast, im Saal der vier Türen, in dem die Botschafter auf ihre Audienz warten mussten.

Carpaccio im Museum Correr. Es sagt etwas über John Ruskin aus, dass er die beiden Frauen in dem Carpaccio-Gemälde als Kurtisanen bezeichnete. Frauen von leichten Sitten (aus den besseren Kreisen), sagt mein französisches Wörterbuch, für den Fall, dass ich noch zweifelte. Warum glaubte Ruskin, es handele sich hier um eine Art besserer Huren? Die Kleidung der beiden Frauen ist venezianisch, luxuriös, ihre Frisur raffiniert, der Schmuck nicht übertrieben, aber doch vorhanden. Eine der beiden zeigt ein üppiges Dekolleté, aber das war nicht unüblich. Was brachte Ruskin zu seiner Annahme? Seine eigene viktorianische Prüderie? Der Legende nach hat er sich so oft Nackte aus poliertem Marmor angesehen, dass er zu Tode erschrak, als er in seiner Hochzeitsnacht des Schamhaars seiner Frau ansichtig wurde. Ich glaube jedoch eher, dass zwei andere Dinge, die auf diesem großartigen Gemälde zu sehen sind, ihn zu seinem Urteil führten. Beide Frauen blicken geradeaus vor sich hin, vom Betrachter abgewandt, beide mit einem leeren Blick, eigentlich ins Nichts. Und obwohl einiges geschieht, scheint es, als bewegte sich nichts, als würden sie warten, eine häufig lange währende Beschäftigung, die Kurtisanen nicht fremd ist. Was sehen wir in dem Bild? Zwei Tauben, zwei Hunde, möglicherweise die Pfoten eines dieser beiden Hunde oder die eines dritten, unsichtbaren. Die Frau mit dem Dekolleté hält in ihrer Rechten einen langen, dünnen Stock, den der größere der Hunde mit seinen scharfen Zähnen gepackt hat. Die Gesetze der Perspektive verraten mir nicht, ob die beiden Vorderpfoten, die ich links unten im Gemälde sehe und deren eine auf einem entfalteten Brief liegt, den ich nicht lesen kann, zu diesem Hund gehören; die Farbe des Hundehaars veranlasst mich zu der Annahme, dass es so ist. In der Linken hält die Frau die dünne rechte Pfote eines kleinen, aufrecht sitzenden, hässlichen Hündchens, das mich frech anschaut. Die andere Frau scheint ihre Füße in zwei riesige grüne, mit Stickereien verzierte Pantoffeln gesteckt zu haben, aber vielleicht ist es auch nur der bauschige Saum ihres Kleids. Das sind Dinge, die die Kunstgeschichte weiß, und vielleicht auch, was der krähenartige Vogel bedeutet, der genau vor ihr auf dem Boden sitzt und einen dreizehigen Fuß emporhebt. Auch diese Frau hat jenen starrenden, leeren Blick ins Nirgends, den ich der Einfachheit halber modern nenne. In der Rechten hält sie ein Tuch aus Leinen oder Seide, ihr Ellbogen liegt auf der hohen Marmorbalustrade neben einem Granatapfel, Symbol der Liebe und Fruchtbarkeit, soviel weiß ich noch. Ob der kleine

Junge, dessen Kopf den oberen Rand der Balustrade noch nicht erreicht, das auch weiß, ist nicht sicher. Jedenfalls ist seine ganze Aufmerksamkeit auf den Pfau gerichtet, den er eigentlich gern streicheln würde. Neben dem Pfau stehen zwei jener Frauenschuhe, die damals in Mode waren und in denen man dem Anschein nach kaum laufen konnte. Das Gemälde hängt im Museo Correr, und wenn man die Gelegenheit hat, lange vor ihm stehen zu bleiben, wird es bei diesen Frauen immer stiller. Späteren Theorien zufolge warten sie auf die Rückkehr ihrer Männer von der Jagd, doch das löst das Rätsel der Stille nicht. Kleidung und Gegenstände ordnen das Bild zeitlich ein, aber die Leere des Blicks und die arrogante Abweisung des kleinen Hündchens haben den Geruch meiner eigenen Zeit. Dieses Hündchen weiß zuviel, und wir kennen einander.

Guardi. Die Stadt, die ich vor einigen Wochen verlassen habe, ist zu Papier geworden. Jetzt, da ich weg bin, kam endlich die große Guardi-Ausstellung ins Museo Correr, Francesco Guardi, der zeit seines Lebens stets Canaletto den Vortritt lassen musste, obwohl er natürlich wusste, dass er selbst besser war, weil er die Stadt zum Leben bringen konnte, weil er die Palazzi aus ihrer *stasis* erlöste, in der der andere sie für allezeit festgemalt hatte; weil er das Wasser atmen ließ, das Geschrei all jener Männer auf den Schiffen hörbar machte und weil seine Wolken Personen waren, die sich so über das Wasser und die Stadt bewegten, dass man ihnen am liebsten Namen geben würde. Ein Freund, der meine Obsessionen kennt, hat mir eine Ausgabe von *El País* geschickt und eine Seite aus der *New York Times*, die über die Ausstellung berichten, so bin ich doch noch ein wenig in Venedig. Durch das Schwarzweiß des körnigen Zeitungspapiers sehe ich die Gemälde, wie man sie nicht sehen sollte, sie sind von einer unheilbaren Gräue befallen, aber ich setze die Farben mit meiner Erinnerung und meinem Heimweh ein. Dünn und ein wenig durchscheinend ist der Maler auf dem einzigen von ihm bekannten Porträt, Pinsel in der Hand, als müsse er etwas beweisen, die Farben auf seiner Palette weiße und dunkle Striche, weibliche Hände, klare Augen, die alles, was sie sahen, bewahrten, die Stadt, die Stadt und nochmals die Stadt, eine fluide Stadt aus Wasser und Booten, eine steinerne Stadt aus Palästen, und darüber hinaus alles, was hinter diesen Mauern geschah, die Stadt in der Stadt, die Kirmes der Eitelkeit im Ridotto, ein Wirbel von Raffinement und Geilheit um die Spieltische, ein leichter Geruch von Fäulnis, der das langsame Ende ankündigt. Seine Gemälde sind heimgekehrt, wer weiß, vielleicht hatten sie Heimweh nach der Stadt, in der Guardi, wie auf einem großen Bild seines Kollegen Giuseppe Bertini zu sehen ist, einst versuchte, seine »kleinen Leinwände« auf dem Markusplatz an den Mann zu bringen. Aus der ganzen Welt sind sie jetzt ins Museo Correr geflogen, vierzig Museen und Institutionen haben sie für einige Monate gehen lassen, ich kann es kaum erwarten, sie leibhaftig zu sehen. Im Grau der Zeitung vor mir schaue ich zum Ufer der Giudecca, wo ich erst vor kurzem noch spazierenging, ich sehe die kleine Insel, auf der ich gewohnt habe, gefangen zwischen Licht und Schatten, ein fernes Dämmergebiet, in dem ich einer der Schemen sein könnte, die seine Gemälde bevölkern. Diese Stadt hat sich seit damals kaum verändert, dadurch hat es den Anschein, als höben seine Bilder die inzwischen verstrichene Zeit auf. Ich bin nicht mehr, wo ich bin, und doch bin ich da, zu Farbe geworden, und gehe dort im Jetzt von 1760 umher, wo er mich hingemalt hat, ein Mann in seltsamen Kleidern, der auf den Stufen vor der Kirche sitzt, an denen ich zwei Jahrhunderte später vorbeigehen werde, ein Niederländer in der allerdurchlauchtesten Republik.

* * *

Ich war fort und bin zurückgekehrt. Es ist dieselbe Jahreszeit, jetzt allerdings deutlich dunkler, grauer, kälter. Diesmal wohne ich nicht mehr auf der kleinen Insel, sondern in der Stadt, und schon hat sich die Perspektive verändert. Die Geräusche sind anders, nächtliche Schritte, morgendliche Stimmen, die sich in Schlaf und Halbschlaf mischen, mich in die Welt ziehen. Das Hotel ist klein, das Zimmer ebenfalls, intim. Um nachts lesen zu können, muss ich die kleine, altmodische Schirmlampe quer drehen, damit etwas Licht auf das Buch fällt. Ich lese über die Dogen, deren Grabstätten ich in den Kirchen Frari und Santi Giovanni e Paolo aufsuchen werde. Dort ruhen sie in ihren Sarkophagen hoch aufgehängt an den Wänden, als wollten sie sich der Welt der Menschen entziehen und hätten es eilig, in den Himmel zu kommen. Ich habe sie schon in früheren Jahren besucht und mich gefragt, ob ich das auch wollte, bis in alle Ewigkeit auf halber Höhe einer Kirchenmauer schlafen, mit diesem fremden Echo einer phrygischen Mütze auf dem Kopf, meine steinernen Hände gefaltet, der Macht und den Intrigen entsagt, umgeben von Skulpturen, die die Tugenden oder die Paraphernalien des Krieges darstellen, auf eine hilflose Art noch immer mächtig, allerdings nur als Toter, das versteinerte Paradox.

Mein Hotel liegt gegenüber von Santa Maria del Giglio, die hier auch Zobenigo genannt wird, mein Zimmer befindet sich genau gegenüber ihrer vorderen Fassade, aber es war Abend, als ich ankam, und ich nahm die Ankündigung des Portiers, mich erwarte eine schöne Aussicht, undankbar zur Kenntnis, weil es dort in der Nähe kein Wasser gibt. Aussicht in Venedig ist Wasser, muss ich gedacht haben, und wie unrecht ich damit hatte, wird in dem Moment deutlich, als ich zuerst die Vorhänge und danach die Fensterläden öffne, denn meine Aussicht aus der dritten Etage ist die Hauptfassade der Giglio, Männer mit Perücken, Engel von unbändigen Ausmaßen, allegorische Gestalten, Feldherren, Seeschlachten, Stadtgrundrisse, menschliche oder göttliche Wesen unterschiedlicher Größe, Frontons, Kranzgesimse, Zwickel, Friese, Pilaster, Blendrahmen, Kragsteine, Putti, eine endlose Szenerie, die mich drei Morgen lang beschäftigen wird. Noch nie hatte ich vom Bett aus eine Beziehung zu einer Fassade, aber ich kann es nicht ändern. Sobald ich die Augen und die Fensterläden öffne, sehe ich den kleinen Platz unten, den Zeitungskiosk, die Passanten auf dem Weg zum Vaporetto. Diese kleine Abschweifung meines Blicks gefällt der Fassade ganz und gar nicht, sie möchte nicht nur meine ungeteilte, sondern auch eine andere Art von Aufmerksamkeit, nie mehr werde ich mit ihr aus so großer Nähe auf Augenhöhe verkehren, nur, wo soll ich anfangen? Am ersten Tag waren es die Zwillinge. Schon mal vom Bett aus steinerne Zwillinge betrachtet? Sie befinden sich irgendwo auf der linken Seite, nahe meinem Fenster, und sie ähneln einander so sehr, dass es wohl Zwillinge sein müssen, halbnackte Männer, der linke hält mit seiner linken Hand ein ausgebreitetes Lendentuch fest, das offensichtlich hinter seinem Rücken weitergeht, denn auch in der Rechten befindet sich noch ein Stück dieses Tuchs. Die beiden machen ein ernstes Gesicht, sind etwa fünfundvierzig, haben kräftige Renaissancekörper auf dem Weg zum Barock, auf dem Kopf tragen sie dorische Kapitelle, als wäre das nichts, ich tippe auf Sandstein, es könnte aber auch Gips sein, der sich als Marmor ausgibt. Der rechte Mann hält in seiner Linken ebenfalls ein Tuch, das als Hintergrund für ein Wappen mit doppelköpfigem Adler dienen muss, doch je länger ich hinschaue, umso mehr bekommt alles den Anschein eines ausgeklügelten Examens für einen Architekturstudenten, der die Namen all dieser Details kennen muss, für den Wörter wie Vorsprünge, Gebälk, Fronton, Gesims, Archivolte kein Geheimnis bergen. Alles in dieser Welt hat einen Namen, von fleischfressenden Pflanzen und der unscheinbarsten aller Spinnen bis hin zu den Skeletten ausgestorbener Urzeittiere und den Kartuschen an der Fassade mir gegenüber, schließlich müssen wir wissen, wovon wir reden, auch wenn dies die Rätsel nicht kleiner macht. Dass ich aus dem Bett muss, ist mir klar, und sei es nur, um die verrückte Perspektive vom Fenster aus auf ein menschliches Maß zurückzuführen, wenngleich ich nicht weiß, ob das gelingen wird. Der stolze Mann in der Mitte mit seiner Pumphose und so etwas Ähnlichem wie einem Marschallstab sowie einer höchst merkwürdigen, sich nach oben hin weit öffnenden Schale auf den üppigen Locken seiner Perücke mag ja noch hingehen, doch wie sollte er sich je mit einer der gigantischen Frauengestalten ganz oben paaren können, gesetzt den Fall, er wollte das? Ihre Maße passen nicht zueinander, mit all seinem Stolz müsste er in ihrer gipsernen Umarmung ertrinken. Und wie steht es mit meinem eigenen Maß? Erst als ich auf der Straße stehe, die Fassade über mir, kann ich versuchen zu schätzen. Vier Männer aus Stein stehen mir da mehr oder weniger gegenüber, aber doch noch hoch genug, um auf mich herabzublicken. Perücken, leicht wehende Kleider in dem Wind, der heute nicht bläst, über ihren Köpfen die Attribute von Gelehrtheit, Macht, Reichtum, Position. Kein Zweifel, sie sind ansehnlich, zum ersten Mal höre ich das Wort in seiner wahren Bedeutung, während ich es denke. Sie sind des Ansehens wert, wussten das selbst, und ihre Zeitgenossen wussten es ebenfalls, und wenn man will, dass es die Menschheit auch künftig noch weiß, erbaut man eine Kirche. Die Gebrüder Barbaro, Giovanni Maria, Marino, Francesco und Carlo. Der einsame Bruder in der Mitte der Fassade ist Antonio, 1627 bis 1678, Prokurator von Kreta, Kapitän des Golfs und *provveditore* von Candia. Wenn man ein Barbaro ist, steht man drei Jahrhunderte später noch als Regent da, hat man seine gewonnenen Seeschlachten gegen die Türken und die Grundrisse der Städte, die man regierte, als Relief um sich herum und auf Straßenniveau, zu Füßen, die Brüder mitsamt ihren Titeln. Einer dieser Brüder oder Söhne liest auch noch als Standbild, jede Minute wurde genutzt. Der Portier meines Hotels gibt mir ein Büchlein über die Kirche, aber es ist nicht im Handel, und ich kann es nur kurz einsehen. Die Fassade ist ein Entwurf von Giuseppe Sardo, die Grundrisse sind die von Rom, Padua, Korfu, Candia, das heute Heraklion heißt, der Seekrieg ist mit Hilfe von aufgetakelten Admiralsschiffen und Galeonen, wilden Wogen und Ruderern mit langen Riemen dargestellt und macht aus der Fassade einen Film in Zeitlupe. Als ich im Internet nach den Barbaros suche, begegne ich ihnen in allen Jahrhunderten, bis hin zu Nicolasa, die sich 1470 mit Bayezid II. vermählte, dem Sultan des ottomanischen Reichs. Der Orient war in Venedig nie fern.

Im *Gazzettino* lese ich, dass das Wasser morgen gegen elf Uhr bis auf einen Meter dreißig ansteigen kann, die Spannung wächst, jeder spricht davon. Überall stehen die Bretterstege bereit, doch ich weiß, dass ich um diese Zeit mit meinen Koffern durch die Calle del Traghetto werde waten müssen. Gegen sechs geht die Sirene, ein Geräusch, das mich immer an den Krieg erinnert, so etwas wird man nie mehr los, und diese Sirene schon gar nicht, sie verkündet Unheil, Gefahr und schreit, dass in dieser Nacht die Hunnen im Anmarsch sind. Auf einmal wird einem wieder bewusst, dass die Stadt im Wasser liegt und lediglich durch eine schmale Brücke mit dem Rest der Welt verbunden ist, so als stünde man auf einem Schiff, das sinken könnte. Ich öffne die Läden, es ist stockdunkel, jetzt gellt das Geräusch zum Fenster herein, greint noch ein wenig nach und verstummt dann zu einer Stille, in der man alles Mögliche hört, das nicht da ist. Dann setzt ein zweites Geräusch ein, eine seltsame, sich ständig wiederholende Melodie, ein geheimnisvoller mechanischer Gesang, der gegen die Fassade der Giglio gegenüber prallt, als wolle er mit diesem harmonischen Summen dem angekündigten Unheil widersprechen oder es sogar leugnen, doch ohne Erfolg. Das Gefühl der Bedrohung wird größer durch das Geheimnisvolle dieses Geräuschs, die ständige, obsessive Wiederholung, bis auch das erstirbt und die Stille ohne Stimmen und Schritte wieder Besitz von der Stadt ergreift. Als ich ein paar Stunden später erneut erwache und das Fenster öffne, sehe ich, dass Antonio Barbaro seine Haltung nicht verändert hat, und auch die Glorie und die Kardinaltugenden sitzen noch unerschütterlich auf dem Halbbogen, der die Fassade nach oben hin abschließt, der Ruhm, die Tugend und die Weisheit haben ihren Platz nicht verlassen, die Welt ist in Ordnung. Der Zeitungskiosk ist geöffnet, ich sehe nirgends Fluten, der Mond, die Gezeiten und das Wasser haben die Stadt an ihre Verwundbarkeit erinnert, morgen wird der *Gazzettino* schreiben, alles sei nur ein falscher Alarm gewesen – bis zum nächsten Mal.

Eine Lektion, die ich in Berlin gelernt habe, als die Mauer noch stand. Wenn man nicht nach draußen kann, sucht man die Ferne drinnen, in unbekannten Stadtvierteln, merkwürdigen Parks, Innenhöfen mit großen Mülltonnen, auf unscheinbaren Plätzen, an heruntergekommenen Fassaden. In Venedig suche ich dann die leeren Teile der Stadt auf, die schmalen Straßen in der Nähe von San Giobbe, die Sträßchen rund um die Salizzada Stretta oder San Giuseppe di Castello, oder, wie jetzt, am anderen Ende der Giudecca. Ich habe dort nichts zu suchen, und genau das suche ich: nichts. Ich habe mich aus der Überfülle der Stadt gelöst und genieße jetzt das Gefühl, ziel- und absichtslos in einem unbelasteten Niemandsland umherstreifen zu dürfen; ich bin die Fondamenta Sant'Eufemia und die Fondamenta San Biagio entlangspaziert, habe mich dann verlaufen, bin wieder zurückgegangen, gelange immer wieder ans Wasser, sehe niemanden, leichter Nieselregen, keine Bäume und dennoch ein leises Rauschen. Woher kommt dieses Geräusch? Ich bleibe stehen, höre in der Ferne ein

Boot vorbeifahren und warte, bis es wieder still ist, um diesem Geräusch noch einmal zu lauschen. Ich habe kaum auf den Weg geachtet und bin jetzt auf ein schmales Fahrwasser gestoßen, das der Rio Morto sein könnte, und noch immer höre ich dieses Geräusch, ein Rascheln, die Bewegung sehr vieler zarter Dinge, fast ein Flüstern, doch nicht von Menschen, das Knistern von Papier, eine Zeitung im Wind, aber es weht kein Wind. An dem schmalen Kai, der kein echter Kai ist, liegt ein Boot, zugedeckt mit einer schwarzen Plane. Jetzt bin ich mir sicher, das Geräusch kommt von dort, als ich ganz still stehen bleibe, höre ich es deutlich, ein heiseres Rascheln, leises Zischen, was ist das bloß? Da niemand auf mich achtet, wage ich die Plane ein wenig hochzuheben und entschleiere das Rätsel: Hunderte und Aberhunderte kleiner schwarzer Krabben, die mit ihren Beinchen über die fragilen Panzer der anderen kriechen, Gewimmel und Gekrabbel einer schwarzen, leicht glänzenden Masse, der Fang eines Fischers aus dem schwarzen Wasser der Lagune, schlickfarben, mit ineinander verhakten Beinen unter- und übereinander einen Ausweg suchend, venezianische Melodie für tausend Krabben, ein Gesang aus dem Styx.

Hundert Jahre alt ist das Buch auf meinem Tisch. Groß, die Seiten leicht verfärbt und mit dem besät, was Antiquare als *taches de rousseur* bezeichnen, so etwas Ähnliches wie die Leberflecke auf meinen Händen, die man in Twente Friedhofsblümchen nennt. Es ist ein Buch meines Helden Louis Couperus, neben Multatuli einer der bedeutenden, noch aus dem 19. Jahrhundert stammenden Schriftsteller, ein großer Romancier und gleichzeitig jemand, der glänzend über seine Reisen schreiben konnte. Auf dem Umschlag Jugendstilmotive, Blumen und eigenartige Wesen, die den Mittelteil mit dem Titel umschweben: *Uit blanke steden onder blauwe lucht*, Aus weißen Städten unter blauem Himmel. Der Stil ist manieristisch, leicht altertümlich, bildhaft, noch immer lesbar, ein Stil, der zu meinen Ursprüngen gehört, was heißen soll, dass ich Couperus schon früh las, seine Bücher über Niederländisch-Indien und Japan führten mich in die Ferne, die ich suchte, er reiste langsam, und so schrieb er auch, seine Pünktchen am Ende eines Satzes waren der Platz, den er für die Phantasie des Lesers reserviert hatte. Das erste Kapitel seines Buches behandelt Venedig, und was ich gerade geschrieben habe, wird dort wortwörtlich bestätigt: »Denn diese Stadt ist ein Traum und eine Fabel; sie ist nicht wirklich, sie existiert nicht … wir bilden sie uns ein! Sie ist eine Fata Morgana, sie wird geboren in perlmuttenem Glanz, sie erstrahlt in goldenem Glanze, sie verschwimmt in violetten Nachtschatten …«

Nein, so kann man nicht mehr schreiben, angehaucht von Symbolismus und Impressionismus, träge und ein wenig schwülstig, mit allerlei kleinen *touches*, um nur ja jede Nuance des Lichts oder des Wassers oder eines Kunstwerks zu vermitteln, aber ich kann noch immer so lesen, denn indem ich Couperus lese, bin ich nach wie vor in derselben Stadt, freilich ein Jahrhundert früher, einer Stadt, in der noch ein Hauch des gerade entschwundenen Fin de siècle schwebt, einem gemächlicheren und langsameren Venedig. Ob ein Leser in einer anderen Sprache das genauso lesen könnte, wie ich es lese, steht dahin, neue Übersetzungen können dem Altertümlichen und Manierierten dieser Sprache nicht gerecht werden. Proust ist im vergangenen Jahrhundert bereits dreimal neu ins Englische übersetzt worden, während die Franzosen sich nach wie vor mit einer hundert Jahre alten Sprache begnügen müssen – ich habe keine Mühe damit, doch die Smartphone- und iPad-Generation verlangt ein anderes Tempo, weniger Worte, weniger Schmuck, und damit wird die Stadt zu einer anderen, weil mit einer Veränderung der Sprache auch eine veränderte Art des Sehens einhergeht. Mir gefällt es, hier vor hundert Jahren herumzuspazieren. Natürlich hilft die Abwesenheit von Autos dabei, während andererseits eine gewisse Hektik der Menschen dem entgegenwirkt. Darunter hatte Couperus nicht zu leiden, er fährt in seiner Gondel durch »samtdüstere Kanäle über tintendunkles Wasser« und kommt dann selbst noch einmal auf seinen Tintenvergleich zurück, indem er sagt: »Über diese Tinte, hie und da vom jähen Schein einer Laterne rot überrieselt, durch diesen samtenen Schleier, durch diesen kühlen Hauch von Feuchtigkeit und Herbst, glitt unsere Gondel in das Geheimnis der düsteren Nacht, und es war, als stiegen in schmal zulaufenden Fernen, zwischen schwarzen Palästen, aus den blutig schimmernden Gewässern, Schemen mit langen, über die Tintenfläche schleifenden, triefnassen Schleiern empor und lösten sich in Nebel und Gewölk auf ...« Zugegeben, Impressionismus, hie und da ein Hauch Schwarz, ein Tupfer Rot auf das schaukelnde Wasser gesetzt, die Beleuchtung war auch anders in jenen Tagen, und wenn kein Wassertaxi an einem vorbeifuhr, konnte man im halbhellen Halbdunkel gelblicher Lampen vielleicht eher eine Spukgestalt erkennen als wir heute, doch im Grunde, wenn man sich die Zeit zu lesen nimmt, *sieht* man jedes Bild, das er heraufbeschwört, vor allem wenn er dann mit einer plötzlich modernen, filmischen Wendung einen Sprung macht. Plötzlich ...

»Plötzlich, nach Ruf um Ruf der paddelnden« (hier spricht seine tropische Vergangenheit)* »Gondolieri, tat sich vor uns die Lagune auf, wendete die Gondel und ...

Ein Zauberspiel breitete sich in Lichtergewimmel vor unseren Augen aus ...«

Nichts von dem, was er nachfolgend beschreibt, hat sich verändert, die Piazetta nicht, der Bronzelöwe auf dem Markusplatz

* Couperus verwendet hier das vom malaiischen Wort *pengayuh* abgeleitete *pagaai* (Anm.d.Ü.).

nicht, und auch nicht das Licht auf der Lagune und der plötzliche Blick auf diesen »eigentümlichen, verwunderlichen Bau, eine Zauberburg, eine sonderbar magische Architektur ... den Palast der Dogen ... die Wohnstatt eines Kalifen ...«

Als ich von meinem Buch aufblicke, ist das Jahrhundert zwischen ihm und mir verflogen, dies hier habe ich erst vor wenigen Tagen so gesehen, und als ich die Augen schließe, sehe ich ihn in seinem venezianischen Hotel sitzen und höre seine Feder die Wörter kratzen, die ich gerade gelesen habe.

Zwei Gedichte

1 Dass der Kanal im Jahr 1934 stank, wusste er später noch, er sollte sich an den Geruch des brackigen Wassers, vermengt mit dem Dunst gebratener Scampi, erinnern. Vom Fenster seines Hotels hatte er die Tippfräulein in dem Büro auf der gegenüberliegenden Seite sehen können, auch das stand ihm jetzt wieder vor Augen. Ein eigenartiger Nachmittag war es gewesen. Die Frau, die im selben Hotel ein Zimmer genommen hatte, war von weit her gekommen, und dies war ihrer beider Aussicht gewesen, eine venezianische Landschaft. Offenbar hatten sie, dachte er später, als er es niederschrieb, während sie beide dasselbe sahen, nicht das Gleiche gesehen. Eine Frau, die am liebsten Gesualdo und Bach hört, schaut anders als ein Mann, der Opern liebt und dazu noch vom banalsten Repertoire. Ach ja, und die Uhr hatte fünf gezeigt, obwohl es erst vier war, deshalb waren sie gerannt, erst über den Markusplatz, wo das Caffè Florian leer war, danach über die Riva degli Schiavoni an der Trattoria Paganelli vorbei, die ihnen von einem knauserigen Florentiner Maler empfohlen worden

war. Zwei Zimmer hatten sie in ihrem Hotel, nicht einmal nebeneinander, auch das wusste er natürlich noch, und dass sie am nächsten Morgen vorbeigestürmt war, ohne auch nur einen Blick auf sein Ranzoni-Gemälde zu werfen. Und wenn man dann daran zurückdachte, dass sie in Florenz so ein wunderbares Gespräch geführt hatten, als sie über die Treppen des Viertels Oltrarno zum großen Platz gingen. Doch im Jetzt seiner Erinnerung waren sie noch im Venedig von damals unterwegs, ein Vorkriegssommer, fürchterliche Hitze, Tauben, Fotografen, der bleischwere Biennale-Katalog, in den sie nicht ein einziges Mal geschaut hatten. Sie waren mit einem Vaporetto zurückgekehrt, danach wieder am Kai entlanggeschlendert, Vogelfutter unter den Füßen. Souvenirs hatten sie gekauft, Sonnenbrillen und Ansichtskarten. Ja, 1934 war ihr früheres Selbst dort gegangen, zu jung oder zu fremd waren sie für eine Stadt gewesen, die von Touristen und alten Geliebten lebt.

2 Wo genau es war, weiß ich nicht, aber auf jeden Fall am Wasser. Es ist noch Morgen, vielleicht scheint ein wenig Sonne durch einen leichten Nebel, und hinter den Häusern das größere Licht der Lagune. Der Passant sieht einen schon etwas älteren Mann, vielleicht denselben, der sich in der vorigen Geschichte an eine Frau erinnert und an den Sommer des Jahres 1934, im Gespräch mit einem Hausmeister, zumindest sieht er so aus, und es ist weniger der ältere Mann, der spricht, sondern der Hausmeister, der die Tür mit einer Hand halb geöffnet, halb geschlossen hält und mit der anderen abwehrend gestikuliert. Eine venezianische Szene, die laute Stimme des Hausmeisters, der sehr viele Worte darauf verwendet, den anderen nicht einzulassen. In anderen Aufzügen vielleicht sogar eine Szene aus einem Stück von Goldoni. Jemand ist nicht da, möchte nicht gestört werden, der andere drängt, argumentiert. Der ältere Mann könnte ein Gerichtsvollzieher sein oder ein nicht willkommener Familienangehöriger, der Passant

ist bereits weitergegangen, hat aber doch das eine oder andere aufgeschnappt. Es ist denkbar, dass er sich zu dem, was da wirklich vor sich ging, etwas zusammenphantasiert hat. Wenn er Ausländer war, hat er vielleicht das Wort Hemingway verstanden oder Pound, der in Venedig sehr bekannt war. Wäre der Passant jedoch Italiener gewesen, so hätte er den älteren Herrn möglicherweise erkannt, den Opernkritiker des *Corriere della Sera*, der auch Gedichte schreibt. Eugenio Montale. So hätte es sein können, doch woher weiß ich das? Kenne ich die beiden etwa? Nein, den Hausmeister nicht, Eugenio Montale aber sehr wohl von seiner Lyrik, und die habe ich bei mir, hier, in Venedig. Eine Penguin-Ausgabe von 2002, mit der englischen Übertragung der wichtigsten Gedichte von verschiedenen Übersetzern. Auf dem Umschlag ein Foto des Dichters. Die rechte Hand erhoben im Fotografenlicht, zwischen Zeige- und Mittelfinger eine Zigarette, makellos weißes Hemd, vielleicht handgenäht, tiefschwarze Krawatte, ein ganz fein gemusterter Morgenmantel, möglicherweise Seide. Vornehm. Das schwere Gesicht mit meditativem Ausdruck, als habe er gerade etwas gehört oder sich überlegt, worüber er lange nachdenken möchte. Es ist ein Kopf, der lange gelebt und viel gehört, viel gesehen hat. Viel gedacht. Eine Gedichtmühle. Der Kopf des Mannes, der *Satura* geschrieben hat, Gedichte in einem anderen Ton als die mythischen und mitunter rätselhaften Verse von früher, wie *Ossi di seppia* oder *Le occasioni*, in denen manchmal Dante und Cavalcanti noch mitschwangen als ferne Echos einer verehrten Vergangenheit. Diese neuen Gedichte sind weltzugewandter, anekdotischer, direkter. Sie erzählen von einem Leben nach einem früheren Leben, manchmal sind es auch Erinnerungen an dieses frühere Leben, nicht zynisch, aber doch mit einem hellsichtigen Abstand. In einem von ihnen beschreibt Montale seinen Besuch bei Hemingway in Venedig, ein Gedicht fast wie eine Reportage, alle Details fotografisch festgehalten, die Szene, die mein Passant hätte sehen können und der Leser, der ich bin, sehen kann. Ich weiß auch, in welchem Jahr diese Begebenheit stattfand, es ist in besagter Penguin-Ausgabe erwähnt, 1954. Im Januar jenes Jahres wurde fälschlich gemeldet, Hemingway sei bei einem Flugzeugabsturz tödlich verunglückt, im März desselben Jahres kommt Montale, damals noch nicht Literaturnobelpreisträger, nach Venedig, um Hemingway für den *Corriere della Sera* zu interviewen. Hemingway hat im Jahr zuvor den Pulitzerpreis für *Der alte Mann und das Meer* erhalten, 1954 wird er mit dem Nobelpreis ausgezeichnet werden.

Der ältere Mann aus meiner venezianischen Geschichte versucht, den Hausmeister zu beeindrucken. Er übertreibt ein wenig, ein Journalist mit einem Auftrag, der sich Zutritt verschaffen will, der Hausmeister mit den Zügen eines von Dantes Teufeln widersetzt sich, er hat strikte Anweisungen, der amerikanische Schriftsteller darf nicht gestört werden. Doch der andere drängt weiter, nennt Pound, der angeblich sein Freund sei, und ist selbst offenbar jemand, dem eine besondere Behandlung zusteht. Er ist schlicht, aber vornehm gekleidet, er kennt die richtigen Leute. Und dies ist Italien. Der Hausmeister ruft oben an. Sie stehen noch immer in der offenen Tür. Lichtflecke im Wasser, das sich leise bewegt. Ein Vaporetto fährt vorbei. Ein venezianisches Geräusch, typischer geht es nicht. Da hinein die Stimme des Hausmeisters, die Pausen, wenn die andere Stimme, die dort oben, spricht. Dann ist es geschafft. Der Besucher darf hinauf. Viel später wird das Gedicht genau erzählen, was er an jenem Märztag gesehen hat. Der Schriftsteller liegt noch im Bett, unter einer Pelzdecke. Der Besucher sieht nur dessen Augen und das Ekzem auf der Haut ringsum. Zwei oder drei leere Merlotflaschen, von diesem Morgen oder der Nacht davor, Vorboten dessen, was folgen wird, später, unten im Restaurant.

Dort dreht sich das Gespräch nicht um den Schriftsteller, sondern um gemeinsame Bekannte, die Buchhandlung Shakespeare

& Company, Adrienne Monnier, Sylvia Beach, Rue de l'Odéon, Valery Larbaud, die wilden dreißiger Jahre, die lärmenden Fünfziger, ihre eigene Zeit. Paris ein Schweinestall, London dito, New York *stinkt*, dort herrscht die Pest. Und in den hiesigen Sümpfen nichts zu jagen. Keine Wildenten und keine Mädchen, nicht einmal die leiseste Idee für ein Buch wie dieses Buch, das preisgekrönte. Kein Glückstreffer mehr, kein alter Mann und kein richtiges Meer. Sie stellen eine Liste gemeinsamer Freunde auf, doch im Grunde möchte der Besucher nicht zuhören. Alles *ist rotten, verfault*, sagt der Schriftsteller, alles. Fast in Tränen bittet er den Besucher, keinen Besuch mehr zu schicken, und schon gar keinen, wie dieser selbst einer ist – noch schlimmer, wenn sie intelligent sind. Dann steht er auf, hüllt sich wieder in seinen Morgenmantel, umarmt den Dichter und sagt ihm *adieu*.

Nach dieser Begegnung lebte er noch sieben Jahre, und bei seinem zweiten Tod hatte er keine Zeit mehr, die Nachrufe auf sich zu lesen. Das Gedicht, das den Besuch beschreibt, erschien 1962 in *Satura*. Es ist eines von zwei »Prose veneziane«. Dreizehn Jahre später erhält der Besucher selbst den Nobelpreis. Der Passant in Venedig, der sich das alles vorgestellt hat, nachdem er das Gedicht des einen über den anderen gelesen hat, denkt, er habe es selbst erlebt.

Das verschwundene Abendmahl

Bei Inquisition denkt man an Spanien, an Ketzer mit seltsamen hohen, spitzen Mützen, an Scheiterhaufen, erzwungene Geständnisse, grausige Bilder, die die Worte Heilige Inquisition zu einem bösartigen Oxymoron machen. Dass es auch in Venedig Inquisitoren gab, die den Menschen das Leben ziemlich schwermachen konnten, ist weniger bekannt. In der Gallerie dell'Accademia hängt ein monumentales Gemälde von Paolo Veronese, das einst Gegenstand eines Verhörs des Malers durch drei venezianische Inquisitoren war. Und da die Inquisition, wie die Gestapo und die Stasi, alles schriftlich festhielt, wissen wir, was an jenem Tag, dem 18. Juli 1573, gefragt und geantwortet wurde. Veronese war zu diesem Zeitpunkt fünfundvierzig Jahre alt und befand sich auf dem Gipfel seines Ruhms. Worum ging es? Der Maler hatte von den Dominikanern den Auftrag erhalten, für das Refektorium (den Speisesaal) ihres Klosters ein besonders großes Gemälde anzufertigen, auf dem das Letzte Abendmahl zu sehen sein sollte. Er muss mit viel Freude daran gearbeitet haben, denn es ist eine gigantische Leinwand mit den von ihm bekannten majestätischen und farbenfrohen Figuren an einer Tafel, an der und um die herum alles Mögliche geschieht. Eines der Privilegien von Malern besteht darin, dass sie sich einen Himmel ausdenken dürfen. Was für ein Wetter an dem Tag herrschte, an dem er sich diesen Himmel ausdachte, wissen wir nicht, jedenfalls ist der, den wir durch die drei großen Öffnungen des prächtigen Gebäudes sehen, in dem er das Gastmahl stattfinden lässt, eine glänzende, lebendige große Fläche aus strahlendem Blau, durchzogen von gräulichen, goldgeränderten Wolken, die der architektonischen Geradlinigkeit der klassischen, damals jedoch modernen Gebäude im Hintergrund ein eigenes Relief verleihen. Ich habe versucht, die Menschen zu zählen, die bei dem Fest zugegen sind, Zwerge, Hellebardenträger, Diener, Großmächtige, Schnorrer, Männer mit Turbanen, Schwarze, doch es ist unmöglich. Fünfzig sind es mindestens, die gemeißelten Engel, die auf den Rundbögen der Öffnungen liegen, und die Menschen an den Fenstern und auf den Treppenabsätzen und Balkonen der benachbarten Gebäude nicht mitgerechnet. Die Tafel steht in einem offenen Raum, der von zweimal sechs korinthischen Säulen getragen wird, alles deutet auf Luxus und Reichtum hin. Kanariengelb, scharlachrot, so haben die Gäste – anscheinend ausnahmslos Männer – sich gekleidet, ungestüme Farben, die gut zu ihrer Körpersprache passen. In der Mitte dieses vermutlich sehr geräuschvollen Spektakels sitzt Jesus mit seinen treuen Jüngern fast abseits, als gehörte er eigentlich nicht dazu, ist durch seine Ausstrahlung aber doch der heimliche, traute Mittelpunkt dessen, was wie ein großes, turbulentes Fest aussieht. Wo er sitzt, ist es ruhig. Er ist jung und spricht mit einem jungen Mann neben ihm, unmöglich, zu wissen, was er in diesem Augenblick sagt, das erfahren wir erst später. Petrus schneidet das Fleisch und reicht es zur anderen Seite der Tafel, in der Nähe steht ein Mann mit blutender Nase, auch ein Hund ist mit von der Partie, Judas natürlich, der reiche Gastgeber namens Simon, ein paar Hellebardenträger, deutsche Gäste (und die galten in jener Zeit als Protestanten, sprich Ketzer) und natürlich Bedienstete.

So gut wie niemand bei Tisch blickt zu Jesus, in der linken Ecke des Gemäldes klettern Männer mit Turbanen anscheinend direkt an der Wand hoch, links und rechts führt eine Treppe nach unten, ein Negerjunge in lachsrosa Seide gießt etwas aus einer Kanne ein, einige Männer scheinen am Fest nicht teilzunehmen, doch in diesem palastartigen Raum wird gegessen und getrunken, was das Zeug hält, fast könnte man vergessen, dass es sich hier um einen heiligen Augenblick handelt, der sich nach zweitausend Jahren noch täglich in jeder heiligen Messe auf der ganzen Welt wiederholt, und genau daran störte sich die Inquisition, und so musste Veronese vor dem Heiligen Tribunal erscheinen, um sich zu verantworten. Sehr beeindruckt davon scheint er nicht, seine Antworten sind kurz, eher lakonisch. Man fragt, ob er wisse, warum man ihn vorgeladen habe, und er antwortet, er glaube schon. Er spricht die Inquisitoren höflich mit Eure Durchlaucht an, aber man gewinnt den Eindruck, dass er sie auch ein wenig zum Narren hält. Der Hund da, was soll dieser Hund, ein Hund in Christi Nähe, das sei doch Blasphemie? Dorthin hätte er doch Maria Magdalena malen müssen, oder? Ja, aber er sei der Ansicht gewesen, dort wäre sie nicht richtig zur Geltung gekommen. Und diese blutende Nase? So etwas passt doch nicht, oder? Ja, aber das sollte ein Diener sein, dem ein kleines Missgeschick passiert sei. Und dieser Mann, der so deutsch aussieht, bewaffnet mit einer Hellebarde? Um das zu erläutern, benötige ich etwas Zeit. Eine Antwort, bitte!

Also, wir Maler sind es gewohnt, uns die gleichen Freiheiten zu nehmen wie Dichter und Narren, und deshalb habe ich die beiden Hellebardenträger, einen, der isst, und einen, der trinkt, an den Fuß der Treppe gemalt, aber doch so, dass sie jederzeit zu Diensten sein können, denn dazu, glaube ich, hält sich ein reicher Mann wie dieser Gastgeber solche Leute.

Und der Kerl da, der aussieht wie ein Hofnarr, mit einem Papagei auf der Faust, was soll der?

Der ist zur Ausschmückung da, das ist üblich.

Und wer sitzt am Tisch des Herrn?

Die zwölf Apostel.

Was macht der heilige Petrus, der dort, der erste?

Der verteilt das Lamm für die ganze Tischrunde.

Und der neben ihm?

Der hält ihm den Teller hin.

Und der daneben?

Der stochert sich mit der Gabel zwischen den Zähnen.

Wer war deiner Meinung nach tatsächlich zugegen? Meiner Meinung nach Christus mit seinen Aposteln, aber wenn auf einem Gemälde noch Platz ist, male ich es voll mit Figuren aus meiner Phantasie.

Hatte dir denn jemand den Auftrag erteilt, Deutsche, Narren und ähnliches Volk zu malen?

Nein, meine Herren, aber ich sah, dass ich viel Platz hatte und dass ich also viel hineinmalen konnte.

So geht das Gespräch noch eine Weile weiter, und natürlich muss er zugeben, dass dies keine würdige Gesellschaft für ein so heiliges Ereignis ist, aber er weiß bereits, wie das Urteil lauten wird: Das Gemälde muss binnen drei Monaten übermalt werden, Hund und blutige Nase und Zahnstocherer plus die Deutschen müssen verschwinden – doch der Maler hat, mit Einwilligung der Dominikaner, die das Bild gern so belassen würden, wie es ist, längst einen Plan gefasst. Er ändert nichts oder kaum etwas an dem Gemälde, benennt es lediglich um, und so heißt es auch heute noch in der Accademia: *Das Gastmahl im Hause des Levi*, und wenn Gemälde einen Untertitel hätten, könnte er in diesem Fall lauten: *oder die Inquisition an der Nase herumgeführt*.

Stimmen, Orgel, Regen

Es heißt, dass nahezu alle Venezianer abends ihr sinkendes Schiff verlassen. Zu hohe Mieten, zu viele Touristen. Sie wohnen in Mestre oder noch weiter entfernt im Veneto. Vielleicht haben sie früher in Venedig gewohnt, sind aber der Kinder, der Arbeit, des Alters wegen fortgezogen. Jetzt kommen sie nicht mehr in die Stadt oder allenfalls, um zu arbeiten, echte Pendler. Kellner, Carabinieri, Lehrer, Krankenschwestern, Personal der Vaporetti. Ich habe deshalb immer das Gefühl, die Stadt komme am frühen Abend ein wenig aus dem Wasser hoch, der gleiche Effekt wie beim Aussteigen aus einem Traghetto. Wer aber sind dann die Menschen, die sich als Venezianer bezeichnen dürfen? Die hier wirklich wohnen und weder Ausländer noch Besucher sind? Richtige Venezianer, die nicht im Traum daran denken, ihre schwimmende Stadt zu verlassen, komme, was da wolle. Man kann die Leute auf der Straße oder in den Geschäften nicht danach fragen, sondern höchstens versuchen, an diesem oder jenem Zeichen zu erkennen, wer dieses zunehmend seltener werdende Wesen ist, das sich von immer neuen Horden, hohen Preisen oder Hochwasser nicht hat vertreiben lassen. Es sind diejenigen, die nicht alle naslang an einer Ecke stehen bleiben, um den Stadtplan zu studieren, sondern mit der größten Selbstverständlichkeit in eine dunkle Gasse biegen. Die zur Messe gehen, wenn die Touristen noch schlafen. Ein alter Mann in einem schummrigen, staubigen Café irgendwo in Cannaregio, der im *Gazzettino* die Venedigseiten liest. Alte Damen auf dem Rialto-Markt, die sich wie gute Bekannte ausführlich mit den Verkäuferinnen unterhalten. Frauen, die nicht über den Markt schlendern, sondern schnurstracks diesen einen Fischstand ansteuern. Wenn man die Stadt oft genug besucht hat, kann man die Zeichen vielleicht sehen – venezianischer Dialekt, heftige Diskussionen über lokale Angelegenheiten, geduldiges Schlangestehen vor einem städtischen Amt. Wie viele sind es noch? Gegerbt durch jahrhundertelange Erfahrung und gewappnet gegen die hundert Menschen pro Tag, von denen sie nach dem Weg gefragt werden, gegen russischen oder englischen Akzent, invasionsresistent, sich an einem Gefühl der Zusammengehörigkeit festhaltend, im Besitz einer Geheimlehre, die die anderen ausschließt, Menschen, die einander an einem Wort, einem Ausdruck erkennen und wissen, wo was billiger ist, zu welcher Zeit man besser nicht mit dem Vaporetto fährt, denen man Touristenpreise gar nicht erst abverlangen muss und die die Orte kennen, an denen sie unter sich sein können, die mit den Codes und geheimen Gesetzen der Stadt vertraut sind und den Pseudovenezianer auf hundert Meter durchschauen. Es ist ihre Stadt, die, wenn all die anderen fort sind, wieder ihnen gehört, das ewige Labyrinth, in dem nur sie Bescheid wissen, die Stadt, deren Unannehmlichkeiten sie ertragen als Zeichen des Auserwähltseins.

Diese Gedanken kamen mir, als ich am Sonntag, dem 25. November 2012, in der Kirche San Rocco um mich sah. Alles nur Venezianer, dachte ich. Draußen schüttete es. In einem Café in der Nähe, in das ich auf einen heißen *cappuccio* geflüchtet war, hatte ich das kleine Plakat gesehen. *Musica e Spiritualità*. Eine Aufführung in San Rocco, *Coro* Thomas Tallis di Arduino Pertile, Thomas Mazzucchi *direttore*. Francesco Bravo *organo*. Sie sollte um fünf Uhr beginnen, und es war fast so weit, draußen war es praktisch schon dunkel, ich ging schnell durch die Regenschauer zur Kirche, das Konzert war kostenlos, und drinnen fand ich gerade noch einen Platz. Palestrina und Palestrina, danach dreimal gregorianische Musik, eine Toccata von Gabrieli, William Byrd, Christopher Tye, alles angenehm alt. In der Kirche schien jeder jeden zu kennen, man hielt Ausschau, winkte sich zu, küsste, schüttelte Hände, kein Zweifel, das war eine durch und durch venezianische Angelegenheit, man war unter sich, die Musik würde uns mitsamt der Kirche in die Höhe tragen, so etwas konnte man Palestrina getrost überlassen. In solchen Augenblicken existiert Sterblichkeit nicht, Palestrina ist seit gut vierhundert Jahren tot, die Worte, zu denen er sein vierstimmiges Lied komponiert hat, waren bereits vor mehr als zweitausend Jahren als Psalm geschrieben worden und handelten von einem Fluss, der damals wie heute in der Nähe von Bagdad floss. Klagende hatten an den Ufern dieses Flusses gesessen, nach Babylon verbannt, und von Zion geträumt, ich saß in einer alten Kirche in einer noch älteren Stadt, und da ich die Worte kannte und wusste, was sie bedeuteten, wurde auch ich unvorstellbar alt, ich hatte teil an etwas, saß zusammen mit einigen hundert Menschen in nassen Regenmänteln in einem Raum, der uns vor den Unbilden des Herbstwetters schützte. Die Sänger, Männer und Frauen, standen vorn in der Kirche, aber so nah, dass

man ihre Gesichter sehen konnte. Sie sind schwarz gekleidet, stehen im Halbkreis, bei den einzelnen Stücken wechseln die Formationen, manchmal treten vier der Sänger näher zu uns, während die anderen vorn bleiben, dann wogen die Klänge wie bei einem Responsorium aufeinander zu. Polyphone Musik, keine Instrumente, ganz kurz dieses fast unhörbare Stimmen der Stimmen, eine Art heiliges Summen, *mummm ... mimmmm* ... so ist es gut, man nickt sich zu, blickt zum Dirigenten, der noch für einen Augenblick Stille walten lässt, die Hände hebt in diesem winzig kurzen Moment, in dem noch keine Musik zu hören ist, und dann geschieht es, mit einem Mal füllt sich die Kirche mit komponierten Klängen, Stimmen verweben sich ineinander, folgen und stützen sich gegenseitig, Menschen, die kein Instrument benötigen, um Musik zu machen, ihr Körper ist ihr Instrument, die Stimmen fliegen an den hohen Säulen empor, tasten die Mauern ab, irren durch das Gewölbe, bis die ganze Kirche aus Musik besteht und wir in Harmonien gewiegt werden, die Dinge verheißen, die es nicht gibt, außer jetzt, in dieser Musik. Eine katalanische Ballade aus dem 14. Jahrhundert, danach nur Latein, ein *Laudate*, ein *Ave verum*, ich kenne die Worte noch aus meiner Klosterschulzeit. Singende Menschen sind schön, das Alltägliche ist aus ihren Gesichtern verschwunden, auch für sich selbst sind sie andere Menschen geworden, ein mehrstimmiges Instrument, das uns umfängt und einspinnt. Als nach den Liedern die große Orgel mit Macht einsetzt, erzittert die ganze Kirche, man spürt es bis in die Knochen, als wäre man selbst ein Teil des Gebäudes, und als sie dann wieder verstummt und man die Regenschauer gegen die hohen Fenster prasseln hört, scheint es, als führe man auf einem Schiff voller Musik durch die gefährliche Nacht, ohne sich vor Unheil fürchten zu müssen.

Für kurze Zeit war ich an einem herbstlichen Abend ein Venezianer in Venedig, ich hatte zwischen Menschen gesessen, die dasselbe gehört hatten wie ich, die wie ich vorübergehend ihrem Alltag enthoben waren. Es gibt keine Instrumente, die das dazu gehörende Gefühl messen können. An der Vaporettohaltestelle sah ich, wie die Regennadeln Kerben ins dunkle Wasser ritzten, als würden auch ins schwarze Nass Noten geschrieben. An Bord fand ich einen geschützten Platz auf dem Achterdeck. Lichter schienen hinter den hohen Fenstern der Palazzi, und durch den Regen und das Motorgeräusch hindurch hörte ich noch immer die Musik.

FLUIDE STADT

Kafkas Hotel

Wer oft in dieselbe Stadt reist, dort aber kein Haus hat, wird zum Adressensammler. Ich bin mitten in der Nacht von einem dumpfen, sich unablässig wiederholenden synkopischen Dröhnen aufgewacht, als spielte jemand auf zwei verschiedenen Arten von Schlagzeug. Dann allerdings muss es ein Schlagzeug für Riesen sein, ich bilde mir ein, dass mein Bett zittert. Mal um Mal ein dröhnender Schlag, als brandeten Wogen gegen eine Insel, was ja tatsächlich der Fall ist. Venedig ist eine Insel, die Lagune ein Teil des Meeres, das Meer ist aufgewühlt und schlägt an die Uferbefestigung, die Gewalt lässt die dort vertäuten Boote an die Duckdalben und aneinander prallen, es gibt keine Geheimnisse, zumindest kenne ich sie noch nicht und kann sie auch nicht benennen. Eine Zeitlang bleibe ich still liegen und lausche. Ich bin aus dem Süden Deutschlands gekommen, wo ich zwei Monate lang in einer totenstillen Gegend in einem totenstillen abgelegenen Haus gewohnt habe, und auch wenn es nur wenige Sekunden dauert, bin ich doch durch das ungewohnte Geräusch verwirrt. Das Licht habe ich noch nicht angeknipst, ich versuche mir vorzustellen, wo ich bin, versuche, den Raum zu rekonstruieren, den ich am gestrigen Abend ja betreten haben muss, doch die Dimension dieses Raums ist vorerst noch ein Rätsel, das es für mich, gefangen im fundamentalen Dröhnen von draußen, zu lösen gilt. Gestern bin ich noch an einem anderen Ort aufgewacht, falls es dort ein Geräusch gegeben hat, dann das von den Wäldern rings ums Haus, dies hier ist anders, es scheint von weit her zu kommen, scheint mich zu rufen, es will mich zwingen, den Ort zu bestimmen, an dem ich bin, ich soll mir den Raum ausmalen, in dem ich mich befinde, und nicht nur den Innenraum, sondern auch den äußeren. Mein Gedächtnis habe ich noch nicht verloren, dieser ganze Prozess spielt sich binnen weniger Sekunden ab, und zwar buchstäblich, das verwirrte Bewusstsein verortet sich wieder, orientiert sich im unbestimmten Dunkel, wagt sich tastend aus dem ebenfalls fremden Bett und schweift dorthin, wo zwischen offenbar hohen Vorhängen ein langer, vertikaler Lichtstreif hereinfällt. Meine Füße registrieren Parkett, ich habe den Vorhang aufgeschoben, doch schon lange bevor ich beim Fenster war, hatte das Bewusstsein mich eingeholt und mir erzählt, was ich sehen würde, in dieser einen Sekunde vermischte die Wirklichkeit sich mit der Erwartung, und die wogenden Boote deckten sich mit dem Geräusch, das mich geweckt hatte, ich spürte, wie das Wasser kraftvoll an die Kaimauer schlug, wie die Wellen der Lagune ans Land klatschten und sich von ihm zurückzogen, um von Neuem anzugreifen, ich war in Venedig.

Das Zimmer, das ich lediglich am Abend gesehen hatte, verwandelte sich in ein Zimmer im ersten adriatischen Licht, groß und geräumig, altmodisch, Sessel, Schreibtisch, ein Stich, ein gezeichnetes Blumenstillleben, es hätte 1920 oder 1899 sein können, aber es war heute, mein soundsovieltes Heute in dieser fluiden Stadt. Gabrielli Sandwirth heißt das Hotel, von außen sieht es vornehm aus, zimtfarben, mein Zimmer hatte nach vorn hinaus drei Fenster mit einer Balustrade aus schmalen weißen Säulen. Hier hatte einst, vor langer Zeit, eine Freundin ihre Hochzeitsnacht verbracht, und später erzählte sie mir, dass in diesem Hotel Kafka seinen traurigen Brief an Felice geschrieben hatte, einen Brief, der sich wohl las, als sei es der letzte. Im selben Jahr hatte er ihr mehr als zweihundert Briefe und Karten geschickt, so dass die Mitteilung, die er ihr in diesem Brief macht, eine böse Überraschung für sie gewesen sein muss. Er sei, schreibt er, zu der Erkenntnis gekommen, dass Kunst und Liebe nicht zusammenpassen, er fürchte, er könne dann nicht mehr arbeiten. In seinem Tagebuch ist er deutlicher: »Der Coitus als Bestrafung des Glückes des Beisammenseins. Möglichst asketisch leben, asketischer als ein Junggeselle, das ist die einzige Möglichkeit für mich, die Ehe zu ertragen.«

Ob er dasselbe Zimmer hatte, weiß ich nicht, will es im Grunde auch nicht wissen. Der Ton dieses vor so langer Zeit geschriebenen Briefes passt in eigenartiger Weise zu den Geräuschen von draußen, die schon vorher in meinen nächtlichen Schlaf gedrungen sind. Nicht genug damit, dass der schwache Sturm die Boote gegeneinanderprallen lässt, jetzt sind da draußen auch noch Männer dabei, neue Duckdalben in den morastigen Boden zu rammen. Ich schaue mir das von meiner kleinen Balustrade leicht abwesend an, sehe, wie ein riesiger Baumstamm langsam im Wasser der Lagune verschwindet, sehe auch, wie dieser Stamm später ein wenig nachgehobelt wird und immer weniger aussieht wie ein Baum, denke an Felice und wie die Hand des Schriftstellers das letzte Wort schreibt und zusammen mit der anderen Hand den Brief faltet und wie zwei andere Hände ihn später in einem anderen Land öffnen, um ein Verhängnis darin zu lesen. Die schlammigen alten Pfähle, die wie faule Zähne aus dem Grund gezogen werden, liegen jetzt auf einem flachen Kahn, sie haben ausgedient. Der Schlamm hat eine Todesfarbe, die nicht zu der Sonne über der Lagune passt.

In diesem Hotel sollte ich drei Tage bleiben, bis ich die Wohnung beziehen konnte, die ich für die kommenden Wochen in einer schmalen Straße, gleich um die Ecke, gemietet hatte; sie mündet in die Riva degli Schiavoni, unweit der Vaporetto-

Haltestelle Arsenale, ein Viertel, das ich nur als Spaziergänger kannte, nicht aber als Bewohner. Das ist ein grundlegender Unterschied. Wenn ich an den Tagen danach mein Haus in der Ramo Pescaria verließ, brauchte ich, falls ich mich nach rechts wandte, keine Angst vor dem mächtigen chinesischen Touristenheer zu haben, das mir auf den paar Brücken bis zum Markusplatz entgegenkommen würde, ich hatte ein Haus, in dem ich mich verstecken konnte, falls es zu schlimm würde, ich wohnte. Noch nie hatte ich mich so als Venezianer gefühlt. Ich hatte bereits in der Nähe des Campo San Samuele gewohnt, in einem dunklen Apartment in einem merkwürdig verfallenen Palazzo nahe der Haltestelle Giglio, danach in einer schmalen Gasse irgendwo hinter dem Markusplatz, in einem umgebauten Kloster der Fondazione Giorgio Cini auf der Insel San Giorgio Maggiore und an weiteren merkwürdigen Orten im Labyrinth anderer *sestieri*, die ich nicht einmal würde wiederfinden können, doch jetzt hatte ich zum ersten Mal das Gefühl, angekommen zu sein. Draußen an der Tür eine Messingplatte mit sechs Klingeln und dazugehörigen Namen, darunter der meines sich derzeit im Ausland aufhaltenden Vermieters und vermutlich auch der eines länglichen Mannes, den ich regelmäßig sich in der Eingangshalle und vor der Tür herumdrücken sah, er trug einen sehr langen braunen Mantel und eine Mütze von derselben Farbe, eine leicht englisch anmutende Gestalt aus einem Thriller, die zum Mobiliar zu gehören schien und freundlich grüßte. Manchmal sah ich eine Mutter mit Kindern, die mich aufgrund plötzlicher Unsichtbarkeit nicht bemerkte, weil ich aus Luft bestand, wodurch menschlicher Kontakt unmöglich geworden war; die übrigen Namen hatten keinen Körper oder wohnten im Ausland. Dafür erschien von Zeit zu Zeit eine Frau mit einem Karren voller Waren aus einer geheimnisvollen Tür in der Eingangshalle, hinter der sich offenbar ein Lagerraum befand. Den touristischen Krimskrams von ihrem

Karren sah ich tagsüber wieder auf dem Gehweg an der Riva degli Schiavoni, ohne die Frau, es sei denn, sie besaß die Fähigkeit, sich tagsüber in einen Mann zu verwandeln. Durch das Messingnamensschild hieß ich jetzt Fabbri, ein Name, der mir ausgezeichnet gefiel. Einst widmete T.S. Eliot Ezra Pound *The Waste Land* mit der Begleitzeile *Il miglior fabbro*, der beste Werksmann, und das war ich jetzt sogar im Plural geworden, besser ging's nicht. Am ersten Abend hatte ich auch das Lokal mit den unzähligen Plakaten von Fußballvereinen gefunden und sofort beschlossen, hier jeden Tag meinen Kaffee zu trinken, vielleicht eine Reaktion auf alle meine früheren Venedig-Besuche, die zu einer schweren Museumssucht geführt hatten. Neben mir saß ein englisches Ehepaar und schaute auf den lautlosen Fernseher, der Mann hatte ein kleines Vogelgesicht und verfolgte die Bewegungen der ziemlich weit entkleideten Sängerin, über der Bar befand sich ein Regal, an dem die Gläser verkehrt herum hingen, die Stimmung war gedämpft, man konnte hier auch essen, abgesehen von den Engländern, die schon bald wieder gingen und ihren Rotwein stehenließen, war es eine Gesellschaft, deren Mitglieder einander kannten, ein Phänomen, das mir in den Wochen darauf vertraut wurde, die Kneipe als Freistatt für Venezianer, wohin ausnahmsweise einmal keine offenkundigen Touristen kommen und wo man sich als Ausländer folglich sofort wegretuschiert, ich bin nicht da, ich bin eigentlich unsichtbar, ich trinke nur schnell ein Glas und halte mich aus allem heraus. Ein ganzes Stück entfernt saßen zwei sehr stille Japaner, aber davon abgesehen war es einfach wie in einem ewigen Wohnzimmer, und der Wein war gut. An den darauffolgenden Tagen waren die Engländer verschwunden und die Japaner ebenfalls, ich versuchte, wie ein Stuhl auszusehen, und den Reaktionen nach zu urteilen gelang mir das auch, wenngleich ich zum Schluss doch noch bezahlen musste.

Ich bin es gewohnt, in anderer Leute Häusern zu wohnen. Der Kuckuck legt seine Eier in die Nester fremder Vögel. Dieser Gedanke hat stets einen gewissen Reiz für mich gehabt, die damit einhergehende Entfremdung schreckt mich nicht ab, und sei es nur deshalb, weil eine solche Periode auch immer wieder ein Ende hat. Mit ein paar kleinen Symbolen, einem Buch, einem Stein, einer Muschel, kann man sich einen Raum vertraut machen, doch das Merkwürdige an der jetzigen Wohnung besteht darin, dass ich mich ständig verirre, regelmäßig falsch abbiege auf dem Weg in die Küche oder ins Bad, obwohl sie nicht besonders groß ist. Damit ähnelt mein Aufenthalt drinnen den Tagen draußen: Auch in Venedig ist es nicht schwer, sich zu verirren, etwas, was mir, wenn ich es nicht eilig habe, eigentlich egal ist, womöglich weil ich es als perfekte Metapher für das Leben betrachte, genau wie die Orientierung im Haus zu verlieren. Vielleicht kommt es daher, dass die Wohnung so atemberaubend voll ist. Alte Familienporträts, unzählige Bücher, Architekturzeichnungen (der Bewohner ist Architekt, sein Bücherschrank enthält prachtvolle Studien, zum Beispiel über das geniale Werk Aldo Rossis), Spiegel, die einen entstellt reflektieren, weil sie schon seit hundert Jahren blind sind, Schalen, Pflanzen in großen Töpfen auf hohen Piedestalen, ich habe das Gefühl, dass ich ein anderer werden oder in einem Theaterstück spielen muss, aber meine Rolle noch nicht gelernt habe. Die Familienporträts sehen mich an wie einen Eindringling, behalten jedoch ihre Geheimnisse für sich, sie haben die Sepiafarben früherer Zeiten. Simone, die mein Leben teilt, hat kein Problem damit. Sie betrachtet und fotografiert die Welt draußen. Ihr Theaterstück spielt sich auf dem *campiello* ab. Das Haus hat eine kleine Terrasse, die wie die Küche auf diesen *campiello* hinausgeht, einen öffentlichen Platz, auf den ein paar Gassen münden. Weil auf allen vier Seiten Häuser stehen, mutet er wie ein Innenhof an, aber auch wie ein Theater einschließlich der Kulissen. Ein paar

Bäume, ein paar Oleander, feste Versatzstücke. Nach einigen Tagen hatten wir auch die Figuren beisammen, nur ein Plot fehlte noch. Ein Koch in Uniform, der manchmal rasend schnell mit etwas nicht recht Erkennbarem aus einer der Gassen schoss und dann wieder zurückrannte. Der längliche Herr mit Mütze, dem wir noch immer keinen Namen gegeben hatten. Eine dicke Dame in Pantoffeln, die die Mitte des Platzes aufsuchte, um dort zu telefonieren, lange, anscheinend dramatische Gespräche samt den entsprechenden Gebärden; italienische Gesten sind nun einmal anders, man kann die Opera buffa darin erkennen, aber auch eine Art zu argumentieren, die mit Logik zu tun haben muss und das Gespräch mit dem unsichtbaren Anderen durch eine entschlossene Abwärtsbewegung der freien Hand in Kapitel und Gewissheiten aufteilt. Die Schönste all dieser Akteure war eine Frau, die genau gegenüber wohnte, eine alte, mächtige Gestalt. Ihre Bewegungen waren träge, aber fabelhaft. Als wir sie zum ersten Mal sahen, kam sie gerade mit ihrem Stock aus dem Haus, vor dem Leinen hingen, die wir noch nicht bemerkt hatten, und eine dieser Leinen wollte sie mit ihrem Stock herunterziehen, um ihren Wintermantel aufhängen zu können. Anhand solcher Details lernt man eine Stadt kennen. Die ersten paar Versuche scheiterten, aber schließlich hatte sie es geschafft. Dass es dann noch eine ganze Weile dauerte, bis der Mantel, der inzwischen selbst zu einer Figur geworden war, dort auch wirklich und mächtig hing, kümmerte sie offenbar nicht. Es ging darum, den Mantel zu lüften und damit Abschied vom Winter zu nehmen. An einem der Bäume in der Ecke war ein grüner Schimmer erschienen, und in einer steinernen Stadt ist das ein Befehl. An den Tagen danach folgten weitere Kleidungsstücke; was sie nicht wissen konnte, war, dass sie uns damit half, ein Teil der Stadt zu werden. Es sind langsame Eroberungszüge. Du nimmst Gesichter auf und wirst selbst aufgenommen. Irgendein Porträt wird von dir gemacht, du spielst jetzt auch in dem von niemandem geschriebenen Stück, du bist jemand. Ein Fremder, der sein mangelhaftes Italienisch mit Spanisch vermischt, aber immerhin den *Gazzettino* zu lesen vermag oder vielleicht auch nur so tut, als ob, der in der kaum zimmergroßen Cantina Antica Vigna fragt, ob man kurz mit hinauskommt, damit er auf den *tramezzino* deuten kann, dessen Namen er offenbar nicht kennt, um ihn zwei Tage später plötzlich doch aussprechen zu können. In diesem Stück findest du dann auch die anderen, die zu deinem neuen Leben gehören, wie zum Beispiel die beiden perfekt aufeinander eingespielten agilen Schlachter aus der *macelleria* Maso, die die Geheimnisse des *bollito* mit dem Messer in der Hand als philosophisches Problem zu deuten wissen und dich mit der Lösung und ihrem Segen von dannen schicken, die drei alten Männer aus der Alimentaria Ortis, die dort möglicherweise schon seit 1914 hinter ihren Schinken und Käselaiben und dem feuchten, ach so weißen Glanz des *stracchino* aus den Dolomiten stehen, heute mit dreiunddreißig Prozent Rabatt!

Es war, als wäre rings um diese schmalen Straßen eine Mauer hochgezogen, die uns von der Welt des keine paar hundert Meter von uns entfernt wütenden Großtourismus trennte. Wenn wir innerhalb dieser Mauern oder in unserer Wohnung blieben, schien diese Welt ein böser Traum zu sein, das Einzige, was wir von ihr sahen, war dreimal die Woche eine Gruppe Japaner auf dem *campiello* vor uns, ein Fleck, den der Reiseführer vermutlich ausgesucht hatte, weil es da nichts zu sehen und somit auch keine anderen Touristen gab, so dass er in aller Ruhe seine offenbar ernsthaften Erläuterungen zu Venedig abgeben konnte. Er immer unter einem der Bäume, sie im Kreis um ihn herum, so hörten sie ruhig zu, fast in sich gekehrt, selbst bei Regen standen sie still unter ihren Schirmen, der Unterschied zu den anstürmenden Horden auf der Riva und zu der kompakten, undurchwatbaren Masse an der Seufzerbrücke, die man bezwingen musste, wenn man zum Markusplatz wollte, konnte nicht größer sein. Was wir gefunden hatten, war eine jener Enklaven, in denen die letzten Venezianer ausharren, bis die Chinesen alles endgültig übernommen haben. Und dann, als würde man von einer Reuse in die nächste gelotst, liegt hinter oder seitlich von unserem *campiello* ein weiterer Platz, größer, offener. Eine Kneipe, ein Straßencafé, auf der anderen Seite eine kleine Kirche, eine dreigeteilte Fassade, Backstein, gotisch, niedrig und dadurch anheimelnd, ich bin schon öfter an ihr vorbeigegangen, es ist die San Giovanni in Bragora. Der seltsame Name machte mich neugierig, ich hatte das Wort nachgeschlagen, aber nicht gefunden, doch im alten italienischen Führer von Giulio Lorenzetti hatte ich gelesen, dass *bragora* ein Dialektwort ist und dann entweder etwas mit dem Fischmarkt oder mit der Fischerei zu tun haben muss, aber auch mit dem griechischen Wort *agora*, das einfach Platz bedeutet. Von Fisch war dort jedenfalls weit und breit nichts mehr zu sehen. Es ist nicht schwer, in Venedig kirchenmüde zu werden, es gibt unendlich viele Gotteshäuser, und kirchenmüde ist man, wenn man das Besondere nicht mehr erkennt oder, noch schlimmer, wenn das Besondere zum Allgemeinen wird. Ob groß oder klein, der Altar steht immer an der gleichen Stelle, es gibt Kruzifixe und Marienfiguren, Beicht- und Chorstühle, es gibt ein Übermaß an Heiligem, das sich gegen sich selbst wendet, in so einem Fall kann man besser Ruskin lesen, der die Gebäude der Stadt Stein um Stein analysiert, alle Formen, bis hin zu den einzelnen Bestandteilen von Bögen und Blendrahmen, obsessiv studiert und benannt hat, es ist die beste Methode, von der eigenen Oberflächlichkeit geheilt zu werden, jedes einzelne Teil eines Ornaments hat einen Namen, danach läuft man nie mehr achtlos an irgendetwas vorbei. Ornamente sollten laut Ruskin *beherrscht* werden, sie dürfen nicht das Sagen haben, sondern haben zu dienen. »Wenn ihr eure Macht darüber verliert, und euch von ihm [dem Ornament] befehlen, anführen oder in irgendeiner Weise bestimmen lasst, dann wird es zu einem Ärgernis, einer Last und einem Schimpf. Und es ist immer bereit hierzu; es ist erpicht darauf, auf die Kandare zu beißen und nach eigener Wahl dahinzujagen.« Warum man das eine Mal in eine Kirche geht und ein anderes Mal nicht, ist ein Rätsel, das ich heute nicht entschleiern möchte, ich denke aber an Ruskins weise Worte, betrachte die Fassade, merke, dass ich die Bewegung der drei Bögen der *raccordi laterali* mit dem Kopf nachvollziehe, lese in meinem Lorenzetti, dass Reliquien von Johannes dem Täufer nach Venedig gebracht wurden, als Pietro III. Candiano hier Doge war, das heißt im 10. Jahrhundert, erfahre, dass dies die Kirche Vivaldis war, und trete ein, und im selben Augenblick ist die Welt da draußen verschwunden, hat sich aufgelöst. Manche Kirchen sind heiliger als andere, so ist es nun mal. Gesiebtes Licht, keine weiteren Leute, Größenverhältnisse, Stille, Ermüdung, der Blick heftet sich an ein Objekt, ein Detail in einem Gemälde, errechnen lässt es sich nicht, das Rationale ist hier ausgeklammert, zählt nicht. Was aber stattdessen? Über dem Hauptaltar ein Gemälde von Cima da Conegliano. Ich tue so, als wäre ich vorübergehend ein Japaner und verstünde das Bild nicht. Was geschieht da? In einer üppig verzierten Einfassung, für deren Beschreibung man Stunden benötigen würde, steht ein halb nackter Mann, bekleidet mit lediglich einem Lendentuch.

An seiner Miene ist nicht zu erkennen, dass es sich um einen feierlichen Moment handelt, und dennoch muss es so sein, weil er es ist, der hier so zentral steht. Rechts von ihm aus gesehen sind drei geflügelte Frauen, eine hält ein rotes, die andere ein blaues Tuch in der Hand, vielleicht seine Kleider. Der Mann steht mit bloßen Füßen im Sand, mit dem Rücken zum Wasser. Das Ufer dieses Wassers hinter ihm ist mit ziemlich wilden Pflanzen bewachsen, noch weiter hinten sehe ich einen Mann auf einem

Pferd, der der ganzen Szene keine Beachtung zu schenken scheint und offenbar auf dem Weg zu einem hohen Hügel und der darauf thronenden Burg ist, zu der ein Sandweg hinaufführt. In der Ferne, hinter einem zweiten, schloss- oder kirchenähnlichen Gebäude, liegen blaue Berge, doch man nimmt sie im Grunde nicht wahr, weil man von einem zweiten Mann abgelenkt wird, der mit seinem langen rechten Arm ein Schälchen über den Kopf des ersten Mannes hält. Würde der Japaner mich fragen, was da vor sich geht, so würde ich ihm erklären, dass Johannes der Täufer hier Christus tauft, und mich gleichzeitig fragen, wer eigentlich Johannes getauft hat und woher dieser weiß, dass das Wasser in dem Schälchen die Kraft besitzt, eine Religion zu stiften, aber möglicherweise ist diese Frage theologischer Unsinn. Besagte Frauen sind natürlich Engel, die ihre Flügel hinter sich gefaltet haben und das Geschehen still betrachten, und der Vogel, der am klaren blauen Himmel unbeweglich über alldem zu stehen scheint und ein Geschwader geflügelter Kinderköpfe anführt, ist selbstverständlich der Heilige Geist. Sowohl Johannes als auch die Engel stehen auf dem Boden, etwas höher als Christus, und anscheinend spielt sich alles in vollkommener Stille ab. Wie lange kann man ein Gemälde betrachten? Die Stille dessen, was ich sehe, hat sich der Stille in der Kirche mitgeteilt. Die Verzauberung wird erst vom nächsten Besucher durchbrochen, doch als ich wieder hinausgehe, weiß ich, dass ich einen Teil dieser Stille mitgenommen habe und später auf irgendeiner Reise oder beim Schreiben nutzen kann, Vorrat, Proviant, das, was wir früher Wegzehrung nannten.

Über die Form Venedigs, bei Valeria Luiselli ein »gebrochenes Knie«, bei einem anderen Dichter die »gespaltene Garnele«, gesehen in der berühmten perspektivischen Stadtansicht von Jacopo de' Barbari im Museo Correr, kann man lange streiten, doch jetzt, wo ich vor einer riesigen Karte der Lagune sitze, fällt die Stadt vor allem durch ihre Kleinheit auf. Zugegeben, die Karte ist groß und zeigt nicht in erster Linie die geballte Form, die wir Venedig nennen, sondern die Lagune, die es durch die Jahrhunderte hindurch geschützt hat und inzwischen manchmal bedroht. Gut tausend Jahre lang war Venedig praktisch nicht angreifbar, Sümpfe, Untiefen, unbekannte Durchlässe, Sandbänke – alles verschwor sich mit der Stadt, um sie unzugänglich zu machen, und je länger man auf diese Karte schaut, umso fremder wird einem die Stadt, die man um sich herum weiß mit all ihren Kirchen und Palästen. Wie um Himmels willen war es nur möglich, dass in diesem morastigen Gebiet etwas derart Kompaktes entstand, eine Art geballte Faust im Nichts? Knie, Faust, Garnele, erst wenn man ein paar Stunden umhergestreift ist, werden diese Vergleiche wieder absurd, doch auf der Karte behalten sie Gültigkeit. Weiße Flecke, blaue Schraffuren, Zahlen, die die Untiefen angeben, alles weist auf Gefahr für den Ortsunkundigen, der sich zu weit vorwagt. In den zurückliegenden Monaten habe ich in dem meisterhaften Buch von John Julius Norwich über die Geschichte Venedigs gelesen, über Kriege, Seeschlachten, die allmähliche Kolonisierung des Adriatischen Meeres, den Kampf mit den Küstenbewohnern Dalmatiens, die Besetzung griechischer Inseln, das wechselhafte Verhältnis zu Byzanz, die Teilnahme an den Kreuzzügen, die Zerstörung der Hauptstadt des anderen Reichs und die später erfolgende Rache des Islams, eine unaufhörliche Kette von Siegen und Niederlagen, wobei die physische Existenz dieser Lagune letztlich stets die Geheimwaffe war, die Venedig im wahrsten Sinne des Wortes zur Hand hatte, bis eine andere Form der Kriegsführung diese Verteidigung unwirksam machen und der letzte Doge seine merkwürdige Kopfbedeckung schließlich mit den Worten absetzen sollte: »Die brauche ich nicht mehr.«

Seemannskunst, nautisches Wissen, Heldenmut und die Werft des Arsenale, in der jederzeit neue und noch neuere Schiffe gebaut werden konnten – ein Tag im Museo Navale genügt, um einem das klarzumachen. Zwischen Flaggen und Galionsfiguren, Schiffsmodellen und Enterhaken, den Porträts von Seehelden und untergegangenen Fahnen und Orden bin ich Stunden umhergegangen und habe die eigenartigen Maschinen und Gegenstände betrachtet, die Menschen sich ausgedacht haben, um sich gegenseitig zu töten, habe aber auch die fisch- und vogelförmigen Schiffe bewundert, mit denen die Venezianer das sie umgebende Meer jahrhundertelang zu bezwingen vermochten. Es muss eine intime Beziehung gewesen sein zwischen dem Mann in vollem Ornat auf einem hohen, geschmückten Schiff und der aufgewühlten Braut aus Wasser – so fuhr der Doge jedes Jahr auf seinem *bucintoro* aufs Meer hinaus, um mit seinem Ehering den Bund zu bekräftigen. Ein ganz entferntes Echo davon ist in meinen Augen noch immer die Art und Weise, wie der junge Mann oder die junge Frau, die das Vaporetto bei jeder Haltestelle festmachen müssen, mit der Leine hantieren, denn auch hier kommt, und zwar ganz wörtlich, eine Verbindung zustande. Es sind feste, faserige Taue, strohfarben, von beträchtlicher Dicke, und die besagten jungen Leute fassen sie zu Schlingen zusammen, legen diese über einen Poller, machen einen Knoten und ziehen das Boot ans Ufer, so dass jeder ein- oder aussteigen kann. Das geht vollkommen routiniert vonstatten, wahrscheinlich denken sie dabei nicht nach, für mich dagegen ist es eine Art Ballett, eine Reihe eleganter Bewegungen, die eine große Vertrautheit mit Leine und Schiff verraten sowie mit dem stets in Bewegung befindlichen Wasser, mit dem alle Venezianer verheiratet sind. Manchmal, wenn ich lange zugeschaut habe, denke oder träume ich, dass ich es ebenfalls könnte, doch das muss Einbildung sein. Bei heftigem Schaukeln des Boots oder wenn der horizontale oder vertikale Abstand zwischen Kai und

Boot ziemlich groß ist, wird man beim Ein- oder Aussteigen als Passagier selbst Teil des Balletts, da der Arm des Matrosen einem dann rasch zu Hilfe kommt. Wellengang, Wiegen, Schaukeln, ein Schneeschauer, Hochwasser, aufs Deck peitschender Regen, Wind, der die Wellen noch weiter aufwirft, die Bewegung eines vorbeifahrenden, viel zu großen Schiffs, das nervöse Getümmel umherschießender Wassertaxis, Gondeln, auf die bei ihrer gravitätischen Fahrt Rücksicht genommen werden muss, Lastkähne voller Straßenabfälle sowie die große Fähre zum Festland, die einem hohen Wikingerschiff gleicht, das gleichzeitige Aufstoppen mehrerer Schiffe und das Drosseln des Motors an den Anlegestellen, alles, was da mit ganz unterschiedlichen Geschwindigkeiten auf dem Wasser unterwegs ist, wird so ein Teil des großen Balletts, das hier nun schon seit Jahrhunderten Tag und Nacht aufgeführt wird; verändert haben sich lediglich die Schiffstypen, im Kern ist alles geblieben, wie es war, der Umgang der Menschen mit dem Wasser und die Schiffe als natürliche Verlängerung dieser Menschen oder umgekehrt. Venezianer sind Städter mit Wellengang, Wassermenschen, Bewohner einer fluiden, amphibischen Stadt.

Namen

Die Namen auf der Karte der Lagune fachen die Reiselust an. Für kurze Zeit weg aus den Gassen und Menschenmengen, fort von Kirchen und Heiligen. Berlin hatte eine Mauer, Venedig hat eine Mauer aus Wasser, zuweilen schlägt die Klaustrophobie plötzlich zu, und ich muss kurz mal raus. Lago delle Tezze, Ponte della Musa, Fondi dei Sette Morti, das sind die Namen, die Menschen dieser nassen Welt gegeben haben, nichts ist schöner, als an Deck eines Vaporettos über all dieses Wasser zu flitzen. Der See des Tezze, die Brücke der Muse, der Ankerplatz der sieben Toten, Namen sind unwiderstehlich, ich muss los. Ich habe mir überlegt, nach Chioggia zu fahren, allerdings weiß ich noch nicht genau, wie ich dorthin komme, und zu fragen habe ich keine Lust. Auf der Karte liegt der lange, schmale Streifen des Lido der Stadt genau gegenüber, an seinem südlichen Ende befindet sich Alberoni und wiederum südlich davon eine noch schmalere und langgestrecktere Insel mit einem Ort namens Pellestrina, doch eine Brücke zwischen beiden Inseln gibt es nicht. Auf dem Lido der jähe Schrecken in Gestalt von Autos mit der Begleiterscheinung, dass die Menschen auf einmal ebenfalls anders aussehen. Aber dort steht auch der Bus mit dem Schild »Pellestrina«, ein Bus, der offenbar keine Brücke braucht. Wie das möglich ist, habe ich mir noch nicht überlegt, ich setze mich einfach hinein, zunächst fahren wir noch ein Weilchen durch bebautes Gebiet und kommen an dem berühmten Grand Hotel des Bains vorbei, in dem Harry Mulisch nach dem Vorbild Thomas Manns stets einen Sommermonat verbrachte. Es sieht traurig aus, vergangene Pracht, zugenagelte Fenster, gegenüber ein verlassener Strand. Kafka, Mann, Mulisch, nicht schlecht. Wir fahren ein paar Kilometer, doch plötzlich heißt es für alle: aussteigen. Der Bus fährt leer weiter, warum, bleibt rätselhaft. Ich will noch immer nicht fragen und warte zusammen mit ein paar anderen Fahrgästen auf den nächsten Bus, den sie offenbar mit großer Überzeugung erwarten. Reise mit unbekanntem Ziel. Wie es weitergehen soll, werden wir schon sehen. Und natürlich steige ich wie die anderen in den Bus, der dann kommt, die Fahrkarte aus dem ersten Bus ist auch noch im zweiten gültig. Wir fahren jetzt über einen langen Streifen Land, auf der Karte besteht er fast nur aus Straße. Rechts etwas, das aussieht wie ein Sumpfgebiet, links eine Art endloser Sandstrand mit Campingplätzen, auf denen in dieser Jahreszeit noch nichts los ist. Ich sitze auf der

E5
VENEZIA
Lido di Venezia
Litorale di Lido
8
Laguna di Venezia
Malamocco
4
Golfo di Venezia
Alberoni
Litorale di Pellestrina
San Pietro in Volta
9
Pellestrina
Chioggia
10
distanza in Km
P
parcheggi
stazione
informazioni
area naturalistica
assistenza biciclette
Veneto
Tra la terra e il cielo

rechten Seite des Busses und sehe, jetzt immer weiter von uns entfernt, die Silhouette der Stadt, die auf dem Wasser zu schweben scheint, eine Vision von Venedig. Wir fahren bis Alberoni und halten auf einem Parkplatz an. Hier frage ich schließlich doch und werde auf den nächsten Bus verwiesen, der ohne Vorwarnung auf eine Fähre rollt, jetzt fahre und schwimme ich gleichzeitig, aber das stimmt natürlich nicht, ich fahre in einem stehenden Bus über Wasser zur nächsten Insel, Pellestrina, noch viel länger und schmaler als der Lido, ein immer dünner werdender Streifen Sand, wieder kaum mehr als eine Straße inmitten einer Wasserwelt. Nach wie vor weiß ich nicht, wie ich nach Chioggia kommen soll, bin aber voller Vertrauen, das nicht enttäuscht wird, denn am Ende der Fahrt liegt ein stabiles Boot bereit, das uns zum Hafen von Chioggia bringt. Weil ich meinen Norwich aufmerksam gelesen habe, weiß ich, dass das Heer von Pippin, dem Sohn Karls des Großen und dadurch König von Italien in Ravenna, im Jahr 810 von diesen Inseln aus einen Vorstoß in die entgegengesetzte Richtung unternahm, dorthin, woher ich gerade komme, ein erster Versuch, Venedig von hier aus zu erobern, exakt dort, wo ich heute in meinem Bus und auf einer Fähre den Kanal von Malamocco überquert habe. An historischen Orten ist »einst« immer eine Form von gestern. Die Weltpolitik jener Tage ist weit in den Hintergrund getreten, aber man versucht sich doch vorzustellen, was in der Lagune vor sich ging. Ich habe den schmalen Inselstreifen hinter mir gelassen, das Meer, das damals genauso ausgesehen haben muss, die paar Inseln, von denen ich komme und die damals noch Rialto und Olivolo hießen und als Gruppe bereits von einem Dogen regiert wurden, aber erst viel später zu dem Venedig werden sollten, wie wir es heute kennen, sie alle Schachfiguren in einem Kampf zwischen dem alten Römischen Reich in der Gestalt von Byzanz und dem neuen Fränkischen Reich im Norden, das bis weit nach Italien hinein vorgedrungen war, mit einem in sich gespaltenen Venedig als Stolperstein zwischen beiden. Das östliche Kaiserreich von Byzanz war wütend, weil die Venezianer am ersten Weihnachtstag 800 zur Krönung Karls des Großen nach Rom gereist waren, aber auch Venedig selbst war in sich zerstritten. Drei Brüder waren hier gleichzeitig Doge – eine später unmöglich gewordene Konstellation – und baten Pippin, Venedig zu besetzen, um so ihre Herrschaft zu bestätigen, doch als Pippin tatsächlich kam, vergaßen die Venezianer ihren Streit, booteten die Dogen einstweilen als Verräter aus und beschlossen, sich mit Hilfe der Lagune zu verteidigen, genau dort, wo ich heute von Malamocco nach Pellestrina übergesetzt bin. Jede Fahrrinnenkennzeichnung im trügerischen Wasser wurde entfernt, Durchgänge wurden mit Pfählen und Gerümpel versperrt, die Schlamm- und Sandbänke im Sumpf taten ein Übriges, ebenso wie das stets wiederkehrende Hochwasser – unmöglich, hier durchzukommen. Malamocco liegt immer noch auf der Insel, die heute Lido heißt und schon damals wie der schmale Streifen Pellestrina den Zugang zu Venedig versperrte, so dass Pippin weder von Chioggia noch von Pellestrina aus in Malamocco landen konnte; dennoch wurden als Vorsichtsmaßnahme Frauen und Kinder auf die Insel Rialto geschickt. Wenige Wochen nachdem Pippin seine Niederlage hatte eingestehen müssen, war er tot, und natürlich wurde aus alldem eine Geschichte, in der der unabhängige Geist der Venezianer triumphierte, ein Ruf, der der Republik in den nachfolgenden Jahrhunderten von Nutzen sein sollte. Um mir davon eine Vorstellung zu machen, habe ich nur das Wasser um mich herum und die Silhouette Chioggias vor uns. Mich beschäftigt jedoch in erster Linie die zeitliche Dimension; auf welche Weise und vor allem wann erfuhr man jenseits der Alpen, im fernen Aachen, was sich da unten abspielte? Wie lange dauerte es, bis Nachrichten ihr Ziel erreichten? Welche Rolle spielten Gerüchte? Etwa das Gerücht, dass eine byzantinische Flotte den Inselbewohnern zu Hilfe

MANIN

kommen werde? Es war ein Kampf um die Hegemonie zwischen zwei Reichen, dem fränkischen Imperium Karls des Großen und den byzantinischen Erben Roms in Kleinasien, die noch nicht wissen konnten, dass dies der Beginn eines von Seefahrt und Kampf geprägten Jahrtausends sein würde, und schon gar nicht, dass diese paar zerstreuten Inseln, die noch keine richtige Stadt bildeten, sich zusammenschließen und so zu einer großen Seemacht heranwachsen würden, die gerade jenseits des Adriatischen Meeres, nicht im Westen, ihre Pfründe finden sollte. Geschichte ist eine Zauberin und Jongleurin, die die verschiedenen Bälle und Keulen gleichzeitig in der Luft hält. Der Papst verwaltete einen großen Teil des italienischen Festlands, damit war er ein weltlicher Herrscher, aber auch ein geistlicher Machthaber, eine Doppelrolle, die ihn in den folgenden Jahrhunderten regelmäßig auf Kollisionskurs mit der Wasserstadt im Norden brachte, das Schifffahrtsklischee ist hier durchaus zutreffend. In den Jahrhunderten bevor Pippin den Vorstoß von Chioggia aus versuchte, war bereits viel geschehen, und auch das ist Geschichte, allerdings eine, die die Gestalt von sumpfigen Sandbänken, Inseln, Landungsplätzen für Menschen vom Festland hat, die vor den Lombarden flohen wie heute die Libyer und Syrer vor dem IS. Zuwanderung, Völkerwanderung, nur lebte damals auf den Inseln noch niemand außer Vögeln und Krabben, was es zu einer anderen Form von Zuwanderung macht. Wie dem auch sei, an den Rändern des Festlands und in der Lagune selbst wurde ständig gekämpft, und sei es nur, um festzustellen, was zu was und wer zu wem gehörte. Und vor allem: wer was über wen zu bestimmen hatte, und dann tauchen sehr schnell farbige Gestalten in dieser noch nicht festgelegten Welt auf, der Exarch von Ravenna, der Patriarch von Aquileia, der sich als Nachfolger des heiligen Markus betrachten durfte und wie der Rest des Volkes im Jahr 568 vor den Langobarden nach Grado floh, doch da gab es bereits einen Bischof, der sich inmitten der römischen Ruinen eine neue, prächtige Basilika erbaut hatte. Während ich in meiner flüchtigen Gegenwart auf Chioggia zufahre, gehe ich immer weiter zurück in der Zeit, in die Wirren von Schisma und Krieg, all das, was Venedig vorausging. Der Patriarch flieht also nach Grado, dort wird ein weiteres Bistum gegründet, die beiden Patriarchen werden zu Rivalen, ein höllischer Streit bricht zwischen Herren aus, die sich eigentlich mit dem Himmlischen hätten beschäftigen sollen, ein Problem, das erst 1019 durch die Vereinigung der beiden Bistümer gelöst wird. Wie sieht, was wir als Venedig bezeichnen, in jenen unruhigen Jahrhunderten aus? Wie etwas Pluralisches. Genau wie Paul Morand, der so viel später sein Buch über die Stadt *Venises* nennen wird, spricht man in jenen Tagen von Venetiae, einer Vielzahl von Inseln, hier und da verstreut in einem Sumpfgebiet. Nach der Auseinandersetzung mit Pippin war klar geworden, dass Malamocco niemals die Hauptstadt sein konnte, bei den Siedlungen auf den verschiedenen Inseln handelte es sich lediglich um Dörfer, in der Lagune bekämpften Tribune und Bischöfe sich gegenseitig, das Byzantinische Reich, dessen Provinz diese von Heraclea aus regierten Gebiete waren, begann zu zerfallen; viele wagten den Aufstand, auf dem Festland, aber auch auf den Inseln wählte man neue Anführer, und der Erste, den die Inselbewohner erkoren, war Ursus, kein Löwe, sondern ein Bär, der als Orso, was im Italienischen ebenfalls Bär bedeutet, der dritte Doge Venedigs wurde, ein Titel, der im Verlauf von tausend Jahren in einer ununterbrochenen Reihe von über hundert Männern getragen wurde, bis der letzte, Ludovico Manin, 1797 auf ihn verzichtete. Erst zehn Jahre danach, 1807, kommt Napoleon, der verkündet hat, er werde ein Attila für Venedig sein, selbst in die Stadt. Das Wort Doge stammt vom lateinischen *dux*, Führer. Ein gutes Jahrhundert später sollte in Italien ein anderer, der die Geschichte nicht aufmerksam gelesen hatte, sich *duce* nennen – die Folgen sind bekannt.

Ein Windstoß fegt durch die Spinnweben der Historie in meinem Kopf, bläst gegen Pippin und sein Heer, gegen den Patriarchen von Grado, den Papst und den Kaiser von Byzanz, ein sich bewegender durchsichtiger Teppich, der nur für mich existiert. Inmitten der anderen bin ich die Laufplanke hinunterspaziert. Ich bin wieder an Land, und das ist ein eigenartiges Gefühl, denn dieses Land ist Festland, ich hänge wieder am Rest der Welt fest und könnte mich in einem großen Bogen der Inselstadt von der anderen Seite her nähern, was etwas über die Konditionierung sagt, die man in Venedig erfährt. Auf dem Weg hierher habe ich mich mit der Geschichte beschäftigt. Ich denke, nicht jeder leidet darunter, es hat etwas mit meinem eigenen Charakter zu tun, dieses Gefühl, dass in jenen Regionen die Luft von Geschichte gesättigt ist, eine Luft anderer Art, mit Namen und Jahreszahlen als Atomen, geladene Teilchen, die für andere unsichtbar sind, auf mich aber die eigenartige Wirkung haben, dass ich wie zwanghaft auf Inschriften und Monumente achte und in allem Spuren der Vergangenheit erblicke, eine Abnormität, die man in Venedig, da vom Verkehr nicht abgelenkt, voll ausleben kann. Man spaziert dahin, die Füße geben den Rhythmus vor, dann ist man schon fast bei einem epischen Gedicht, liest die Stadt im Takt der eigenen Schritte.

Hier ist es nicht anders, das Meer liegt hinter mir und vor mir eine lange, breite Straße, die bis zum Horizont zu führen scheint: Chioggia. Das damit einhergehende Gefühl ist das eines Paradoxes, und das mag an dem spärlichen Verkehr liegen, denn jetzt, da ich endlich all das Wasser hinter mir gelassen habe, scheint es, als wäre die breite Straße ein Fluss und ich liefe auf dem Asphalt wie auf Wasser. Nach mehreren Wochen Venedig spüre ich, wie etwas von mir abfällt, etwas, das ich in der Stadt selbst nicht als Last empfunden habe, keineswegs, aber ich empfinde doch eine Art von Freiheit und Leichtigkeit, als hätte man mich hinausgelassen, und das bin ich nun auch, ausgelassen, und so gehe ich an dem großen Turm mit der großen Uhr vorbei, die schon seit Jahrhunderten die Zeit anzeigt, und betrete die *pescheria*, wo die Fische ihr Existenzrecht dadurch beweisen, dass sie noch genauso aussehen wie in den Tagen, bevor dieser hohe Turm gebaut wurde, eine Form von Permanenz, gegen die kein Geschichtsbuch ankommt. Ein Römer, ein Grieche, einer von Pippins oder Napoleons Soldaten, sie alle würden diese Fische erkennen, wie ein großer Silberschatz liegen sie neben den Schalentieren, die sich wie damals in ihren selbstgemachten steinernen Festungen verkrochen haben. Nur wir haben im Laufe der Zeiten immer wieder andere Kleider angelegt, um nicht allzu sehr wie unsere Vorfahren auszusehen. Ob sich der Geschmack der Fische mit den Jahrhunderten verändert hat, wird niemand uns mit Sicherheit sagen können, wenngleich wir wissen, dass es heute Stoffe in den Meeren gibt, die dort früher nicht waren. Zwei lange Reihen niedriger glänzender Metalltische unter einem roten Zeltdach, ich schlendere an ihnen vorbei, es wird bereits geschrubbt, Sonnenlicht fällt aufs Wasser, mein Blick bleibt noch kurz an den Krabben, Aalen, Sardinen, Muscheln hängen, doch ich weiß, dass er etwas anderes gespeichert hat, und kehre um. Manchmal geschieht das, man hat etwas bemerkt, ohne es zu sehen, oder man hat es gesehen, ohne es zu bemerken, und erst als ich das lange rote Zelt verlassen habe und mich noch einmal umdrehe, erblicke ich es, vor dem Eingang zum Fischmarkt ein schmales Tor aus gelbem Backstein mit einer Überfülle von Reliefs voll nackter kleiner und größerer Kinder in rechteckigen Bildfeldern. Es darf mir nicht gefallen, denn daneben findet sich eine Erläuterung, die besagt, dass es sich um faschistische Architektur handelt. Das hätte ich natürlich sehen müssen, doch was mich veranlasst hat, mich umzuschauen, ist etwas anderes. Wie in einem Trompel'œil ragen Füße und Hände, manchmal auch Arme und Schenkel über die strengen Rechtecke der Bildfelder hinaus, was ein wenig den Anschein erweckt,

PESCHERIA

als würden sich die Körper bewegen. Der erklärende Text spricht vom *stile razionalista e celebrativo dell'architettura fascista*, dem rationalistischen und zelebrierenden Stil der faschistischen Architektur, was auch immer das an dieser Stelle bedeuten mag, weist aber gleichzeitig auf den Einfluss Donatellos hin; die Geschichte dahinter ist simpler. Ursprünglich sollte hier kein Fischmarkt, sondern eine Schule hinkommen, und der Bildhauer Amleto Sartori (Italiener haben den Mut, ihre Kinder Hamlet zu nennen) hatte von den Eltern eines früh verstorbenen Kindes den Auftrag erhalten, ein Denkmal zu gestalten, auf dem alles zu sehen sein sollte, was ihr totes Kind niemals würde machen können: tanzen, spielen, lesen, und genau das tun diese Kinder. Prisca hieß das Mädchen, das niemals gespielt und gelesen hat, und in hundert Jahren ist Priscas Tor schön, darauf wette ich. Es gibt Formen hässlicher Unschuld oder zeitgenössischen Kitschs, deren Zeit einfach noch nicht gekommen ist. Bis dahin hat Rührung über den Faschismus gesiegt. Kurz darauf, wieder in der breiten Hauptstraße, sehe ich über dem Eingang eines modernen Geschäfts den Beweis in Form eines Mönchs, der die beiden Enden seines Zingulums in den Händen hält, als wolle er gleich seilspringen. Wer der Bildhauer war, weiß ich nicht, er wird nicht genannt, ich schätze das Werk auf 18. Jahrhundert, und vielleicht war es auch damals schon nicht schön, aber ich bleibe doch vor ihm stehen. Der Körper des Mönchs vor der geraden Steinwand bewegt sich ein wenig zu anmutig zur Seite hin, als spielte irgendwo Musik und er hätte Lust zu tanzen. Links und rechts von ihm knien zwei Nonnen. Sie tragen Ku-Klux-Klan-Masken mit Löchern für die Augen, ihre gefalteten Hände sind zum Mönch erhoben, ein Rätsel, das ich heute nicht lösen werde. Ich gehe die breite Straße entlang bis zu einem niedrigen quadratischen Tor mit einer Brücke dahinter, von der aus ich die Lagune wieder sehen kann. An der Rückseite des Tors prangt der venezianische Löwe wie ein fast babylonisches Relief, die linke Pranke auf dem aufgeschlagenen Buch, der Flügel langgestreckt auf dem Rücken, Stirn gerunzelt, Schwanz gekrümmt, bereit, herabzusteigen und zusammen mit mir die Hauptstraße wieder zurückzugehen bis zum Boot. Phantasie ist die Möglichkeit, bei Tag zu träumen und zu sehen, was niemand sonst sieht. Gemeinsam gehen wir die Straße entlang. Als ich beim *campanile del duomo* stehen bleibe und seine Höhe zu schätzen versuche, fragt mein Weggefährte: »Wolltest du etwa die Backsteine zählen?«, aber weil man sich in Träumen nicht wundert, wenn ein Löwe etwas sagt, höre ich nicht auf ihn und lese stattdessen die Geschichte dieses Turms. Er stammt aus dem 11. Jahrhundert und sollte 1312 restauriert werden. Der damalige Bürgermeister hieß Pietro Civran. Er ist also mindestens siebenhundert Jahre tot, aber ich habe gerade seinen Namen gelesen. Den werde ich wieder vergessen, doch das tut nichts zur Sache. Jemand hat gewollt, dass ich seinen Name lese, und das habe ich getan. Wer nicht glaubt, dass die Toten dazugehören, hat nichts verstanden. Am 4. November 1347 stürzt der Turm während des Umbaus ein, mehrere Häuser werden von den Trümmern zerstört, eine alte Frau stirbt, bekommt aber keinen Namen, ebenso wenig wie die zweiundsiebzig Männer, die willkürlich unter den Bürgern dazu bestimmt werden, den Schutt wegzuräumen. Was diese Männer unter sich über Civran gesagt haben, ist nicht überliefert. Am 14. November wird nach einer feierlichen Messe der Grundstein gelegt, drei Jahre später ist der Turm zum zweiten Mal fertig. Auf dem Boot fällt es niemandem auf, dass ein Löwe neben mir sitzt, aber als wir auf dem Weg über den Lido nach San Marco fahren, ist er plötzlich verschwunden. Seine Zeitung hat er liegengelassen.

Gestalten, Fragmente. Dicht neben der Seufzerbrücke, an dem schmalen Kanal, der dort in den Bacino di San Marco mündet, sehe ich etwas, ein Mittelding zwischen einem gut funktionierenden Fließband und einem Ballett. Ich stehe am Ufer, und mir genau gegenüber ist eine kleine Gruppe Chinesen. Es sind keine gut gekleideten Japaner, eher Menschen vom Land, mit jahrehundertealten Bauerngesichtern und der damit einhergehenden Geduld. Es hat angefangen, sacht zu regnen. Sie warten darauf, in eine noch mit einer anderen Gruppe besetzte Gondel einsteigen zu dürfen, ich warte auch, allerdings nicht auf eine Gondel, sondern darauf, was jetzt passieren wird. Ich weiß, mich treibt anthropologische Neugier, ein Wissen um die Auswirkungen der Globalisierung oder wie zwei völlig unterschiedliche Kulturen mit sehr weit auseinandergehenden Absichten aufeinanderprallen. Pflichtgenuss für den einen, umgetauscht in notwendiges Geld für den anderen, ein Klischee als unvergessliche Erinnerung versus Fließband mit Menschen und damit Broterwerb. Neben mir steht ein Gondoliere, der nicht gondelt, sondern Teil eines Dreierteams ist. Er hat die Aufgabe, den Chinesen aus dem Boot herauszuhelfen, die beiden auf der anderen Seite müssen es wieder füllen. Doch mich fesselt der Mann neben mir. Er hat eine fabelhafte Technik entwickelt, die Alte-Chinesinnen-aus-der-Gondel-hieven-Technik. Er streckt den linken Arm aus, ergreift eine kleine alte Frauenhand, die Spuren eines Lebens voll harter Arbeit zeigt. Jetzt zieht er sie hoch, wobei das Boot natürlich schwankt. Falls sie Angst hat, ist es nicht zu erkennen. Dann macht sein linker Arm einen Bogen und hievt sie ans Ufer, gleichzeitig vollführt aber, und das ist das Wunder, auch sein rechter Arm einen Bogen in der Luft, der in einer ausgestreckten Hand mit ausgestrecktem Zeigefinger endet, welcher gebieterisch auf einen auf einem Hocker liegenden Hut deutet. Dahinein muss das Trinkgeld. Ganz sanft geht es dabei nicht zu, weil die alte Frau nicht viel wiegt, scheint es für einen Augenblick, als schwebte sie, doch sie landet sicher, der linke Arm des Mannes schwingt zum nächsten Passagier, die rechte Hand deutet. Währenddessen steigen auf der anderen Seite die wartenden Chinesen ein und verschwinden im eisernen Licht der Lagune, ein Grüppchen zusammengepferchter Menschen, eingehüllt in Nieselregen. Ich sehe, wie sie von unten aus dem kippelnden Boot zu dem Mann mit dem Strohhut aufschauen, der stehend rudert, und wie die schmale Gondel über das aufgewühlte schwarze Wasser in Richtung San Giorgio entschwindet.

Noch ein Beispiel aus der Anthropologie. Wie lange braucht unser Gehirn, um einen anderen einzuschätzen? Wie schnell hat der Blick eines Venezianers registriert, dass ich ein Fremder bin? Die erste Reihe in jedem Vaporetto ist für Senioren reserviert, das wird deutlich auf den Rückenlehnen angezeigt, das Bild eines Menschen mit einem Stock, das muss ich sein, auch wenn ich keinen habe. Das Problem ist, dass jemand, der sich unberechtigterweise auf einen dieser Plätze gesetzt hat, das an sich so eindeutige Piktogramm mit dem Rücken verdeckt. Ich jedoch verfüge über einen gewissen Blick, und wenn jemand sitzt, wo er wegen ungebührlicher Jugend nicht sitzen dürfte, dann setze ich ihn ein. Sagen darf man dabei nichts, sonst ist man sofort enttarnt. Aber auch die Venezianer verfügen über einen Blick, man kann ihn täglich beobachten. In Geschäften, in Bars, an Schaltern. Blitzschnell ist dieser Blick, trainiert durch jahrhundertelange Erfahrung. Binnen einer Sekunde ist man registriert. Dies war immer eine Stadt für Fremde. Das Spiel besteht darin, die Ungewissheit einen Augenblick länger dauern zu lassen, eine Minisekunde lang Venezianer zu sein, bevor die unvermeidliche Enttarnung erfolgt. Einerseits leben sie von uns, andererseits werden sie durch unsere Masse bedroht und verlassen abends die Stadt wie ein sinkendes Schiff. Aber wie stellt man klar, dass man selbst keine Masse ist? Tarnt man sich mit einem *Gazzettino*? Lässt man sich die Haare färben? Derjenige, der reist und gern über das schreiben möchte, was er sieht, will nicht so sehr dazugehören als vielmehr teilweise

unsichtbar sein. Unsichtbarkeit ist die beste Garantie dafür, beobachten zu können. Die Metamorphose zum Bürgersteig, zur Kirchenbank, zum Grabstein oder Kunstwerk ist nicht einfach. Und dennoch, man hat sich seit über vierzig Jahren immer wieder für kürzere oder längere Zeit dieser Stadt ausgeliefert, man ist immer wieder zurückgekehrt, als hätte man ein Recht darauf, doch welches Recht sollte das sein? Auch Brodsky spricht in seinem wunderbaren Venedig-Buch *Ufer der Verlorenen* einmal über Anthropologisches, allerdings in Bezug auf sich selbst. »Trotz all der Zeit, dem Blut, der Tinte, dem Geld und allem Übrigen, was ich hier verschenkt oder verschleudert habe, konnte ich doch niemals, nicht einmal vor mir selber, überzeugend den Anspruch erheben, ... dass ich, in wie winziger Weise auch immer, ein Venezianer geworden wäre.« Trotz der Tatsache, dass ich in Den Haag geboren bin und mein Leben lang einen großen Teil des Jahres auf Reisen im Ausland war, bleibe ich unweigerlich Amsterdamer. Beweisen lässt sich das nicht, es hat damit zu tun, mit welcher Sicherheit man ein unbekanntes Lokal betritt, als sei man dort zu Hause. Auch wenn das eines dieser typischen Amsterdamer Wohnzimmer ist, hat man die Sprache als Legitimation, und paradoxerweise gilt das nicht für jemanden aus Tilburg. Du hast über ein halbes Jahrhundert in einer Stadt gewohnt, dein Bett steht da, dein Haus und die Bücher, auch wenn du nicht dort bist, bist du kein Fremder. Brodsky hat sehr richtig erkannt, dass er trotz seiner vielen Aufenthalte in Venedig doch immer jemand auf der Durchreise geblieben ist, ein Passant, der kein Teil der Geschichte geworden ist, obwohl, und darum geht es, die Stadt an der Adria doch ein unveräußerlicher Teil seines Lebens ist. Ich habe einmal ein Buch mit dem Titel *Voorbije Passages* (Vergangene Passagen) geschrieben, ein Buch über das Reisen als Lebensform. Du hast an den Ufern der Lagune gestanden, die Bewegung des Wassers, stets anders, ist in deine Seele gedrungen, du wirst das nie mehr los, aber die Stadt und das Wasser leben fort ohne dich, dein Schatten ist zwischen den Plätzen, den Brücken, den Kirchen und den Palästen verschwunden, sie sind es, die die Worte geschrieben haben, die du für deine eigenen gehalten hast, doch du warst lediglich das flüchtige Standbild auf einer Brücke oder in einer Gondel, nur zeitweilig Teil einer Stadt, die nun schon über tausend Jahre lang so tut, als existierte die Zeit nicht. Seit auch Amsterdam von Touristenhorden überrannt wird, weiß ich noch besser, was Venezianer denken: Touristen, vor allem wenn sie in Reih und Glied hinter einer Fahne herlaufen, sind eine Plage, die man ertragen muss, genau wie die abscheulich großen Schiffe, auf denen sie sich zwischen Giudecca und Dorsoduro für ihren einen göttlichen Tag hindurchschieben, an dem sie sich unablässig fotografieren dürfen, zusammen mit dem, was sie nie mehr wiedersehen werden. Immer wird sich zwischen ihrem Blick und der Stadt ein Telefon oder ein anderes Gerät befinden, das ihr eigenes Gesicht zeigt und dahinter die Stadt, die sie so gern hatten sehen wollen.

Papst gegen Mönch.
Eine venezianische Geschichte

Wie ist das mit Standbildern in einer Stadt, in der es so viele gibt? Ich musste ihn schon oft gesehen haben, den hochgewachsenen, strengen Mann in seiner bronzenen Mönchskutte, doch wirklich bemerkt hatte ich ihn noch nicht. Er steht auf einem hohen Sockel in der Nähe der Santa Fosca an der Strada Nova, und offenbar hatte ich ihn immer als gegeben hingenommen, eigentlich auch nie nachgeschaut, wer er ist. In Venedig lebt ein Volk von

Standbildern, ich stelle mir vor, dass sie sich nachts gegenseitig besuchen, um sich über ihr einsames Dasein auszutauschen, doch weil sie tagsüber nicht von ihrem Sockel herunterkommen und man ihnen daher nie auf Augenhöhe begegnet, betrachtet man sie immer nur als Teil der Kulisse, also nicht richtig. Außerdem steht die oben erwähnte Gestalt auch noch ein wenig im Hintergrund, so dass man gezielt hingehen und nachsehen muss, um wen es sich handelt. Paolo Sarpi. Weshalb man dieses eine Mal tatsächlich nach dem Namen geschaut hat, kann man hinterher meist nicht nachvollziehen. Ich hatte mir den Namen in mein Notizbuch geschrieben und längst wieder vergessen, als ich in einem Antiquariat ein sehr kleines pergamentenes Buch sah. Manche Bücher rufen einen, ich bin kein echter Bibliophiler oder Sammler, doch einem so prachtvoll gebundenen Buch, kleiner als eine Hand und daher sehr kompakt in der Hand liegend, von der Farbe glänzender Menschenhaut, kann ich nur schwer widerstehen. Der schön gesetzte Text – Venedig hatte die besten Drucker der Welt – war italienisch, allerdings nicht das Italienisch des *Gazzettino*. Hier ging es um Theologie, und ich wusste sofort, dass ich es nie richtig würde lesen können, sah dann aber den Namen, den ich an jenem Standbild entziffert hatte. Jetzt gab es eine Verbindung zwischen einer hochgewachsenen, strengen Gestalt in einer Kutte und einem sehr kleinen Buch über einen Mönch, der sich offenbar, so viel verstand ich nun doch, mit dem Papst angelegt hatte, und ich wusste auch, dieses Kleinod würde mit mir nach Amsterdam reisen. Der Antiquar fragte, ob ich speziell an Sarpi interessiert sei, denn dann habe er noch etwas für mich. Ich erzählte ihm, dass Sarpi für mich noch ein geschlossenes Buch sei, doch Antiquare sind an Seltsameres gewöhnt. Buchliebhaber fallen in die Kategorie merkwürdiges Volk, und sie werden in dem Maße, wie die gedruckten Bücher aussterben, noch viel merkwürdiger werden. Der eine kommt, weil ihm etwas fehlt, der andere wegen eines besonderen Bildes in einem Buch, und hier war ein Ausländer, der kleine Bücher liebte. Es gibt diese Tage, an denen alles passt, denn kurz darauf hielt ich ein anderes Buch über denselben Mönch in der Hand, diesmal auf Englisch. Auf nicht vergleichbare Weise war auch dieses ein schönes Buch, einige hundert Jahre jünger, aber immerhin noch aus dem Jahr 1894, mit einem Einband aus knallgrünem Leinen, in das das goldene Emblem Venedigs geprägt war. Ich strich mit den Fingern über die Flügel des Löwen, las den in ebenfalls goldenen Buchstaben vermeldeten Namen des Autors, Reverend Alex Robertson. Auf das x hätte *ander* von Alexander folgen müssen, doch da stand nur ein kleines r und unter diesem Mini-r ein goldener Punkt, und schon war es um mich geschehen. Das kleinere Buch war das ältere und somit natürlich auch das teurere, das andere, das auf dem Vorsatzblatt die Namen der beiden englischen Vorbesitzer trug, von denen der eine das Buch 1896 in Venedig gekauft und der andere es der moderneren Handschrift zufolge viel später nach Sevenoaks in Kent mitgenommen hatte, erhielt ich zur Belohnung zu einem fairen Preis, bereits eine Stunde später hatte ich meinen Namen hineingeschrieben, und wenn alles so läuft, wie es sollte, wird später der Name von jemandem hinzukommen, den wir jetzt noch nicht kennen und der möglicherweise noch gar nicht geboren ist. Je älter Bücher werden, umso weniger leicht gehen sie unter. Zu Hause stellte ich Robertson ordentlich zu meinen Venedig-Büchern, aber als ich auch das kleine Buch etwas genauer in Augenschein nahm, stellte ich etwas Bemerkenswertes fest. Venedig hatte die besten Drucker der Welt, habe ich vorhin behauptet, doch als ich das Büchlein in meinem Hotelzimmer auspackte, muss etwas wie Schamröte auf meinen Wangen erschienen sein. Das Buch war keineswegs in Venedig gedruckt, sondern in Leiden. Ganz deutlich war zu lesen: Leida 1646. Sehr dünn gefaltet fand sich auch noch eine Beschreibung: Micanzio Fulgentio *(attributed): Vita del*

Padre Poalo [sic], *dell'Ordine de' Servi; Theologo della Serenissima Republ. di Venezia. 12,5×7 cm, 2 blank + title page with wood engraved vignette (Ae/ter/ni/tas).* In ganz feiner Schrift war auf Lateinisch vermerkt, das Buch sei von diesem Fulgentio verfasst worden: *Vita haec scripta fuit a Fulgentio & in Angliam Galliamque linguam translata est* – also auch noch ins Englische und Französische übersetzt, doch ansonsten waren alle dreihundert Seiten auf Italienisch, gefolgt von weiteren Seiten, die mit einer Liste der Traktate von Paolo Sarpi endeten sowie einem Satz über die Inquisition und über Leonardo Donà, den Dogen von Venedig zu Sarpis Lebzeiten.

In den Tagen danach beschäftigte ich mich mit Fra Paolo Sarpi, betrachtet mit den anglikanischen Augen von Reverend Robertson. Ein Mönch des 1233 gegründeten Servitenordens als Feind eines Papstes, Wasser auf die Mühle eines Mannes, der seit der reformatorischen Revolution Heinrichs VIII. nicht mehr auf den Papst von Rom zu hören brauchte. Schon bald wurde mir klar, dass auch der Papst nicht auf diesen lästigen Mönch hatte hören wollen und jahrelang versucht hatte, ihn zuerst mundtot zu machen und schließlich ermorden zu lassen. Dass diese Feindschaft einen langen Atem hatte, zeigt sich daran, dass der Name Sarpi in den im Internet zu findenden Texten über den Orden nicht oft genannt wird. Der Papst, von dem hier die Rede ist, war Paul V., Camillo Borghese, einer jener Päpste, die mehr oder weniger zufällig auf dem Thron gelandet sind. Sein Vorgänger Leo XI. war bereits nach sechsundzwanzig Tagen im Amt gestorben, das mühsame und hochpolitische Spiel der Papstwahl musste von vorn beginnen, die verschiedenen Fraktionen und Familien konnten sich nicht einigen, und somit wurde jemand gewählt, mit dem kein Mensch gerechnet hatte oder, wie Reverend Robertson es ausdrückt: »*Paul V. was a makeshift pope.*« *Makeshift*, Notbehelf, sagt mein Wörterbuch, doch viel geholfen hat er nicht, und wenn man wissen will, warum, muss man sich noch einmal Sarpis Porträt ansehen. Tiefliegende, fast schwarze Augen in einem strengen weißen Gesicht, das Gesicht eines Denkers, ein gewiefter Jurist, Wissenschaftler, Mathematiker, noch vor Harvey Entdecker des Blutkreislaufs und Freund Galileis, für den er bei Huygens in den Niederlanden Fernrohre bestellte. Als »theologischer Ratgeber« der Republik Venedig war er aber auch ein gefürchteter Gegner in den zahlreichen Konflikten mit dem Kirchenstaat und als politischer Berater Venedigs eine Spinne im europäischen Netz, genug, um den Argwohn und später Hass Pauls V. auf sich zu ziehen. Die Beziehung zwischen Venedig und diesem Papst, damals noch Kardinal, war bereits angespannt, seit Letzterer in einem Gespräch mit dem Botschafter der Republik beim Vatikan einmal gesagt hatte: »Wenn ich Papst wäre, würde ich den Bann über Venedig verhängen«, worauf der Botschafter entgegnet hatte: »Und wenn ich Doge wäre, würde ich deinen Bannfluch und deine Exkommunizierung mit Füßen treten.« Als Camillo Borghese dann 1605 tatsächlich Papst wurde, hätte der Konflikt ernsthaft ausbrechen können, wäre der neue Papst außer gläubig nicht auch noch abergläubisch gewesen. In Subiaco, etwa fünfzig Kilometer von Rom entfernt, gab es eine schwitzende Madonna, die, indem sie in Schweiß ausbrach, den Tod eines Papstes voraussagte. Zudem hatte ein flämischer Astrologe verkündet, auf Clemens VIII. werde erst ein Leo und danach ein Paul folgen. Und dieselbe Kirche, die Galileis These verbot, wonach sich die Erde um die Sonne drehe, glaubte, nachdem Leo bereits so schnell nach Clemens gestorben war, werde Paul das gleiche Schicksal erleiden, doch als sich diese Vorhersage monatelang nicht erfüllte und Sterndeuter erklärt hatten, die Gefahr sei gebannt, konnte der Kampf zwischen Venedig und Paul V. beginnen. Für den Vatikan gab es Gründe genug, denn die Republik Venedig hatte beschlossen, dass ohne ihre Genehmigung keine neuen Kirchen und Klöster gebaut werden durften. Alte venezianische Gesetze, die den Besitz von Grund

und Gebäuden regelten, traten erneut in Kraft, die Trennung von Kirche und Staat wurde rigoros vollzogen, nicht nur in der Stadt, sondern auch im Umland, und das bedeutet einiges in einer Zeit, in der mehr als die Hälfte der Stadt aus Gebäuden und Gärten bestand, die sich im Eigentum der Kirche befanden. Daneben gab es noch einen weiteren Konflikt über die Frage, wer das Recht habe, Priester gerichtlich zu belangen, die Republik oder die Kirche, und auch hier trat Paolo Sarpi als äußerst scharfer Widersacher des Papstes auf. Der dieser Frage zugrunde liegende Fall war eine wahre Oper. Zwei Priester (von denen einer, wie sich später herausstellte, nie geweiht worden war) hatten sich flagranter Verfehlungen schuldig gemacht: Der eine hatte fortwährend versucht, seine Nichte zu verführen, und, als das nicht gelang, ihre Tür mit Kot beschmiert, der zweite war noch weiter gegangen, denn in den Prozessakten war von Vergewaltigung und Mord die Rede, worauf der Rat der Zehn, das oberste Gremium der Stadt, beschloss, eine Untersuchung durchzuführen, die beiden verhaften und vor Gericht stellen zu lassen, ein Privileg, das die Kirche für sich beanspruchte. Robertson hatte den Raum, ein ganzes Buch darüber zu schreiben, der Bannfluch aus Rom erfolgte in der Tat, niemand durfte mehr die Beichte abnehmen, niemand mehr die Messe zelebrieren, aber in Venedig setzte man sich darüber hinweg. Die Exkommunizierung einer ganzen Stadt, die im Grunde ein Staat war, das war im Europa jener Zeit noch nie vorgekommen, und in verschiedenen Hauptstädten hielten die Regierenden den Atem an.

Doch bevor es so weit ist, geschieht noch das eine oder andere. Die spanienfreundliche Politik des Vatikans im spanischen Kampf gegen den protestantischen Aufstand in den Niederlanden gefiel Venedig ganz und gar nicht, es gab also auch auf außenpolitischem Gebiet einen Konflikt. Und in Italien selbst hatte der Papst die Macht über Ferrara erlangt und war dadurch sehr nahe gerückt, was dem Dogen Grimani ebenfalls große Sorgen bereitete. Im damaligen Europa war Venedig ein wichtiger Player, und im Streit mit Rom verfügte die Stadt in der Person des Ordensbruders Sarpi über einen theologischen Ratgeber, wie sein Titel lautete, gegen den der Papst und die Kurie nicht ankamen. Über die Stadt war der Bann verhängt worden, aber sie lebte einfach weiter wie gewohnt, und weil Venedig und Sarpi diese Schlacht und auch die darauffolgenden Schlachten gewannen, steht das Standbild auch heute noch an der Strada Nova. Es schien, als wehte ein reformatorischer Wind aus der Lagune. Sarpis Brief an die Kirche, den er im Dienste Venedigs verfasste, hatte es in sich, und der Papst witterte einen Ketzer. Dass der Ketzer ein Mönch war, der von Sir Henry Wotton, dem englischen Botschafter in Venedig, bewundert wurde, zeigt die europäische Tragweite des Spiels. Als Fachmann für kanonische Jurisprudenz wusste Sarpi seine Worte genau zu wählen. Aufgrund eines »göttlichen Gesetzes, das von keiner menschlichen Macht aufgehoben werden kann, haben Fürsten die Gewalt, innerhalb ihrer Jurisdiktion Gesetze zu erlassen, die sich auf zeitliche und weltliche Angelegenheiten beziehen: Für die Ermahnungen Eurer Heiligkeit gibt es keinerlei Grund, denn die Angelegenheiten, um die es hier geht, sind nicht geistlicher, sondern weltlicher Natur.«

Der von ihm verwendete Begriff lautet *zeitlich*, doch das bedeutete in jenen Tagen »von dieser Welt«. Die Botschaft kam an, am 16. April 1606 verkündete der Papst, sollte Venedig sich nicht beugen, so würde die Exkommunizierung erfolgen. Am 6. Mai kam die Antwort der Stadt. Der neue Doge, Leonardo Donà, konterte, er erkenne in Angelegenheiten von dieser Welt keine höhere Macht an als die der göttlichen Majestät. Der Rest der Botschaft ist entsprechend, Venedig gehorcht nicht und fordert die Geistlichkeit der Stadt auf, sich weiterhin der Seelsorge und der Zelebrierung der Messe zu widmen, da es die unbedingte Absicht

der Republik sei, im heiligen katholischen und apostolischen Glauben zu beharren und der Lehre der Heiligen Römischen Kirche zu folgen.

Als Nächstes befiehlt der Doge auf Anraten Sarpis, die Jesuiten, die, wie Norwich berichtet, aufgrund ihrer spanischen Orientierung sehr papsttreu waren, aus der Stadt auszuweisen. Diese wollen in einer feierlichen Prozession, für jedermann sichtbar, die Stadt aus freien Stücken verlassen, werden aber nachts aus dem Schlaf heraus verhaftet, wodurch ihr grandioser Propagandatrick scheitert. Auch dies wäre eine schöne Szene für eine Oper gewesen. Alles in allem war die ganze Geschichte, die sich wie ein Lauffeuer in Europa verbreitete, eine Niederlage für den Papst und die Kurie. Der Bann wurde 1607 aufgehoben, doch mit dem Mönch war der Papst noch nicht fertig. In seiner *History of Venice* berichtet John Julius Norwich in weniger subjektiver Weise darüber als der antipapistische Robertson. Er erzählt, dass Paolo Sarpi inmitten aller Kontroversen ruhig blieb und jedes Mal von Neuem formulierte, worum es im Kern ging. »Für den einen war er der Antichrist, für den anderen ein Erzengel. In Venedig küsste man ihm die Füße; in Rom und Madrid wurden seine Bücher verbrannt …« Er wurde vor die Inquisition zitiert und weigerte sich, zu erscheinen. In Europa boten Holland und England ihre Unterstützung an, Frankreich wagte es nicht, eindeutig Position zu beziehen, doch Venedig wusste, dass Henri IV. auf seiner Seite stand. Dies alles schrie nach Rache, und damit kehre ich wieder zu dem wunderbar parteiischen Robertson zurück und zu der Opera buffa mit beinahe fatalem Ausgang. Die Unterredung zwischen Paolo Sarpi und einer Art Abgesandtem des Papstes, dem deutschen Gelehrten Caspar Scioppius oder Kaspar Schoppe, hätte ich gern, am liebsten gesungen, auf der Bühne gesehen. Scioppius hatte dem Protestantismus abgeschworen und war, »wie bei solcherlei Degenerierten üblich«, zum scharfen Papisten geworden; auf dem

Weg zu deutschen Fürsten, die er zur Rückkehr in den Schoß der Mutterkirche überreden wollte, machte er in Venedig halt, um zwischen Sarpi und dem beleidigten Papst zu vermitteln. Dass der Papst einen langen Arm habe, singt er, und ihn nur deshalb am Leben gelassen habe, um seiner lebend habhaft zu werden. Sarpi singt zurück, er fürchte den Tod nicht und glaube auch nicht, dass der Papst zu einer solchen Ruchlosigkeit imstande sei. In diesem Punkt täuschte er sich, denn am 29. September 1607 berichtet der »stets wachsame« Botschafter Venedigs beim Heiligen Stuhl über ein Komplott gegen Sarpi. Im Palast des Herzogs von Orsini wimmele es von Verbrechern und gedungenen Mördern, darunter ein aus seinem Orden ausgetretener Mönch, der behaupte, der päpstliche Hof habe ihn für achttausend Kronen gedungen, um Paolo Sarpi zu entführen oder zu töten. Freies Geleit durch die päpstlichen Gebiete und garantierte Begnadigung gehörten ebenfalls zu dem Handel. Der Senat von Venedig spürte den ehemaligen Mönch und die Komplizen in Ferrara auf und verhaftete sie, als sie die Stadt verließen – sie endeten im selben Gefängnis, in dem später auch Casanova gesessen hat, den *piombi*.

Danach vernahm man nichts mehr von ihnen, aber Doge und Senat waren gewarnt und sorgten dafür, dass Sarpi sich nie mehr allein in den schmalen Gassen des venezianischen Labyrinths bewegte, weil man dort so leicht jemanden niederstechen kann. Doch wie in einem richtigen Abenteuerroman geschah das natürlich trotzdem. Es ist der 5. Oktober 1607, ein nebliger Herbstabend, als Paolo Sarpi sich auf den Weg vom Dogenpalast durch die belebte Merceria zu seiner stillen Zelle im Servitenkloster macht. Weil irgendwo in der Stadt ein Feuer ausgebrochen ist, hat er seinen üblichen Begleiter nicht an seiner Seite. Ganz allein ist er allerdings auch nicht, sein Diener ist bei ihm und ein betagter Patrizier namens Alessandro Malipiero, einer jener alten venezianischen Namen, denen man immer wieder begegnet. Zu dritt gehen sie durch die auch damals schon sehr bevölkerten Straßen des Rialto und durch die kaum mehr als mannsbreiten Gassen des Stadtteils dahinter und gelangen so zum ruhigen Campo Santa Fosca, wo heute das Standbild steht, durch das ich auf diese ganze Geschichte gestoßen bin. Hinter dem Campo liegen der Rio dei Servi und der Rio di Santa Fosca, überwölbt von einer Brücke, der Ponte della Pugna, auf der früher (schreibt Robertson 1894) Ringwettkämpfe stattfanden. Die drei befinden sich jetzt ganz in der Nähe des Servitenklosters, und in dem Augenblick, als sie hintereinander über die Brücke gehen, kommen fünf Kerle auf sie zu, die den Diener und den alten Patrizier überwältigen und wie die Verrückten mit Stiletten auf Hals und Gesicht Paolo Sarpis einstechen, worauf sie ihn, wie Robertson es ausdrückt, tot liegen lassen. Aber er war nicht tot. Der Senat ließ von überall her Ärzte kommen, auch von außerhalb der Stadt. Fünfzehn Mal war auf den Mönch eingestochen worden, das ließ sich an den Löchern in Kutte und Kapuze abzählen, doch getroffen hatten ihn nur drei Stiche, zwei im Hals und einer im Gesicht, der durch die rechte Schläfe eingedrungen und zwischen Nase und Wange wieder ausgetreten war, eine Narbe, die ihm sein Leben lang bleiben sollte. Da das Stilett durch die Wucht des Angriffs verbogen worden war, hatte der Angreifer es nicht mehr aus der Wunde ziehen können.

Nachdem ich das gelesen hatte, spazierte ich eines Spätnachmittags noch einmal zum Campo Santa Fosca, um mir die Brücke anzusehen, auf der sich das alles abgespielt hat. Das Servitenkloster existiert nicht mehr, es wurde 1812 zerstört, alles, was ich noch am Rio dei Servi fand, war die Ruine eines gotischen Tors, das letzte Überbleibsel. An der Brücke stand kein Name, und es gibt nur diese eine, die vom Campo in die Richtung des einstigen Klosters führt. Es war still, als ich dort war. Ich stand also auf der einzigen Brücke, die es meiner Meinung nach sein konnte, sie führt in die Calle Zancani, die ihrerseits wieder zum Campo San Marziale verläuft, wo auch die diesem Heiligen geweihte Kirche steht. Weitergehen wollte ich nicht. Ob dies die richtige Brücke ist, kann nur ein Kenner Venedigs mir sagen. Wenn man dann wieder zum Campo Santa Fosca zurückgeht, liegen links die Fondamenta Vendramin. Dort habe ich eine Weile gestanden und für mich gedacht, ich könne mit der Herbstluft – denn bei mir war es ebenfalls Herbst – auch die wie immer unsichtbaren Atome der Geschichte Venedigs einatmen. Wo bleibt das nur alles? Schreie, Messerstiche, päpstliche Intrigen, nichts davon ist übrig geblieben, oder doch? Die Kirche, die heute auf dem Campo Santa Fosca steht, ist nicht mehr die von damals, sie wurde erst 1741 erbaut. Dort hängt ein düsteres Gemälde von Domenico Tintoretto über einer trauernden byzantinischen Maria mit Sohn. Tintoretto, Sarpi, haben sie sich gekannt? Der juristische Scharfmacher und der Maler, der so viel mit seinem Vater zusammengearbeitet hat. Sind sie sich in diesen engen Gassen begegnet? Sie waren Zeitgenossen und beide berühmt. Ganz Venedig ist nun einmal ein ewiger Querverweis, dem entkommt man nicht, vielleicht allein schon deshalb nicht, weil man es im Grunde nicht will. Eine Stadt wie ein geballtes Universum ist ihre eigene Variante von Klaustrophobie, ein umschlossenes Territorium, das gleichzeitig doch mit der Welt verbunden ist. Vielleicht ist dies auch nur eine Marotte des späteren Besuchers. In der langen Hochzeit seiner Geschichte war Venedig ein Eroberer, ein Kolonisator, der die Welt nicht nur entdeckte, sondern auch näher holte, und gleichzeitig blieb es ein vom Meer umringtes und geschütztes Gebiet, ein Gegensatz, mit dem der Besucher im 21. Jahrhundert klarkommen muss, um die Stadt besser zu verstehen. Welches Venedig besucht er nun eigentlich, das der Größe oder ausschließlich das, das davon übrig geblieben ist? Beschränkt er sich nur auf die museale Schönheit, oder will er auch den Versuch wagen, zur Seele der

Stadt vorzudringen? Zum Handelsgeist, dem Eroberungsdrang, der Rivalität, die all das erbaut haben, was sich um ihn herum befindet? Als ich wieder vor dem Standbild stehe, macht Paolo Sarpi einen ungerührten Eindruck. Vom so dunklen Tintoretto in der Kirche daneben bin ich zu seinem Standbild zurückgeschlendert, um mich die Passanten, die am Ende ihres Arbeitstags die Stadt verlassen, auf dem Weg zum Bahnhof. Sarpi steht dort am frühen venezianischen Abend und blickt durch den Fremden hindurch, der seinerseits zu erspähen versucht, ob der Bildhauer die Wunden im Gesicht des strengen Mönchs herausgearbeitet hat oder nicht, aber in der hereinbrechenden Dunkelheit ist das nicht recht zu erkennen. Dass die Kirche, die ihre Meinung über Sarpis Freund Galilei hat revidieren müssen, diesen Widersacher, der trotz allem die Kirche nicht verlassen wollte, nie zum Heiligen erklärt hat, kann ich verstehen, auch wenn er dafür heilig genug war. Die Rache eines Papstes kann lange währen und offenbar auch auf den nächsten Papst vererbt werden. Selbst eine richtige Ruhestätte war Paolo Sarpi nicht vergönnt, durch Zutun Roms wurde sein Grab mehrmals geräumt, bis er schließlich in der Kirche auf San Michele landete. Ob er dort immer noch liegt, wollte ich nicht erkunden. Mir genügen sein Standbild und dieses kleine pergamentgebundene Buch, gefunden in der Stadt der unendlichen Geschichten.

AUF DER SPUR DER MALER

Wie viele Menschen passen in ein Bild? Wieder ist ein Jahr vergangen, und wieder bin ich zurückgekehrt, diesmal um einer alten Spur zu folgen, den Büchern und Notizen, die ich vom letzten Besuch mitgebracht hatte, Bildern von Carpaccio, Bellini, Tintoretto. Diese Stadt hat nirgends ein Ende, nicht in der Vorstellung und auch nicht in der Realität. Eine Stadt, die von Wasser umgeben ist, hat keine Grenzen, sie ist überall. Eine Stadt wie ein Spinnennetz, das Labyrinth, das einem nie vertraut wird, man bleibt in ihr verstrickt, selbst wenn man ein Jahr lang nicht da war. Auch die Maler sind Teil des Suchspiels, sie sind überall, doch wo genau? In der Frari, in der Accademia, der Madonna dell'Orto, der Scuola San Rocco, im Dogenpalast, sie werden Teil des ewigen Rundgangs, Teil des Sich-Verirrens, ohne das es anscheinend nicht geht.

Und wieder wohne ich woanders, in einer stillen Ecke der Stadt, die ich noch nicht kannte, einem niedrigen Haus in einer schmalen Gasse, neben einem baufälligen Gebäude, das hinter schwarzen Planen wieder aufgebaut wird; das Schlafzimmer befindet sich in Höhe des Wassers, nachts höre ich Schritte in dieser Gasse, als gingen die Leute an meinem Bett vorbei, wenn es mehrere sind, höre ich ihre Stimmen wie Stimmen in einem Traum, voll halber Geheimnisse. Die Frage, mit der diese Geschichte beginnt, hängt an der Tür, und zwar in Gestalt der Reproduktion eines Tintoretto-Gemäldes mit derart vielen Menschen und Engeln, dass ich sie dort aufgehängt habe, um sie stundenlang betrachten zu können. Wegen dieses Gemäldes bin ich nach Venedig zurückgekehrt, gelockt haben mich aber auch die Stille Bellinis und Vivarinis sowie die Phantasie Carpaccios und Cima da Coneglianos, insbesondere jedoch die Überfülle an Menschen bei Tintoretto, dem Maler, dem man in dieser Stadt der menschlichen Überfülle nicht entgehen kann. Eigenartig: Den Menschenmengen, denen ich tagsüber auszuweichen versuche, setze ich mich bei Tintoretto bewusst aus. Aber ich sollte beim Anfang beginnen, auch wenn es nach all den Jahren keinen solchen gibt, sondern nur die Wiederholung der Anfänge. Über die Alpen bin ich gekommen, durch die Dolomiten, vorbei an Bressanone, das dort noch Brixen heißt, ich trage den Norden noch mit mir, und ich bin mit dem Auto angereist, das allein schon ist ein Initiationsritus: Der Autofahrer, der sich Venedig auf der Straße nähert, muss sich, um Mitglied dieses Ordens zu werden, einer Reihe von Demütigungen unterwerfen. Plötzlich verengt sich die breite Autobahn, die Geschwindigkeit wird einem entzogen, zum letzten Mal darf man Maut bezahlen, darf erleben, dass der Zug neben einem so viel schneller fährt als man selbst, die Stadt ist jetzt nah und zugleich weit entfernt, rechts von sich sieht man das Wasser bereits liegen wie eine Verheißung, muss sich jedoch auf dem einzigen Platz, auf dem man noch fahren darf, in eine Schlange einreihen; nach einiger Zeit kommt man in ein dunkles Parkhaus, kurvt wie in einem Schneckenhaus spiralig aufwärts, eine, zwei, drei, vier Etagen, ein Mann weist einem unerbittlich einen Platz zwischen den anderen menschenlosen Autos zu, man schleppt die Koffer mit Kleidung und Büchern – immer zu viele Bücher – aus dem Auto in den viel zu kleinen Lift und schleppt sie draußen weiter über den Piazzale Roma. Dieses Mal habe ich nicht gut nachgedacht, eine Brücke mit vielen Stufen, dann eine lange Uferstraße entlang einem schmalen Kanal, wieder eine Brücke, diesmal noch schmaler und höher, keine schönen Häuser, alles eher ärmlich, eine tote Kirche, noch eine Brücke, jemand hilft mir, eine enge Gasse, ein Schlüssel, ein Haus. Eine schmale Treppe führt nach oben, links vor der Treppe ein Zimmer, zwei Betten, eine Tür nach draußen, als ich sie öffne, sehe ich einen ungepflegten kleinen Rasen, einen langen Draht mit Kleidungsstücken anderer Leute, einen toten Strauch, eine verwahrloste Backsteinwand mit den Überresten dreier Schornsteine, die ich später auf der Radierung eines früheren Bewohners wiederentdecken werde, und etwas weiter im Hintergrund auf der anderen Seite des Wassers eine tote Kirche. Ein Leben des Reisens hat einen gelehrt, dass nichts so schlimm ist, wie es auf den ersten Blick scheint, dass jeder merkwürdige Raum, in dem man sich je aufgehalten hat, sich in die eigene innere Landschaft einfügt, völlig zusammenhangslos denke ich jetzt an einen steinernen weißen Raum von wenigen Quadratmetern Größe einst am Ufer des Ganges, und dann wieder an das verluderte Zimmer, in dem der Student Raskolnikow in Sankt Petersburg seinen Mord plante, und daran, was man selbst einmal geschrieben hat: wie sich der Reisende, einer Katze gleich, daranmacht, den neuen Raum eines Hotelzimmers mit äußerster Behutsamkeit und Vorsicht zu erkunden, und genau das tue ich jetzt auch. Eine solche Erkundung ist immer nur auf eines ausgerichtet: Kann ich hier arbeiten, kann ich hier lesen? Wie ist das Licht? In diesem Augenblick fängt es hinter der Wand neben mir zu hämmern an, und mir fallen wieder die Baugerüste ein, die ich vor der Eingangstür gesehen habe. Von Baugerüsten und Umbauarbeiten hatten meine Freunde, die diese Wohnung für mich gefunden hatten, mir nichts gesagt. Ich bleibe kurz stehen, das Hämmern hört auf. Die Betten sind sehr niedrig, ich lege mich auf eines, tue so, als schliefe ich, einfach nur zum Ausprobieren. Geräusche in Venedig sind anders als in allen anderen Städten, denn auch das Fehlen von Autos ist ein Geräusch, ein Geräusch in Form einer Stille, in der man andere

Geräusche hört, wie auch ich jetzt: Schritte, eine Stimme, die vorbeigeht und beinahe im Rhythmus der Schritte spricht, jemand, der telefoniert, ein einzelner Satz schwirrt herein und ist schon wieder weg, zusammen mit den sich entfernenden Schritten. Der Satz, der eigentlich in einen Roman gehört hätte, flimmert noch kurz nach, dann beginnt das Hämmern von Neuem, andere Stimmen setzen ein, kein Italienisch, sondern Rumänisch, die Männer, die am Nachbarhaus arbeiten. Ich stelle meine Koffer in eine Ecke und gehe nach oben. Als ich die Fensterläden öffne, sehe ich die gegenüberliegende Fassade und weiß, wenn der dort Wohnende den Arm ausstreckt und ich auch, können wir einander die Hand schütteln. Calle de la Madonna, allerdings nicht die, die ich von früher kenne, sondern eine andere, eine Gasse, nur zwei Menschenarmlängen breit, ohne Kanal, in einem weitaus ärmeren und ruhigeren Teil der Stadt. Im oberen Stock ein Sofa, ein Tisch, eine Anrichte, Zeichnungen, Aquarelle. Auf einem Bild entdecke ich die drei Schornsteine, die ich draußen gesehen habe, als ich die Fenster auf der Rückseite des Hauses öffne, liegen unter mir der verwahrloste Rasen, das dunkle Wasser einer schmalen Fahrrinne und ein Lastkahn, dahinter, am anderen Ufer, die tote Kirche. Mit »tot« meine ich für immer geschlossen, leere Fenster, hohe Mauern aus rötlichem Backstein, dort wird nie mehr eine Messe gelesen. Ich schleppe den Koffer mit den Büchern nach oben, lege meinen Laptop auf den Tisch und daneben die Bücher in der Reihenfolge, in der ich sie zu lesen gedenke. Ich bin in Venedig. Ich breite die Karte auf dem großen Holztisch aus und suche in dem gezeichneten Labyrinth, wo genau dieses Haus steht, wo die nächsten Vaporetto-Haltestellen sind, und sehe, dass dieser Teil der Stadt Santa Croce heißt, dass die Kirche gegenüber die Santa Maria Maggiore ist und neben den Carceri liegt. Später erfahre ich, dass es ein Frauengefängnis ist und dass mein derzeitiger Vermieter, ein italienischer Physiker, Jahre in Kalifornien gearbeitet hat und jetzt in diesem Gefängnis den Mädchen, wie er sie nennt, ehrenamtlich Unterricht erteilt. Dass ich mit meinen Koffern die Fondamenta Rizzi entlanggegangen bin, weiß ich jetzt auch, die nächstgelegene Vaporetto-Haltestelle ist Piazzale Roma beziehungsweise San Basilio ganz am Ende der Fondamenta Zattere. Auch diese Ecke von Venedig ist ein Buch, ein neues, das zu lesen ich noch lernen muss, die Karte muss zu Stein werden, aber das ist erst dann möglich, wenn ich zu Fuß losziehe. San Basilio liegt dem Ende von Giudecca gegenüber, die Haltestellen am dortigen Ufer sind Palanca, Redentore, Zitelle. In der Nähe von San Basilio gibt es einen Supermarkt, dort kann ich wieder zum Venezianer werden, denn das geht nur auf Märkten und in Geschäften. Zur anderen Seite hin liegt der Campo Santa Margherita mit den Ständen von zwei Fischhändlern, doch wenn ich zum richtigen Markt und zum Fischmarkt möchte, muss ich über den Piazzale Roma oder über alle Plätze und durch alle Gassen zum Mercato di Rialto.

Warum bin ich nun schon zum wer weiß wievielten Mal zurückgekehrt? Worin besteht eigentlich die Anziehungskraft der Stadt? Nur noch fünfundfünfzigtausend Venezianer wohnen in ihr, die übrigen fliehen am Ende des Tages, weil die Stadt ihnen nicht mehr gehört, weil die Wohnungen zu teuer geworden sind, weil zu bestimmten Tageszeiten wegen der vielen Fremden kein Durchkommen im Labyrinth möglich ist. Weshalb dann doch? Die erste Antwort könnte lauten, weil ich mit Venedig noch nicht fertig bin, aber das ist Unsinn, niemand ist je mit dieser Stadt fertig, selbst wenn man das ganze Leben in ihr bliebe. Die Vergangenheit ist eine Dimension der Gegenwart, lese ich in dem wunderbaren Passagenbuch von Jorge Carrión (*Barcelona. Libro de los pasajes*), und wenn ich hier im Heute umhergehe, befinde ich mich gleichzeitig in jener anderen Dimension. Sollte es das sein? Lebe ich rückwärts, entgegen der Zeit? In einer Stadt wie dieser ist man von Toten umringt, die etwas zurückgelassen haben, Paläste, Brücken, Gemälde, Skulpturen, die Luft ist gesättigt davon.

Woher rührt dieses seltsame Entzücken, das ich hier empfinde, schon seit jenem allerersten Mal im Jahr 1964, mittlerweile vor mehr als fünfzig Jahren? Alles in Venedig ist von Menschen erbaut, und dennoch ist es, als sei die Stadt *entstanden*, habe sich selbst errichtet, habe vielleicht sogar die Menschen erdacht, die sie gebaut haben. Eine Wasserfläche, in die ein paar Flüsse münden, fast ein Sumpf, darin hie und da eine Insel, Menschen, die sich hierher geflüchtet und eine Stadt erbaut haben, die ihrerseits diesen Menschenschlag hervorgebracht hat, eine gegenseitige Erschaffung, durch die etwas entstanden ist, das es auf der Welt kein zweites Mal gibt. Menschen, die eine Stadt erschaffen, die Menschen erschafft, die alles in ihrer Umgebung für Jahrhunderte unterwerfen, eine wundersame Vervielfältigung von Macht und Geld im Umkreis einer Kirche, die sich nie sicher war, ob sie zum Osten oder zum Westen gehörte, ein Auswuchs, auf dem die unvorstellbarsten Absurditäten und Traditionen blühen, und als wundersamste Blüte jenes merkwürdige Wesen, der Doge, eine endlose Reihe Hunderter von Männern mit merkwürdiger Kopfbedeckung, von denen die ersten bereits im Nebel der Geschichte verschwunden sind und der letzte besagte Kopfbedeckung, ein textiles Mittelding zwischen einer phrygischen Schlafmütze und einer Krone, eigenhändig absetzte.

Bin ich abgeschweift? Eigentlich nicht. Ich begann mit Tintoretto und seinen Menschenmengen, die ich aus der San Pietro, der San Giorgio, der Scuola San Rocco, der Santa Madonna dell'Orto kenne. Tintoretto war kein Mensch des Mittelalters, zu seiner Zeit muss die Santa Madonna ein Gebäude aus der Vergangenheit gewesen sein, es ist nicht immer selbstverständlich, dass Spätere das Frühere schön finden, Voltaire zum Beispiel hasste die Not-

re Dame, hielt sie für ein scheußliches Gebäude. Die Santa Madonna dell'Orto ist eine der ältesten Kirchen der Stadt, weil ich gerade erst angekommen bin, will ich jetzt gleich dorthin, nicht nur weil sich Tintorettos Grab dort befindet, auch nicht, weil er dort einige seiner gigantischen Wandgemälde geschaffen hat, sondern einfach weil diese mittelalterliche Kirche, die für mein Gefühl auf der Rückseite der Stadt liegt, wo diese sich in Richtung Murano und Torcello öffnet, ein Bau von karger Schlichtheit ist neben dem Renaissance- und Barocküberschwang so vieler anderer Gotteshäuser. Dort ist es immer ruhig und still, ein offener Platz, ein gotischer, schmal und hoch wirkender Backsteinbau, der nicht verrät, wie groß der Innenraum ist. Ich sitze gern auf diesem Platz, es gibt da eine Bank, man kann dort lesen. Man geht über den Campo Largo und den Campo dei Mori, überquert den Rio della Madonna, und schon ist man da. An der Ecke hat man dann die drei orientalisch aussehenden Figuren gesehen, die die drei Mauren genannt werden und keine Mauren sind, sondern die drei Brüder Mastelli, die 1112 aus Morea nach Venedig gekommen waren. Unsterblich dank eines Missverständnisses, man geht mit seinen Brüdern nach Venedig, und achthundert Jahre später ist man eine Marmorfigur und schmückt zu dritt eine Fassade.

Ich gehe nicht hinein, die Kirche ist noch geschlossen, ich spaziere ein Stück in Richtung Lagune, sehe das Glitzern des Wassers, Ruderer, das Boot der Linie 51, das eine ewige Runde um die Stadt dreht. In diesem Viertel zwischen Kirche und Lagune stehen schlichte Wohnblöcke, ein simpler Außenbezirk, wie man ihn in jeder italienischen Stadt finden kann. Die Geschichte, im übrigen Teil der Stadt so beherrschend, ist plötzlich weit weg. Hier müssen die Menschen wohnen, die die Maschinerie Venedigs bedienen, das Räderwerk, das eine Stadt in Gang hält, das Personal der Vaporetti, Hotelangestellte, Krankenschwestern, Lehrer, wer weiß? Alles in dieser Stadt ist so spektakulär, dass ich die Anzeigenseiten des *Gazzettino* aufschlagen muss, um ein wenig Normalität zu spüren, Menschen, die etwas zum Kauf anbieten, das Unsichtbare des Alltags als Gegengewicht zu der extremen Sichtbarkeit von allem. Keine Kneipen hier, keine Straßencafés, nur Häuserblocks, das weiße Licht eines Fernsehschirms in einem dunklen Zimmer, wenn man dreimal um die Ecke biegt, steht man plötzlich am Wasser und sieht den Horizont des fernen Festlands und die Boote, die zu den Inseln fahren.

In der Kirche ist jetzt noch niemand. Mein Führer ist aus Papier und stammt von 1956, ich habe ihn vor Jahren im Antiquariat gefunden, einst hat er Paolo Barbini gehört – stets eine Form nicht gesuchter Intimität, das Buch eines anderen. Lebt dieser Barbini noch? Hat er das Buch verkauft, irgendwo vergessen? Wir kennen uns nicht, und trotzdem habe ich ihn schon seit Jahren jedes Mal bei mir, wenn ich nach Venedig fahre. Das einzige Problem besteht darin, dass Führer so viel wissen. Dieser hier ist von Giulio Lorenzetti verfasst, und er lässt keine Kirche und kein Gemälde aus, allein schon dadurch weiß ich, wie selektiv wir schauen oder, anders gesagt, wie viel wir nicht sehen oder nicht sehen wollen. Ich bin jetzt zum vielleicht zehnten Mal in all den Jahren in dieser Kirche, ich weiß, weshalb ich immer wieder herkomme. Lorenzetti flüstert mir etwas über den sichtbaren Übergang von romanisch zu gotisch ins Ohr, im Anschluss schreitet er nach einem militärischen Plan alle Wände ab, ich habe das Gefühl, ihm folgen zu müssen, doch das ist noch nie meine Art des Schauens gewesen. In einem Raum seitlich der eigentlichen Kirche steht die Marienfigur, die der Legende zufolge 1377 in einem nahegelegenen Garten gefunden wurde und zur Namensgeberin der Kirche wurde, heilige Madonna des Gartens, aber auch das ist nicht der Grund meines Kommens. Die Legende legt die Vorstellung nahe, die Figur sei unter der Erde vergraben gewesen, und so sieht sie auch aus, eine Göttin einer geheimnisvollen Sekte, doch der eigentliche Grund meines Kommens ist der Versuch, die respektlose Frage vom Beginn dieses Kapitels zu beantworten – wie viele Menschen passen in ein Gemälde –, was eine unbeholfene Manier ist, Staunen und Bewunderung für dieses gewaltige Tintoretto-Gemälde auszudrücken, *Das Jüngste Gericht*, links vom Hauptaltar, so groß, dass man seinen Standort fortwährend verlagern muss, um es wirklich zu sehen. Tod und Verdammnis unten, Totenschädel auf noch lebenden Körpern, eine zusammengedrängte Menge, Menschen, die über einem Abgrund zu hängen scheinen, die nackt in einer Sturzflut mitgerissen werden, ein schwarzer Mann, der sich dunkel gegen das bestürzte weiße Gesicht eines Kindes hinter seiner Schulter abhebt, Geflügelte, die durch die Luft zu sausen scheinen, Leiber, vor Angst gekrümmt, hundert Jahre zuvor konnte noch keiner einen Körper so malen, eine neue Gattung von Menschen ist entstanden, nur zu dem Zweck, hier vernichtet zu werden, es ist undenkbar, dass ein Einziger dies geschaffen hat, an verschiedenen Stellen in dieser apokalyptisch wirbelnden Bewegung hat er noch Raum für einen Durchblick gelassen, offener Himmel mit leuchtenden Wolkenmassen, den Lärm, der dort oben damit einhergehen muss, kann man sich in der Stille der Kirche nicht vorstellen, man hört ihn, ohne etwas zu hören. Von all dem Unheil unten möchte das Auge sich lösen, möchte sich aufwärts wenden, es muss sich zwischen Rücken und muskulösen Armen, zwischen halbnackten Menschen auf roten Wolken und dämonischen Visionen von Strafe und Angst hinaufarbeiten, dorthin, wo es endlich heller ist, bis zu dem mit einem unirdischen Licht getönten Kreis über etwas, was einem Berggipfel gleicht, wo Christus mit abgewandtem Antlitz sitzt, die Linke nach einem schwebenden Schwert ausgestreckt, das er nicht erfasst. Er wendet das Haupt seiner Mutter zu, die etwas tiefer neben ihm sitzt, über ihr ein Lilienzweig. Sie wirken, als hätten sie mit dem grenzenlosen Gewimmel in der Tiefe nichts zu schaffen, dies ist das Jüngste Gericht, aber es scheint, als gehe sie das nichts an. Die Figuren in ihrer Nähe blicken auf sie oder auf diesen blau umrandeten Lichtkreis über ihnen, eine Frau mit zwei Kindern in ihren Armen, ein Mann mit einem Palmzweig, ein Mann, der sich an ein Kreuz lehnt, als wollten auch sie die Gräuel und Bedrohungen von unten nicht sehen. Jemand kann all dies sicherlich deuten, mir ist vom Hochschauen schwindlig geworden, obwohl ich unten stehen geblieben bin, habe ich das Gefühl, aus großer Höhe herabgestiegen zu sein. Ich weiß, dass es hier noch zwei Gemälde gleicher Größe von Tintoretto gibt, gehe aber am Altar vorbei in die Seitenkapelle, wo der Mann, der dies gemalt hat, mit seinem Sohn und seiner Tochter beigesetzt ist. Es ist ein ganz schlichtes Grab, ein in die Wand eingelassener Stein. Tintoretto hat hier in der Nähe gelebt, und jetzt wird es erst richtig unvorstellbar, ein Mann, der sein Haus verlässt und am Wasser entlangschreitet, um hier seiner Arbeit nachzugehen, er spaziert an Häusern und Menschen vorbei, im Kopf die Dimensionen eines Jüngsten Gerichts, ein mathematischer Raum, den er in für andere noch unsichtbare Linien aufgeteilt hat, um aus den Bildern in seinem Kopf Bilder an einer Wand zu machen, gedachte Farben in echte Farben zu verwandeln, eine Geschichte zu erzählen, die die Menschheit schon seit Jahrhunderten beschäftigt hat. Wie vielen Leuten ist er begegnet, wenn er zur Arbeit ging? Wenn man die menschlichen Gestalten auf allen in dieser Stadt bewahrten Tintorettos sehen könnte, alle zusammen auf einem Platz, so wäre das eine unüberschaubare Menge, ein unsinniger Gedanke, doch einer, der sich aufdrängt, als ich einige Tage später in der Gallerie dell'Accademia das sogenannte Markuswunder (*Der heilige Markus befreit einen Sklaven*) aus so großer Nähe betrachte, wie es nur möglich ist. Keine dreißig war Tintoretto, als er dieses Bild für die Scuola Grande di San Marco malte. Inmitten der Menge, die auf den am Boden liegenden Sklaven blickt, sieht man den Maler selbst, jung, mit kurzem Bart, so wie er 1548 ausgesehen hat. Nicht jeder schaut in dieselbe Richtung, das ist das Merkwürdige an der Darstellung. Die Hand eines Mannes, der von uns aus schräg rechts von ihm im Bild steht, zeigt gebieterisch nach links, das Licht auf dem Nagel seines Zeigefingers will, dass wir das sehen, auch wenn sich die Hand, zu der dieser Finger gehört, noch so nah bei der Hand eines Mannes in Blau befindet, der einen Stock festhält und genau nach unten blickt. Die Menge steht still, und dennoch ist alles in Bewegung, und falls es wahr ist, dass Tintoretto in seinem Atelier *Die Zeichnung Michelangelos mit den Farben Tizians* an die Wand geschrieben hat – hier wird das auf jeden Fall sichtbar. Mit Weiß wirkte er Wunder, der Glanz eines Panzers, die Falten in einem Ärmel, die runden Windungen eines Turbans, der Strahlenkranz eines Luftmenschen, der wie im *Jüngsten Gericht* mit weit ausfächerndem Gewand durch den Raum fliegt, das alles bewirkt, dass man als Zuschauer mit dabei ist, dass man mitschaut. Und so sehe ich noch einmal zu dem Maler, der mit der Schulter zum Sockel zweier klassischer Säulen gewandt dasteht, dicht neben einem Mann oder einer Frau mit üppigem rosa Turban. Es heißt, dass das Gemälde bewundert und kritisiert wurde und dass der beleidigte Künstler es wieder mit nach Hause nahm. Vierzig Jahre später malte er im Auftrag der Stadt das *Paradies*, auf dem so viele Menschen zu sehen sind, dass die unsinnige Vorstellung von meinem imaginären Platz plötzlich gar nicht mehr so abwegig ist. Tintoretto ist nun alt und gebrechlich, das Glück, das in einem Paradies walten sollte, fand er nicht mehr, die eitlen Venezianer, die alle mit aufs Bild wollten, waren ihm vielleicht zu mächtig, oder er hatte einfach Sehnsucht nach der Zeit, als er in einer Menge stehen durfte, in der er sich selbst abgebildet hatte, ein junger Mann, der inmitten der von ihm gemalten Leute auf ein Wunder schaut.

Allmählich werde ich mit meinem neuen Stadtteil vertraut. Morgens wecken mich Schritte auf der Gasse oder das schrille Klingeln des ersten menschlichen Wesens, das ich an dem Tag sehen werde, Mann oder Frau in einer fluoreszierenden Uniform, der oder die meinen hellblauen Müllsack haben möchte. An manchen Tagen auch Glas oder Plastik, alles ist sehr begehrt, und wehe dir, wenn du es einfach selbst irgendwo an der Brücke oder in der Gasse abstellst. Ich habe gefragt, was ich tun kann, wenn ich mal nicht zu Hause bin, und man hat mir erklärt, wo das Boot ist, zu dem ich den Müll dann bringen soll.

Das am nächsten gelegene Café ist ein Studententreffpunkt. Ich sitze da gern, und sei es nur, weil ich nie eine Universität besucht habe und die Leute daher mit einer gewissen anthropologischen Neugier betrachte. März ist offenbar die Examenszeit, manchmal sehe ich da plötzlich eine junge Frau mit einer Art Blütenkranz auf dem Kopf inmitten eines Kreises Gleichaltriger, die ein Lied auf sie anstimmen, weil sie jetzt eine Doktorin ist, eine der vielen Universitätsabsolventen, die nun versuchen müssen, einen Job in einem Land zu finden, in dem es nur wenige Jobs gibt. Das Café liegt dicht neben dem einzigen Bäcker des Viertels an der Fondamenta de l'Arzere, für alle anderen Einkäufe muss ich ein Stück weiter gehen. Nichts wirkt hier alt, abends schließt das Café offenbar schon früh, manchmal frühstücke ich dort auf der Terrasse zwischen den Studenten und ihrer etwas verstaubten späteren Form, ihren Lehrern. Wenn die Zeitung frei ist, lese ich den *Gazzettino*, weniger dessentwegen, was sich in der Welt tut, die hier weit weg zu sein scheint, sondern eher wegen der Lokalnachrichten, weil die für mich hier die wahren Nachrichten sind, Prozesse, politisches Hickhack mit unbekannten Namen, endlich ein neues Buch, das ist mal was anderes als Trump oder Merkel. Später am Tag wird es etwas voller, von der Terrasse aus sehe ich den Rio Arzere, ruhiges Wasser. Eine Brücke führt über ihn hinweg zum Quartiere Santa Marta, unaufregende Neubauten, Orte für Menschen, eine tote Ecke, die ich eigentlich nur vom Vaporetto aus kenne, das vom Bahnhof kommt und durch den Canale Scomenzera zum Zattere und weiter zum Lido fährt. Dann sieht man große Parkhäuser auf der einen und ein freies, unbebautes Gelände auf der anderen Seite, mit Gleisen, die im Nichts enden, Niemandsland, das in die Straßen übergeht, durch die ich jetzt spaziere, in einem wieder anderen Venedig, das hier einer großen, offenen Bühne für ein unbedeutendes Theaterstück ohne Plot und mit Kulissen eines nicht allzu begabten Bühnenbildners gleicht. Die Schauspieler sind noch nicht da, ich sehe nur Statisten, wie ich selbst einer bin, eine junge Frau mit einem Kind, ein alter Mann, der einen Hund ausführt, ein Postbote, ein niederländischer Schriftsteller, der nur ein wenig umherspaziert und die Schilder und Anschläge betrachtet, während der wahre Autor noch an seinem Schreibtisch sitzt, ohne dass ihm etwas einfällt. Doch zum Glück gibt es andere Menschen, die schreiben können. Jemand hat eine schwarze Katze gefunden und möchte sie dem Besitzer zurückgeben, hat aber vergessen, seine Telefonnummer dazuzuschreiben, vielleicht steckt da ein Drama drin? Und Carlotta sucht »kleine Objekte« wie zum Beispiel *ninnoli* und *cianfrusaglie*, was auch immer das sein mag, um etwas Kunsthandwerkliches damit zu machen. An einem unbebauten Stück Land steht vor einer Backsteinmauer ein großes rundes Schild mit dem handschriftlichen Hinweis *Giardino Liberato*, befreiter Garten, und darunter *curalo, vivilo, difendilo,* pflege ihn, erlebe ihn, verteidige ihn, doch diese Ermahnung hat niemand befolgt, denn der Anblick ist von enormer Trostlosigkeit. Wie macht man das, Trostlosigkeit darstellen? Ich denke an den abwesenden Autor und schreibe an seiner Stelle die Anweisungen für sein Theaterstück: *Eine verlassene Grasfläche, links vorne auf der Bühne ein morscher Autoreifen, mittendurch gerissen, eine gelb gestrichene herunter-*

gekommene Hauswand, ein paar weiße Plastikstühle, umgefallen oder schief an einem Tisch lehnend, rechts ein rostiger Gitterzaun, auf dem Boden verstreut loser Abfall, Papier, ein Pappkarton. Weit hinten ein Brett mit amtlichen Mitteilungen, durch den Regen unleserlich geworden. Das Einzige, was noch fehlt, sind die Dramatis Personae, aber ich kann sie mir schon ein bisschen vorstellen, junge Frauen in zerrissenen Jeans und junge, aber bereits kahlköpfige Männer mit Dschihadistenbärten. Zuweilen muss man sich von allzu viel Schönheit erholen, indem man das andere Venedig aufsucht. Und als sollte es so sein, lese ich in der *Financial Times* in einem Artikel von John Gapper über den Brexit ein Zitat des englischen Wissenschaftlers und Romanciers C.P. Snow, das auf wundersame Weise zu dem trostlosen Bild passt, vor dem ich stehe: »Die Venezianer waren, wie wir, unabsichtlich reich geworden. Sie hatten, wie wir, ein immenses politisches Geschick erworben. Viele Venezianer waren starke, realistische, vaterlandsliebende Männer. Sie wussten genauso gut, wie wir es heute wissen, dass der Lauf der Geschichte sich in eine Gegenströmung verkehrt hatte. Sie taten alles, um weitermachen zu können, doch das hätte bedeutet, dass sie das Muster hätten durchbrechen müssen, in dem ihre Stadt erstarrt war. Sie liebten dieses Muster, so wie wir das unsrige lieben, und brachten nie den Willen auf, davon abzurücken.« Und als wäre der abwesende Autor an seinem Schreibtisch plötzlich erwacht, sehe ich hinter den Häusern bei dem verlassenen Gelände, wie sich die gewaltige weiße Silhouette eines gigantischen Kreuzfahrtschiffs vorbeischiebt, ein Unheilszeichen. An Deck stehen die Menschen, die einen Tag lang auf Venedig losgelassen werden und diese Gegend hier mit Sicherheit nicht aufsuchen werden.

Der Garten der Teresa

Es gibt Kirchen in Venedig, die man hundertmal gesehen, aber nie betreten hat, bis der Tag kommt, an dem man die hundertmal gesehene Kirche mit einem Mal wirklich *sieht* und sich überlegt, dass es keinen vernünftigen Grund gibt, weshalb man sie bisher nie richtig wahrgenommen hat, ist sie doch ein Gebäude von großer Schönheit. Daher muss ich anders fragen: Warum wollen wir manche Gebäude nicht sehen? In diesem Fall lautet meine unsinnige Antwort: zu nahe beim Bahnhof. Der Bahnhof von Venedig ist auf uninteressante Weise modern, dort herrscht immer viel Betrieb, und Betrieb und Modernität passen nicht zu einer Kirche aus dem 17. Jahrhundert, ihr fehlt dadurch ein gewisses Maß an Heiligkeit, denn Bahnhöfe bedeuten Unruhe, Aufbruch, Abschied, und ich bin ja gerade gekommen, um zu bleiben; gegenüber dem Bahnhof legen verschiedene Vaporetti an den einzelnen Haltestellen an, die 51 biegt kurz hinter der Kirche in die Lagune ein, die 1 fährt schnell an ihr vorbei in den Canal Grande, überall auf der Uferstraße vor der Kirche sind Menschen mit Rollkoffern unterwegs, man kann kaum ein paar Schritte zurücktreten, um die Fassade zu betrachten, geschweige denn, dass man hineingeht. Nicht nur die unsichtbare Zukunft kann Gebäude eines Tages wegzaubern, auch die Vergangenheit vermag das. Auf einem Gemälde von Canaletto sehe ich vier schmucklose, ziemlich nüchterne kahle Gebäude an der Stelle, an der heute der Bahnhof liegt, daneben muss die Karmeliterkirche 1680 für die Zeitgenossen ein Wunder an Überschwang gewesen sein. Ich erinnere mich an den Augenblick, als ich die Kirche von der gegenüberliegenden Seite aus zum ersten Mal sah. Man beginnt mit unerwartetem Staunen von fern die vielen Säulen auf der Vorderseite zu zählen, blickt zu den beschwingten Gestalten hoch oben auf dem dreieckigen Giebelfeld, sieht, dass zwei von ihnen möglicherweise unbequem auf den schräg nach unten laufenden Seiten dieses gleichschenkligen Dreiecks lagern, als befänden sie sich auf einer Rutschbahn, und sieht dann auch, dass weitere drei dort stehen, einer von ihnen ganz allein oben auf der Spitze, man fragt sich, wer diese fünf wohl sein mögen, entdeckt verschiedene andere Gestalten in den Nischen zwischen den Säulen, und schon ist es geschehen, man steht auf der Mitte der Fondamenta San Simeon Piccolo, und weil man nicht über das Wasser gehen kann, hat man nun die Wahl zwischen zwei Brücken, um zur Kirche zu gelangen, die beinahe am Bahnhof klebt, was natürlich nicht stimmt, es ist der Bahnhof, der sich an die Kirche geschmiegt hat, von ihr getrennt durch lediglich die schmale Calle Carmelitani. Auf der großen Karte, die ich von Venedig besitze, ist das ganz deutlich zu erkennen. Es ist eine Karte in sechs Farben, sie zeigt das gesamte im Laufe von Jahrhunderten gesponnene Spinnennetz, hellbraun die einzelnen bebauten Flächen, etwas dunkler die Palazzi und Kirchen, gelb die Plätze und wichtigen Fondamente, weiß die Straßen und Gassen, auf denen man den Weg finden oder verlieren kann, blau das Wasser der Lagune sowie der Kanäle und Rios, grün die unbebauten Flächen und grün gepunktet die *giardini*, die Parks. Stazione Santa Lucia liegt quer zur Fondamenta Santa Lucia wie ein Eindringling der jüngsten Zeit, schwarze Linien laufen auf ihn zu – die Gleise, die vom Festland über die Lagune kommen, sie führen bis zu den akkurat gezeichneten hellbraunen Bahnsteigen, an denen die Rollkoffer aussteigen. In unmittelbarer Nähe liegt die Kirche, an der ich so lange achtlos vorbeigegangen bin, die Santa Maria di Nazareth mit dem dazugehörigen Kloster der Unbeschuhten Karmeliten, dessen Name zu der Annahme führt, es müsse ebenso Beschuhte Karmeliten geben, und das ist auch der

Fall. Dies ist das Kloster der Scalzi, wie der Orden der Karmeliten hier heißt. Im Angesicht von Romanik und Gotik bleibe ich meist auf dem Erdboden, wie es sich für Menschen gehört, doch bei einer Barockkirche wie dieser hätte ich gern Flügel, einfach um durch den Raum zu schwirren und dann wie eine Art Riesenkolibri vor dem Hauptaltar zu verweilen, um die gedrechselten Säulen aus rotem französischen Marmor besser betrachten zu können und langsam den Blick nach oben wandern zu lassen, so dass die an diesen Säulen schäumende Gischt der blendend weißen korinthischen Marmorkapitelle aus größtmöglicher Nähe auf mich wirkt, und dort in der Luft zu verharren, wo der geordnete Wahnsinn des Barock zu einer Krone und einer Kuppel äußersten Überschwangs emporfliegt. Wie weit ist dies alles von der Schlichtheit der Romanik oder der kühlen Strenge protestantischer Kirchen in den Niederlanden entfernt. Luxus, Opulenz, Glanz, als wäre es hier um einen anderen Gott gegangen, einen, der darin zu schwelgen vermochte, wie Marmor und Gold in eine geometrische Wirbelbewegung gezwungen werden konnten, ein Wildwuchs, der zugleich Ordnung ist. Eine österreichische Bombe vernichtete im Ersten Weltkrieg ein Fresko, das der junge Tiepolo ins Gewölbe gemalt hatte und das ich folglich nie sehen werde, und als ich später wieder wie gewohnt auf Füßen durch die Kirche streife, werde ich auf noch andere Weise an Abwesenheit und Sterblichkeit erinnert, denn in einer der Seitenkapellen finde ich das Grab von Ludovico Manin, dem letzten Dogen, er durfte Venedig Napoleon übergeben, Ende des Traums. Denn das wird einem bewusst, als man wieder draußen ist, man befindet sich auf der armseligen, späten Kehrseite jenes Traums, der Rückseite des Gewebes, das hier einst Ausdruck der Macht war. Diese Stadt ist in ihrer eigenen Vergangenheit gefangen. Man wandert nostalgisch oder unwissend in der instand gehaltenen Archäologie eines untergegangenen, aber noch gegenwärtigen Reiches umher. Was die

Begründer des Ordens der Unbeschuhten Karmeliten, die beiden Mystiker Teresa von Ávila und Johannes vom Kreuz, von alldem gehalten hätten, weiß ich nicht. Sie stehen zwischen den gedrechselten Säulen des Hauptaltars, nicht weit von ihnen befinden sich auch die mythischen vorchristlichen Sibyllen, die ich aus der Antike kenne, geheimnisvolle Prophetinnen wie zum Beispiel die Sibylle von Delphi, was einen in eine wiederum andere Zeit versetzt. Ich erinnere mich an die lateinische Hymne *Dies illa dies irae*, die ich in meiner Jugend gesungen oder gehört habe und in der die Worte *Teste David cum Sibylla* vorkommen. Doch auch Teresa von Ávila hat diese Hymne gekannt, was hier steht, ist also ein Anachronismus und zugleich eine wundersame Gleichzeitigkeit, eine Kirche wie ein kaleidoskopisches Märchen, in dem die beiden auf dem Giebelfeld liegenden Figuren von Kain und Abel sich die dreieckige Fläche mit Adam und Eva, aber auch mit dem segnenden Christus teilen müssen. Was Teresa wohl gedacht hätte? Hätte sie sich in all der Überfülle an Formen und Bedeutungen wohlgefühlt? Die Frage ist berechtigt. Teresa stammte aus dem kargsten Land, das man sich vorstellen kann, der ausgedörrten Ebene der spanischen Meseta, der von ihr begründete Klosterorden der Unbeschuhten Karmeliten war von den früheren Anachoreten vom Berge Karmel im Heiligen Land inspiriert, lange vor dem 16. Jahrhundert, in dem sie lebte: Männern, die ihre Tage in Einsamkeit verbrachten, deren ganzes Dasein aus Gebet und Meditation bestand, schon zu ihrer Zeit waren sie möglicherweise Aliens. Das war im 12. Jahrhundert, einige Jahrzehnte später, 1226, wurde der Orden der Karmeliten offiziell Teil der Kirche, er verehrt Maria und ist inspiriert vom Propheten Elija, hier kommt alles Mögliche zusammen, auch diese merkwürdigen Worte beschuht und unbeschuht erhalten einen Sinn und bedeuten keineswegs mit Schuhen oder barfüßig, sondern mit oder ohne Sandalen. Nachdem die Mönche nach den Kreuzzügen aus dem damals noch so genannten Heiligen Land vertrieben wurden, ihre zerstörten Klöster in Vorderasien zurücklassen mussten und der Papst entschied, dass sie in Europa nicht länger als Eremiten leben könnten, sondern als Bettelorden, gründete Teresa von Ávila ein kleines Kloster. Eine Frau gründet ein Männerkloster, das glaubt man erst, wenn man sich das Gemälde anschaut, das Velázquez von ihr im Augenblick ihrer Inspiration gemalt hat. Wie der heilige Augustinus von Carpaccio hält sie einen Schreibstift in der erhobenen Hand, das Licht auf ihrem Gesicht stammt von der Taube, die in einer goldfarbenen Wolke einen Lichtstrahl aussendet, so dünn und scharf wie der Stift in ihrer Hand. In die mystische Entrückung eines anderen Menschen kann man sich im 20. Jahrhundert nur schwer hineinversetzen, es ist ein sehr spanisches Bild von einer sehr spanischen Frau, doch ihre Getriebenheit ist darauf deutlich sichtbar und in ihren Schriften auch heute noch nachzulesen, und diese Getriebenheit geht weit, es ist eine leidenschaftliche Suche nach Gott, und für mich spielt es keine Rolle, wie eine spätere Zeit über eine fast erotische mystische Verzückung nachzudenken versucht, für diejenige, die es betraf, war es die Wirklichkeit, genauso wie es auch für Hadewych Wirklichkeit war. Vor noch gar nicht so langer Zeit habe ich einen alten spanischen Film über Teresa gesehen, und auch wenn Mystik schwer zu verfilmen ist, sind mir die ruhigen Bilder doch in Erinnerung geblieben, Planwagen in der Landschaft, die ich so gut kenne, das Geräusch von Pferdehufen, die endlose Leere, in der die kleine Karawane über die Ebene zieht, eine Landschaft, die einen in den Stunden des Dahinziehens zwingt, über den eigenen Platz in der Welt nachzudenken. In einem Tragsessel die totenstille Nonne im schwarzweißen Habit, das Gesicht schmerzlich verzogen von einer nicht erkennbaren Krankheit, und dann wieder dasselbe weiße Gesicht in der Bewegungslosigkeit des Scheintodes, der nach dieser Reise eintreten und unvorstellbar lange andauern wird, eine lebende Tote. Spätere Episoden im Film zeigen eine Frau, die irgendwo war, wohin niemand ihr folgen konnte, und wieder zurückgekehrt ist. Der Film will uns begreiflich machen, in welcher Zeit diese Tochter einer von konvertierten Juden stammenden Familie aus niedrigem Landadel gelebt hat, wie arm das Spanien der Konquistadoren war und wie bewegt und unsicher die Zeit; durch das Gold, das die Siedler aus den Kolonien nach Spanien brachten, war es zu einer gewaltigen Geldentwertung gekommen, das Land befand sich im Krieg mit Protestanten im Norden, der Adel war verarmt, die Landwirtschaft lag darnieder, brachte nichts mehr ein, im Film gleichen die Adelshäuser düsteren Räumen, in denen Menschen mit Kerzen umherirren, es ist eine Welt extremer Charaktere, in der Teresa ihre Bücher schreibt und auf dem Weg zur plötzlichen großen Eingebung ihre Regel aufstellt: Kontemplativ soll der neue Orden werden, ein der Suche nach Gott in klar definierten Stadien geweihtes Leben die einzige Wirklichkeit, der Weg dorthin beschrieben als innere Burg, Worte und Begriffe aus einer anderen Zeit, die für den, der sie suchen will, noch immer im Internet umherschwirrt. Kirche und Kloster der Scalzi in Venedig sind davon ein fernes Echo, ein durch die Zeit geretteter Gedanke, der, unendlich weit von der gnadenlosen spanischen Landschaft entfernt, in der geistigen Landschaft der Gegenreformation und im späteren Überschwang des italienischen Barocks Wurzeln geschlagen hat. Neben der Teresa der ekstatischen Visionen gab es auch eine sehr logisch denkende, praktisch veranlagte Frau, eine, die begriff, dass sie das, was einst eine Gemeinschaft in Einsamkeit lebender Gottessucher auf dem Berge Karmel gewesen war, der neuen Zeit anpassen musste. Die ausgedörrte spanische Landschaft, aus der sie stammte, die leidenschaftliche Prosa, die sie schrieb, der Barock, der ihre Askese in einen architektonischen Gegentraum umsetzte, Rätsel, vor die sich der spätere Besucher gestellt sieht.

Wie kann ein Buch zum Garten werden? An dem Tag, an dem ich die Kirche Santa Maria di Nazareth besuchte, hatte ich von einem Tisch ein Faltblatt mitgenommen, in dem die Rede von einem Garten war.

Gärten sind selten in Venedig und selten zugänglich. Ich entnahm dem Blatt, dass zu dem Kloster der Scalzi ein Garten gehört, den man nach Absprache besuchen kann. Als ich einige Tage danach dort anrief, verspürte ich am anderen Ende der Leitung ein gewisses Zögern, doch wieder einige Tage später kamen die Zustimmung und ein Termin. Wir fanden uns in einem kleinen Büro gleich neben der Kirche ein, auf der Bahnhofsseite, und wurden kurz darauf zwei Damen vorgestellt. Ich könnte natürlich auch Frauen sagen, doch die dem Aussehen nach Ältere der beiden, die anfangs das Wort führte, war von jener immer und überall erkennbaren Aura der guten Absichten und der besseren Kreise umgeben, vielleicht gar von dem, was Nijhoff in einem Gedicht den erhabenen Honigduft genannt hat. Die andere Dame wirkte irdischer, vielleicht stammte sie von einer der Inseln in der Lagune, wer weiß. Als Paar waren die beiden in ihrer Gegensätzlichkeit an jenem Vormittag perfekt. Allerdings befanden sie sich in einem Zustand großer Unsicherheit, doch um das zu erklären, muss ich kurz zu Teresa zurückkehren und zu dem Buch, das sie in ihrem späteren Leben über ihre mystische Suche nach Gott geschrieben hat, *Die innere Burg*, ein Weg für die Seele in sieben Stadien, im Verlauf derer die Seele Zweifel, Versuchung und etliche andere Hindernisse überwinden muss, ehe das Ziel erreicht wird. Diese Gedanken hatten offenbar Jahrhunderte später eine irdische Form in dem Garten gefunden, der auf die Verbindung des Ordens mit jenen ursprünglichen Anachoreten aus dem 12. Jahrhundert verweisen sollte und zugleich auf die Stadien, die die Seele auf dem Weg zu Gott durchlaufen muss. In ihrem Buch spricht Teresa von »sieben Wohnungen«, sprich: Räumen. Die Terminologie der Mystiker ist nicht einfach, wenn ich so etwas lese, habe ich immer das Gefühl, als müsste ich ohne Skier in die Berge ziehen, doch im Grunde lief es darauf hinaus, dass dieser Garten, den ich besuchen wollte, mittelalterliche numerologische, medizinische und botanische Geheimnisse barg, um die Seele zu begleiten, was in seiner wohlüberlegten Anlage zum Ausdruck kam, wobei das einzige Problem darin bestand, dass jetzt in dem Garten ein wahres Tohuwabohu herrschte, die Damen sichtlich verwirrt waren und ich nicht so tun konnte, als merkte ich es nicht. Ich erzähle das nicht, um die beiden dem Gespött preiszugeben, weit gefehlt, ich verstand ihr Unglück, womöglich sogar ihre Scham, sie waren lange nicht mehr auf dem Gelände gewesen, jetzt hatten sie von den Mönchen (es waren nur noch vier) erfahren, dass diese sich nicht mehr darum kümmern konnten, wie es sich gehörte, oder sie waren im Stich gelassen worden, die Person, die immer für den Garten gesorgt hatte, war in ein anderes Kloster gegangen, so etwa lautete die Erklärung, die wie eine Warnung klang und eigentlich ein perfektes Symbol dafür war, was der Seele auf dem Weg zum Höheren widerfahren kann. Es ist nicht meine Aufgabe, den Teufel ins Spiel zu bringen, aber es hatte schon etwas Teuflisches – eine sorgfältig konzipierte Anlage, zunichtegemacht durch menschliches Unvermögen. Das Büchlein, das zu dem Rundgang gehörte, zeigte den Grundriss des Gartens, wie er gedacht war, exakt abgegrenzte Pflanzenbeete, eine »numerologische Aufteilung«, dazu ein Zitat von Einstein mit der Frage: »Wie kann man Beethovens Neunte in einem kartesianischen Diagramm fassen? Es gibt Realitäten, die sich nicht in Zahlen fassen lassen; diese Musik ist von Geheimnissen durchdrungen. Und wer kein Gespür für das Mysterium hat, ist zur Hälfte tot.« Bewaffnet mit diesem ernsten Ausspruch gingen wir los, eine nachdenkliche kleine Gruppe auf der Suche nach einer verlorenen Bedeutung.

Der Garten ist langgestreckt, verläuft eigentlich parallel zu den

Bahngleisen, die nebenan liegen müssen, wegen einer Mauer aber nicht zu sehen sind. Wir schlendern mit den Damen die Wege und die nach einer Zahlensymbolik benannten Beete entlang. Ich kann es nicht lassen, ab und zu im Büchlein nachzuschauen, und lese etwas über Einundzwanzig als die Zahl aller Pflanzen, die hier wachsen oder wachsen sollten, verirre mich dann aber in einundzwanzig als durch sieben teilbar, außerdem auch als Ergebnis von sieben mal drei, und Sieben und Drei als heilige Zahlen, und frage mich, was Teresa und Einstein dazu gemeint hätten. Heilkräuter, der Obstgarten der verschwundenen Geschmäcker, ich schaue und lausche den Damen, doch jetzt, da wir an die Idee der Unvollkommenheit gewöhnt sind, überkommt mich eine eigenartige Ruhe, jenseits dieser Mauern höre ich Züge und Vaporetti, den Lärm der Welt, hier aber nur den Singsang der Damen und das gemächliche Maß unserer Schritte in diesem Hortus conclusus. Ich frage mich, wie es wäre, wenn alles unversehrt in Blüte stünde, ein heiliger, mit Bedeutung überfrachteter Meditationsort mitten in der Stadt der Gondeln und Löwen. Wir sind jetzt ganz hinten im Garten gelandet, ein paar Bäume stehen ein wenig fröstelig herum, es sind lauter verschiedene Sorten, und auch das hat eine Bedeutung, ich habe das Gefühl, dass wir die beiden Damen trösten müssen, als wir wieder beim Ausgang sind, kaufe ich eine Flasche Acqua di Melissa, Zitronenbalsam, der früher von den hiesigen Mönchen gemacht wurde, jetzt aber aus dem Kloster in Verona kommt. Wie dem auch sei, ich habe das Gefühl, dass ich ein unbekanntes Venedig sehen durfte. Irgendwo gräbt ein Gärtner die Erde um, vielleicht besteht doch noch Hoffnung. Wir bedanken uns bei den Damen, sagen, wir hätten trotzdem viel gelernt, was auch stimmt, wir sind mitten in Venedig in einem mystischen Garten, in einem verlassenen Winkel des Berges Karmel gewesen, ein Märzwind ist aufgekommen, der uns aus dem Paradies jagt, aber wenigstens steht kein Engel mit flammendem Schwert am Tor.

Giacomo und Teresa:
Eine Geschichte aus zwei Welten

In der endlosen Reihe möglicher menschlicher Verhaltensweisen lässt sich schwerlich ein größerer Unterschied zwischen zwei Menschen finden als zwischen der asketischen, aber auch leidenschaftlichen Mystikerin Teresa und der ebenso leidenschaftlichen Rokokogestalt Casanova, der mit ähnlichem Eifer und ähnlicher Konsequenz einem anderen Ziel nachjagte, eine ganz und gar eigene Methode des Studiums mit Hilfe einer schwer definierbaren Form von Disziplin, die für seine Zeitgenossen wie Zügellosigkeit aussehen musste. Man könnte auch Hildegard von Bingen und den Marquis de Sade einander gegenüberstellen, aber das würde eindeutig zu nichts führen, während man sich bei Teresa und Casanova wenigstens noch eine Begegnung vorstellen kann, ein Gespräch in einem Klostergarten oder auf dem stilisierten Balkon eines venezianischen Palazzos, ein Gedankenaustausch ohne physische, dafür aber mit intellektuellen Konsequenzen, ein *discours de la méthode* oder ein Dialog, der von Diderot hätte erdacht sein können. Zu Casanovas Leben gehört Venedig, wie auch die Oper dazugehört, Kutschen, Masken, Karneval, Reisen und das Geraschel seidener Frauenkleider, vor allem wenn sie schnell oder aber sehr langsam ausgezogen wurden. Auch Casanova war ein Schriftsteller, der, wie Teresa, über sein so anderes Leben ein Buch schrieb, zu dem kein symbolischer Garten gehört, in dem es vielmehr um Formen von Liebe geht, ein Buch, das wie Teresas *Innere Burg* auch heute noch gelesen wird. Und auch über ihn wurde ein Film gedreht, den ich vor Jahren gesehen habe und dessen von mir maßlos bewunderter Regisseur, wie ich heute weiß, einem kompletten Missverständnis hinsichtlich der Person aufgesessen war, über die er seinen Film machte. Fellini, denn das war der Regisseur, betrachtete Casanova als sexbesessenen Roboter, ein *automaton*, es gibt sogar, wenn ich mich recht erinnere, Augenblicke im Film, in denen er Donald Sutherland sich tatsächlich wie einen Automaten bewegen lässt, eine nahezu erstarrte, mit einem Schlüssel aufgezogene mechanische Puppe, weiß geschminkt, in meiner Erinnerung ziemlich gruselig, und seltsamerweise ist das fast das Einzige, woran ich mich noch erinnere, das und das Rascheln von Seiden-, Spitzen- und Satinkleidungsstücken, die ausgezogen werden konnten. Jetzt, da ich selbst wieder in einer schmalen Gasse wohne, gibt es einen Aspekt des hiesigen Lebens, den man nicht außer Betracht lassen kann. Das Fenster gegenüber, meist geschlossen, und dann plötzlich Licht, das durch Ritzen nach draußen fällt. Es ist nichts Palastartiges an dieser Gasse, doch die Geräusche und vor allem die visuellen Möglichkeiten, die eine Gasse bietet, können für jemanden mit voyeuristischen oder sonstwie erotischen Neigungen durchaus erregend sein. In dieser Stadt gibt es auch Palazzi, an deren Rückseite eine Gasse verläuft, es gibt Gerüste, Uferstraßen, Balkone, Winkel, eine mögliche Geometrie des Verborgenen, die plötzliche Öffnung zu einem Kanal, die Dunkelheit eines Kellers. Das Auge ist eine Kamera, die überallhin gelangt. Ein nur einen Spaltbreit geöffnetes Fenster, ein mittendrin abgebrochener Satz, Geflüster im Halbdunkel, jemand, der vorbeigeht und eine Maske trägt, eine bestimmte gehetzte Art, sich zu bewegen, eine Tür, die, bevor sie zugeschlagen wird, gerade noch den Schatten zweier Menschen preisgibt, all dies aus dem Arsenal des Stummfilms, da nie gestört durch Autogeräusche; Gesten von Schattengestalten auf einer Brücke, das Rascheln eines weiten Mantels, der über einen Frauenrücken gelegt wird, das Plätschern von Rudern, nachts bewahrt diese Stadt noch immer ihre Geheimnisse, sie bewahrt sie, ohne sie zu verbergen, sie zeigt sie als Geheimnis oder als Rätsel. Kronleuchter hinter hohen Fenstern, die Menschen dahinter wie Tänzer ohne Musik, ein verhangenes Wassertaxi, das lautlos vorbeifährt, scheinbar niemand am Steuer, eine plötzlich auffliegende Möwe, eine nächtliche Gondel mit zwei Leuten und einem schweigenden Gondoliere, die Schritte des Passanten, der man selbst ist im Reich der toten Stunden, wenn man in der Ferne die Wassergestalt der Lagune spürt, die als endlose schwarze Fläche alles umschließt und die Stadt mit ihren Geschichten zu wiegen scheint. Dies sind die Stunden, in denen die Phantasie arbeitet, in denen verborgene Bilder zu Worten werden wollen. Die Bojen im Wasser bewegen sich sacht, als wären es die Punkte und Kommata einer Geschichte, die man erzählen soll, eine Geschichte des früheren Ichs in dieser Stadt, jemandes, der verschwunden und vergessen ist, aufgelöst in der Vergänglichkeit, die hier so viel präsenter ist als in allen anderen Städten, die man kennt, und gleichzeitig eine seltsame Heiterkeit besitzt, weil die Welt hier ist, wie sie nun einmal ist, eine Maskerade ohne Maske, ein Gesicht für ein einziges Dasein.

Es muss in einer Nacht wie dieser gewesen sein, als Casanova, von den Staatsinquisitoren in den Piombi, dem Gräuelgefängnis von Venedig, eingesperrt, zu fliehen versuchte. Es gab noch keinen Film, warum sehe ich dann doch einen? Damals, 1756, ging es langsam auf Allerheiligen und Allerseelen zu. Jetzt ist es März, das Licht genauso spärlich, die von der Lagune kommende Kälte muss die gleiche gewesen sein. Die Kamera ist auf die Bleiplatten gerichtet, die das Dach der Piombi bilden (*piombo* ist das italienische Wort für Blei), des Gefängnisses, aus dem noch keiner je entkommen ist. Niemand außer dem nicht existierenden Zuschauer sieht, wie sich eine dieser im wahrsten Sinne des Wortes bleischweren Platten, die an die Marmordachrinne genietet sind, langsam hebt. Die Kamera zoomt diesen Ausschnitt heran, einen Augenblick lang sehen wir im Licht des Winterabends durch den engen Spalt ein Augenpaar, dann senkt sich der Grabstein wieder langsam und lautlos. Giacomo Casanova hat gesehen, was wir bereits wissen: dass es eine klare Nacht über Venedig ist. Der zunehmende Mond, der erst am folgenden Tag in sein erstes Viertel eintreten wird, hätte aus dem Ausbruch auf dem hohen Dach ein Schattenspiel gemacht. Der Flüchtling sieht es sofort vor sich: langgereckte Schatten auf dem Pflaster der Piazza San Marco in der sonst nicht erleuchteten Stadt. Erst um elf Uhr wird der Mond untergehen, dann bleiben noch achteinhalb Stunden bis zum Sonnenaufgang.

Der Mann unter dem Bleidach, über den Philippe Sollers später schreiben wird, er habe »fünf Jahreszeiten in der Hölle zugebracht«, weiß, dass er noch die Ewigkeit von drei Stunden warten muss. Er hat das tollkühne Leben eines Abenteurers geführt, ein Liebhaber und Spieler, der auch jetzt va banque spielt. Es geht allein darum: Erniedrigung oder Tod. Doch er ist ein Tollkühner, der sich zu beherrschen vermag, dieser Meister der zurückgehaltenen Ejakulation. Ein Abenteurer, der kalkulieren kann, ein Schachspieler, ein Stratege. Wer ein Leben geführt hat, das auf Eindringen angelegt war, muss auch ausbrechen können. Kurz bevor die schicksalhafte Stunde anbricht, schreibt er, »ohne Licht«, wie er sagt, in der Zelle des Grafen Asquini: »Eure Exzellenzen, die Staatsinquisitoren sind verpflichtet, alles in ihrer Macht Stehende zu tun, um einen Gesetzesbrecher in seiner Zelle gefangen zu halten; ein Gesetzesbrecher, der so glücklich ist, nicht auf Ehrenwort im Arrest zu sitzen, hat seinerseits alles in seiner Macht Stehende zu tun, um seine Freiheit wiederzugewinnen. Ihre Pflicht ergibt sich aus der Rechtsprechung; seine aus seiner Natur. Genauso wie sie seiner Zustimmung nicht bedürfen, um ihn einzusperren, bedarf er ihrer Einwilligung nicht, um zu fliehen.«

Den Film, den ich jetzt in meiner Phantasie sehe, kann ich nur sehen, weil der Fliehende sein Entkommen am Ende seines Lebens so bildhaft beschrieben hat, dass es einem heute noch den Atem verschlägt. Das endlose Geschabe mit seinem Sponton am Holz unter den Bleiplatten, das »hundert Arm« lange Seil, das er selbst aus zerschnittenen Bettlaken, Tüchern, Kissen »mit Weberknoten« zusammengeknüpft hat, der »florettseidene« Umhang und die Taschentücher und Strümpfe, die er unbedingt dabeihaben will, man sieht alles vor sich, wie man auch den mit ihm fliehenden verkleideten Mönch sieht, der sich mit den vier Fingern (Vier! Nach all den Jahren weiß er das noch!) seiner rechten Hand an Casanovas Gürtel festgekrallt hat, während dieser sich aufs Dach hinaufarbeitet.

Wer wissen will, wie es war, muss sich mal in einer Nacht, wenn der Mond bereits untergegangen und die Musik auf der Piazza San Marco erstorben ist, alleine auf diesen Platz stellen und versuchen, sich das Licht der Laternen wegzudenken. Was er dann sieht und hört, ist Finsternis und Stille, und in dieser Finsternis und Stille muss er sich vorstellen, dass zwei Männer rittlings auf dem höchsten Punkt des Daches sitzen, zweihundert Schritte von den wollüstigen orientalischen Kugelformen der Markusdomkuppeln entfernt. Es darf natürlich nicht sein, dass in diesem Moment der Hut des Mönchs vom Dach fällt und mit langsamen Kapriolen, als würde er mehrere Male feierlich gezogen, im Wasser tief unter ihm landet – das wäre ebenso unstatthaft wie all die darauffolgenden Hitchcock-Augenblicke der Angst und des Zweifels; doch Seil, Hut und Angst sind allesamt Elemente der Geschichte, die einige Wochen später an sämtlichen Höfen Europas kursieren wird, ebenso wie das unüberwindbare Gitterfenster, die Verzweiflung und dann plötzlich der so nah dröhnende Mitternachtsschlag vom Campanile just in dem Augenblick, da der geniale Freigeist sich dort auf dem Dach klarmacht, dass das Allerheiligenfest begonnen hat und dass unter all den Heiligen doch wohl einer sein muss, der bereit ist, ihn zu beschützen.

Casanova, den Schriftsteller, habe ich vor langer Zeit zum ersten Mal auf Deutsch *nicht* gelesen, in einer in Berlin und Wien erschienenen Ausgabe, »vollständig übertragen von Heinrich Conrad«. Nicht gelesen, irgendwo auf einem Trödelmarkt erstanden, sechs Bände, vergilbtes Papier, lose Rücken, gotische Schrift, mein Deutsch noch nicht gut genug. Warum aber habe ich ihn gekauft? Es muss während meiner Pubertät gewesen sein, den Namen Casanova umgab eine geheimnisvolle Anziehungskraft, allein schon durch den Besitz dieser sechs braunen Bände würde ich dem Ausspruch Schopenhauers zufolge auch den Inhalt besitzen und so an einer unzugänglichen Welt teilhaben, die von einer unbeholfen gezeichneten Frauengestalt (»Die Tänzerin Camargo«) im zweiten Band verkörpert wurde: eingeschnürte Taille, hoher Busen, porzellanzarte Knöchel unter weit ausladenden Rockschichten, unter denen sich die Geheimnisse befinden mussten, die vom Autor so eingehend studiert und verzeichnet worden waren. Während ich diesen Satz schreibe, höre ich, wie lächerlich er im Jahrhundert der Nacktbadestrände und Bikinis, der chauvinistischen männlichen Schweine und der politischen Korrektheit klingt. Nicht den Hauch einer Chance hätte Casanova in unserer Zeit extremer Sichtbarkeit gehabt, die es offenbar nicht mehr erwarten kann, bis ein neuer Fundamentalismus erblüht oder alle an televisionärer Langeweile gestorben sind.

Jahre nachdem ich diese sechs deutschen Bände nicht richtig gelesen und bevor ich die glänzende englische Ausgabe in Venedig gekauft und inzwischen gelesen hatte, durfte ich Federico Fellini, wie oben beschrieben, zu *seinem* Casanova interviewen, und vergrätzt über die Perversion der Chronologie, aufgrund derer man später manchmal mehr weiß als früher, würde ich dieses Interview jetzt gerne noch einmal mit ihm führen, denn damals hatte ich ihm nichts entgegenzusetzen. Was ist inzwischen passiert? Voltaire, Diderot, Talleyrand und die Lektüre der Memoiren des Mannes, um den es ging, das ist passiert. Durch das Buch von Philippe Sollers, *Casanova l'admirable*, hatte ich den alten Libertin neu entdeckt, gleichzeitig mit neuen Ausgaben seiner Memoiren auf Französisch und Niederländisch, das große geistige Gewitter des aufgeklärten 18. Jahrhunderts, als man dachte, die Welt werde neu erschaffen, clair-obscur, leichtsinnig und tiefsinnig zugleich, ein Theater, durch das diese überlebensgroßen Gestalten schreibend, intrigierend, denkend in Betten, Salons und an Schreibtischen getanzt sind, die *Encyclopédie* und die Guillotine im Hintergrund. Was hätte ich heute zu Fellini gesagt? Dass ich, seit ich das so merkwürdige Buch des Ungarn Miklós Szentkuthy (*Marginalia on Casanova, St. Orpheus Breviary vol. I*) gelesen habe, denke, dass Giacomo Casanova die Frauen mehr geliebt hat als alle männlichen Feministen des 21. Jahrhunderts zusammen? Das Gespräch mit Fellini muss bleiben, wie es ist, vor allem auch, weil es ein Porträt des von mir noch immer so bewunderten Maestro ist. Heute aber würde ich gern mit Sollers sagen, dass aus diesem 21. Jahrhundert nichts wird, es sei denn, wir finden zum Geist des 18. zurück.

An einem düsteren Tag Ende des vorigen Jahrtausends habe ich die Piombi zum ersten Mal besucht. Das Letzte, was vergeht, sind Steine und Eisengitter, habe ich damals notiert. Was man dort auch heute noch sehen kann, ist der Inbegriff von Gefängnis: unendlich dicke Türen, riesige Schlösser, die allein schon durch ihren Anblick grausam sind, in die Mauer gekratzte verzweifelte Worte, vergitterte Fenster, die durch ihre runden ineinandergeflochtenen schmiedeeisernen Figuren die fatale Unmöglichkeit eines Ausbruchs verkörpern. Vor rund zweihundertfünfzig Jahren ist ein theatralischer Abenteurer, ein hinreißender Hochstapler, ein leicht erregbarer Poseur, ein Liebhaber, der wegen erwiesener Dienste unter den Frauen weitergereicht wurde (Szentkuthy), ein gescheiterter Alleskönner und brillanter Schriftsteller, der, wie Stendhal, sehr wohl wusste, was er wert war, durch diese unüberwindbaren Gitter entschwebt, weil er viel später, alt und einsam, am Ende seines Lebens in irgendeinem böhmischen Schloss noch ein Buch zu schreiben hatte, die Geschichte eines eigensinnigen Phantasten, der seine eigene Wirklichkeit so ersonnen hat, dass wir sie noch heute lesen wollen.

Es kann gut sein, dass ich der Einzige bin, der sich über die unterschiedlichen Möglichkeiten der Gattung Mensch wundert, etwa dass italienische Männer sich als Anhänger einer spanischen Nonne freiwillig in einem Kloster einschließen, während kaum hundert Jahre später in ebendieser Stadt ein anderes Exemplar der menschlichen Rasse mit aller Macht aus einer Zelle auszubrechen versucht. *It takes all kinds*, sagt man dazu auf Englisch. Eine Stadt ist erst dann eine Stadt, wenn sich in ihr im Laufe der Zeit so viele Gegensätze angesammelt haben, dass es sich nicht mehr erklären lässt.

Die Frau von der Müllabfuhr war da, wir haben einander einen guten Tag gewünscht, und es sieht ganz danach aus, als würde es einer. An der toten Kirche auf der anderen Seite des Rio di Santa Maria Maggiore, der seinen Namen der ausgemusterten Kirche verdankt, haftet leichte Sonnenglut, ich habe einen wackligen Plastikstuhl, der zum Haus gehört, draußen im kümmerlichen Garten zwischen das Unkraut gestellt, in der Absicht, die am gestrigen Abend begonnene Borges-Erzählung weiterzulesen. Auf dem Wasser ist es still. Am Kai drüben ist ein Mann damit beschäftigt, die Plane von seinem kleinen Boot abzunehmen, doch weil ein Lastkahn mit Gemüse vorbeifährt, beginnt sein Boot zu schwanken, und er versucht, das Gleichgewicht zu bewahren, ein kleines Ballett. Die Wäsche der Nachbarn hängt über dem armseligen Strauch zwischen zwei Fenstern, ich versuche, anhand der verschiedenen Kleidungsstücke die Zusammensetzung der Familie zu erraten. Wäsche von Unbekannten hat etwas von verbotener Intimität, davon gibt es in Venedig sehr viel. In manchen engen Gassen hängt die Wäsche quer über der Straße, dazu kann man sich manchmal ganze Romane ausdenken, weil all diese mitunter ziemlich vielsagenden Kleidungsstücke in Kürze wieder an menschlichen Körpern zu sehen sein werden, die man sich vorzustellen versuchen kann. Ich hatte die Borges-Erzählung in einem alten, aus den Niederlanden mitgebrachten Buch gefunden und gerade sie ausgewählt, weil der Titel mich neugierig machte. Ich hatte sie früher schon einmal gelesen, wusste aber nicht mehr genau, worum es ging. Aufgrund des Titels, *Der Garten der Pfade, die sich verzweigen*, hatte ich an ein Labyrinth denken müssen, nicht zuletzt weil ich wusste, dass Borges von Labyrinthen fasziniert war. Einige Jahre zuvor hatte ich einen Monat bei der Fondazione Cini auf der Insel San Giorgio Maggiore in Venedig verbringen dürfen, wo es nicht nur einen prachtvollen Garten, eine wunderbare Bibliothek, sondern auch ein Pflanzenlabyrinth gab, das Borges gewidmet ist.

Von diesem Pflanzenlabyrinth hatte Simone damals ein Foto gemacht, wahrscheinlich aus einem höher gelegenen Fenster des einstigen Benediktinerklosters, und wenn ich dieses Foto betrachte, wird mir immer leicht schwindlig, nicht gerade angenehm, vielleicht kommt das daher, dass der Erzähler in der bedrohlichen Borges-Erzählung weiß, dass man sich nicht nur im Raum, sondern auch in der Zeit verirren kann und dass er am Ende der Geschichte sterben wird. Die Buchsbaumpflanzen reichen einem ungefähr bis zur Körpermitte, das heißt, all diese sorgfältig gestutzten Hecken umschließen den mit Kies bestreuten klaustrophobischen Pfad, auf dem man den richtigen Weg zu finden

versuchen muss, während er ja gerade so angelegt ist, dass man glaubt, nie wieder hinauszufinden. Auf dem Foto sieht man keinen Eingang und folglich (ich weiß nicht, ob *folglich* hier das richtige Wort ist) auch keinen Ausgang. Beides muss es aber geben, denn um sich in einem Labyrinth zu verirren, muss man sich erst einmal hineinwagen, wonach zwangsläufig irgendwann der Augenblick folgt, da man unbedingt wieder hinauswill. Vielleicht finde ich deshalb das niederländische Wort für Labyrinth so schön: *doolhof*, Irrgarten. Irren ist ein noch stärkeres Wort als Umherstreifen, vielleicht ist es deshalb fast ausgestorben und existiert nur noch in alten Texten und in diesem einen Wort, Irrgarten. Die Engländer sagen *maze* dazu, und das hat wieder eine Verbindung zum Niederländischen, denn wenn ich im Van Dale *maas* (Plural *mazen*) nachschlage, finde ich als Definition »jedes der Augen, Öffnungen, geformt von den sich kreuzenden Fäden eines Netzes; durch die Maschen des Netzes kriechen, fig. gerade noch entkommen«. Ob nun der Gedanke an dieses Foto der Auslöser ist oder die Borges-Erzählung oder die enge Gasse, in der ich wohne, oder das ewige Klischee, wonach Venedig ein Labyrinth sei, jedenfalls stehe ich, als die Hauptfigur der Erzählung ihr schicksalhaftes Ende gefunden hat und ich losziehen will, um irgendwo Kaffee zu trinken, plötzlich auf der Schwelle meines Hauses in der Calle de Madonna und weiß nicht, in welche Richtung ich gehen soll. Ich stehe genau vor dem Haus gegenüber, das ich berühren könnte, geradeaus zu gehen ist also nicht möglich, jetzt stehe ich selbst an einem Punkt, an dem die Pfade sich verzweigen. Ob ich will oder nicht, dies muss der Eingang zu einem Labyrinth sein. Doch wo ist der Ausgang? Und hat Venedig überhaupt einen Ausgang? Wie immer habe ich eine Karte von Venedig dabei und beschließe, mich ohne nachzudenken in den Maschen des Netzes, das diese Stadt ist, fangen zu lassen auf der Suche danach. In besagter Erzählung von Borges, *Ibn Hakkan al-Bokhari, gestorben in seinem Labyrinth*, sagt die eine Hauptfigur zur anderen, es sei besser, bei jeder Gabelung in einem Labyrinth den Weg nach links zu wählen. Um einen besseren Überblick zu gewinnen, wende ich mich also nach links. Das ist schon mal ein Entschluss. An der ersten Brücke, noch in der Nähe meines Hauses, setze ich mich kurz an den Kai der Fondamenta delle Procuratie. Als hätte jemand ein Verbot ausgesprochen, verabrede ich mit mir selbst, dass ich mir einen imaginären Ausgang ausdenken und im Anschluss daran versuchen werde, ihn zu erreichen, ohne ein einziges Mal ein Boot zu nehmen. Und dann erkläre ich das alles für Unsinn und beschließe, einfach ohne Karte weiterzugehen, was hier bedeutet, mit geschlossenen Augen durch die Stadt zu spazieren, mit der Idee, bis ans andere Ende zu gelangen.

Spiel ohne Karten

Ich möchte meine Leser zu nichts zwingen, schlage ihnen aber vor, die Karte hinzuzuziehen. Was ist nun das andere Ende und wie kommt man dorthin, ohne je ein Vaporetto zu nehmen? Im venezianischen Labyrinth kann man an jedem beliebigen Punkt beginnen und ohne Karte versuchen, ans Ende zu gelangen, wo auch immer das liegen mag, das muss jeder für sich entscheiden. Meins ist der letzte Zipfel von Castello, wo sich die einstige Kathedrale Venedigs, die San Pietro, befindet. Warum? Diese riesige Kirche steht auf einer kleinen Insel, die folgerichtig Isola di San Pietro heißt, und für mein Gefühl endet die Stadt dort, weil man allein ist und über die Lagune blicken kann, ohne sofort ein gegenüberliegendes Ufer zu sehen. Dort will ich hin, nur nach dem Gefühl, ohne Karte und ohne jemanden zu fragen. Schließlich gibt es überall Straßenschilder, ich bin nicht zum ersten Mal hier, und ich weiß, wo ich hinwill. Und natürlich habe ich es geschafft. In Borges' Erzählung stirbt Ibn Hakkan al-Bokhari, der das Labyrinth entworfen hat, um seinem Schicksal zu entrinnen, inmitten all der endlosen Mauern, die er selbst gebaut hat, und das hatte ich nicht vor. Dennoch kann ich jedem, der die Zeit dazu hat, empfehlen, es wenigstens einmal zu probieren. Wähle einen beliebigen Punkt, gehe ohne Karte dorthin, benutze nie ein Vaporetto, sondern nur Brücken, es lohnt sich. Überall, wo man sich dann befindet, ist Venedig, und wo weniger Menschen sind, stößt man auf mehr Überraschungen, und sei es nur, weil man buchstäblich mehr sieht. Welchen Weg ich im Einzelnen genommen habe, weiß ich nicht mehr. Das Wetter war ganz ordentlich, ein Wind blies von Norden, wodurch sich die Farbe des Wassers veränderte, ich war ein Passant unter Unbekannten, die alle ein Ziel hatten, und hörte meine Schritte zwischen denen der anderen, und dann war es mit einem Mal still, und ich hörte nur noch meine eigenen in einer engen Gasse, durch die sonst niemand gehen wollte. Dann fällt einem auf, wie viele Zeichen die Menschen hinterlassen haben, verschlissene Wappen, Darstellungen von Tieren und Berufen, Dinge, die etwas sagen wollen, was ich nicht mehr verstehen kann. Diese Stadt ist ein Stapelplatz der Vergangenheit, alle haben hier etwas hinterlassen, haben etwas in eine Mauer geritzt, wollten nicht spurlos verschwinden. Ich war am Bahnhof vorbeigegangen, dann an der Scalzi, der Kirche und dem Garten, den ich inzwischen kannte, war dann vom Canal Grande nach links, in eine große Einkaufsstraße, eingebogen, über einen Kirchenvorplatz geschlendert, doch wo es logisch erschien, geradeaus weiterzugehen, war ich in der Nähe des Gettos gelandet, hatte dort auf dem Platz auf einer Bank gesessen und gemerkt, wie herrlich süß es von einer nahegelegenen Bäckerei her roch, hatte dort etwas mit einem unverständlichen Namen gegessen, währenddessen darüber nachgedacht, wie nahe dem Osten diese Stadt immer gewesen war, und war danach weitergegangen, manchmal schien alles sehr bekannt, wie etwa die Fondamenta della Misericordia, wodurch ich wusste, ich war in der Nähe der Madonna dell'Orto; eine Brücke, eine Straße, eine Gasse, ein Umweg, die Mauer eines Palazzos, kehrtmachen, ein Wappen, eine Jahreszahl, wieder eine Mauer, eine am Wasser endende Sackgasse und dann auf einmal die Fondamenta Nuove mit den Haltestellen der verbotenen Vaporetti zu den Inseln und dem Friedhof, als Nächstes die Löwen des Ospedale mit ihren alten, weisen Gesichtern; danach hielt ich mich rechts, verirrte mich dreimal, kam schließlich doch zur Riva degli Schiavoni mit ihren jugoslawischen und dalmatinischen Erinnerungen, und von da an war es nicht mehr schwer, weil ich eine Weile in diesen Vierteln gewohnt hatte und mir die Via Giuseppe Garibaldi nach wie vor lieb und vertraut war, nicht nur wegen des Standbilds des Helden, der aussieht, als könne er jeden Moment in lauten Gesang ausbrechen, sondern vor allem auch wegen des Gartens hinter ihm und der Straße zu seinen Füßen, weil diese Straße breit und mit ihren Geschäften, Kneipen, Zeitungskiosken so durch und durch normal ist, eine Straße, die fast überall sein könnte und auf der man einen Augenblick lang von allem befreit ist, weil hier Kinder miteinander spielen, alte Damen in Rollstühlen gefahren werden, Männer meines Alters, die schon alles wissen, die Probleme der Welt bei einem Glas Wein besprechen, der so schwarz ist wie das weinschwarze Meer Homers. Ein Stück weiter verengt sich die Via Giuseppe Garibaldi zu zwei Kais beiderseits des Rio di Sant'Anna, dort sind die Häuser etwas trauriger, ich sehe, dass das Wasser seine Spuren im Backstein hinterlassen hat, denn auch das Wasser ist ein Schriftsteller, der nichts unbehelligt lässt, es beißt in den istrischen Stein, genauso wie es in das Kastanienholz der Duckdalben dringt, es agiert in jeder Sekunde der Nacht und des Tages, leckt und isst am

Grande

Stein, hinterlässt eine Warnung, bis zu welchem Punkt es steigen kann, weiß, dass es diese Stadt irgendwann bezwingen wird, es nagt, saugt und frisst ohne Unterlass, so wie auch der Wind, aus welcher Richtung auch immer, ob begleitet von Hagel oder Regen oder dem sengenden Biss des Wüstenstaubs, hier schon seit Jahrhunderten freies Spiel hat. Backstein ist verwundbar, alle Elemente sind seine Feinde, wenn der darauf aufgebrachte Putz, einst weiß, dann grau und schließlich schwarz geworden, abgebröckelt ist, zeigt der Stein ohne Scham sein rotes Inneres, das sich langsam zur gelblichen Todesfarbe des Verfalls und der Niederlage verfärbt, auch das erzählen die Mauern Venedigs, aber sie kennen auch das noch unerbittlichere Gesetz des sie zuletzt erwartenden Schicksals: dass selbst der härteste, glänzende Marmor nicht unsterblich ist. Jedes vorbeifahrende Boot, und mag es noch so klein sein, schreibt an der Geschichte mit, der Passant, der ich bin, will den Canale di San Pietro überqueren, sieht bereits den schiefen Turm dicht neben der Kirche, der aber nicht zu ihr gehört, ab hier ist mir jeder Meter vertraut, ich bin am anderen Ende meines Labyrinths angelangt, nähere mich dem Ausgang, ich kenne die Mauer, der in Augenhöhe eine Pflanze entsprießt, die ich nicht benennen kann, auch sie ist mir vom vergangenen Jahr her bekannt, sie ist mein Lieblingsrätsel: Wie kann eine Pflanze, grün und kräftig, aus einer geschlossenen Mauer hervorkommen, welch unendliche Willenskraft steckt dahinter, es gibt keine Erde, nur verfugten Stein, Wind, der ein Samenkorn in eine winzige Öffnung bläst, Regen, feuchte Lagunenluft und den unverwüstlichen Willen, allen Widrigkeiten zum Trotz zu überleben. Ich wüsste gern, wie diese Pflanze in meiner Sprache heißt, und sei es nur, weil gerade das Unscheinbare so schöne Namen haben kann. Ich selbst würde sie Steinsprießer nennen, und derjenige, den ich hätte fragen können, weil er eines der mir liebsten Bücher über Venedig geschrieben hat, ist tot. Er hieß Predrag Matvejević, schrieb auf Kroatisch ein Buch über diese Stadt, das zur Abwechslung mal nicht Paläste und Kirchen zum Thema hat, sondern die unterschiedlichen Formen von Duckdalben, die Namen verschwundener Gegenstände, die Werkzeuge, die Schiffsbauer in all diesen Jahrhunderten benutzt haben, die verschiedenen Brotsorten, die hier je gegessen wurden und sich zu den kosmopolitischen Welten zurückverfolgen lassen, aus denen die venezianischen Schiffe sie, von Übersee kommend, mitgebracht hatten, aber auch das, was ich das Unscheinbare nenne, Pflanzen, die keiner je bemerkt, weil sie in Höhe unserer Füße wachsen, an den Kairändern, zwischen Kirchenstufen, an Mauern und unter Brücken ihr nahezu unsichtbares Dasein fristen. Fast hätte ich namenloses Dasein gesagt, doch das stimmt nicht. In Matvejević' Buch, das auf Deutsch *Das andere Venedig* heißt, sind diese Pflanzen mit ihren Namen aufgeführt, dort heißen sie Seebeifuß, Leinkraut, Schöllkraut, Wasserklee, Kornelkirsche. Beifuß ist in meiner Sprache *bijvoet* oder *alsem*, Leinkraut ist *vlaskruid*, bei Schöllkraut schweigt mein Wörterbuch, Wasserklee ist *waterdrieblad* und Kornelkirsche *kornoelje*, so weit bin ich schon, doch jetzt muss ich sie auch noch erkennen. Mit dem Buch in der Hand habe ich unter den Brücken nachgesehen, wo er einige seiner Pflanzen gefunden hatte, doch wenn man nicht in einem Boot sitzt, sind Erkundungen unter Brücken schwierig, obwohl Matvejević genau dort die Kornelkirsche erspäht hat, die im Venezianischen *muraiuola* heißt, »weil sie sich an Mauern festklammert«. Ist meine Pflanze also eine Kornelkirsche? Mit dem Foto in der Hand werde ich sie, bevor ich die letzten Worte dieses Buches schreibe, gefunden haben. Währenddessen bleibe ich Matvejević dankbar, weil er mich in einem anderen Venedig herumgeführt hat, in dem man sich nach allen Seiten umschauen muss, um das zu sehen, was man sonst nie gesehen hätte, wie zum Beispiel die halb entblößte Frau, die mit dem linken Arm das Kleid hochhält, das sie offenbar gerade aus-

gezogen hat. Sie hängt in einem Gipsrelief sehr hoch an einer karminroten Wand, jemand hat uns etwas erzählen wollen, und wir wissen nicht mehr, was, ihr Gesicht unter einer Art Turban sieht ängstlich aus, als bräuchte sie Hilfe, ein Teil ihres rechten Arms ist verschwunden. Jemand müsste einen Roman über sie schreiben, die Geschichte einer halbnackten Frau hoch oben an einer Mauer in einem anderen Jahrhundert, von der jemand, wer?, wollte, dass wir sie sehen, aber warum?

Wenn Venedig eine Insel ist, die aus Inseln besteht, dann ist San Pietro die Insel außerhalb dieser Insel. Sie liegt jenseits von allem und ist nur durch zwei Brücken lose mit dem Rest verbunden. Wären der schiefe Campanile nicht und auch die große Kirche nicht, in der früher der Patriarch von Venedig wohnte, wer würde noch dorthin kommen? Ein paar Straßen, ein kleiner Park vor der Kirche, in dem alte Frauen mit dem Hund spazieren gehen, mir ist das genug. Der Campanile steht unverstanden da, hoch, mit einem vollkommen unsichtbaren Relief ganz oben, das ausschließlich für Engel oder Vögel gedacht sein kann, doch um überhaupt zu dem Turm zu gelangen, muss man erst durch ein paar kleine Straßen, man erschrickt, wenn plötzlich jemand um die Ecke kommt. Hinter der Brücke bin ich nach links gegangen und stehe jetzt am Wasser. Es ist flach, bräunlich, seltsam geformte Wasserpflanzen wogen hin und her, die Pflanzen, die unter der Wasseroberfläche leben, sind die anderen Bewohner dieser Stadt. Gleich dahinter, die Straße heißt Quintavalle, sieht man an der Hauswand kurz vor der Ecke ein beschädigtes Relief. Der wunderbare alte Führer von Lorenzetti, in dem jeder Stein Venedigs beschrieben wird, weiß, wie es heißt: Er bezeichnet es als marmornes Tabernakel, *un tabernacolo marmoreo*, in diesem Fall ein marmorner *Schrein*, ein Wort, das sich still und leise aus unserer Sprache geschlichen hat. Wenn ich nicht wüsste, dass es sich hier um Maria handelt, dann würde ich eine Frau auf einem Thron sehen, mit einem Kind auf dem Schoß, das einem alten Mann ein paar Schlüssel reicht. Der Mann trägt eine dreistufige Krone auf dem Kopf, und wenn man weiß, was das ist, weiß man auch, dass man es hier mit einem Papst zu tun hat, und weil er einen großen Schlüssel in der Hand hält, ist es Petrus, der erste Papst von Rom. Diese Rätselhaftigkeit der Bilder – wenn sie nur bedeuteten, was man buchstäblich sieht, könnte man auf merkwürdige Gedanken kommen. Für einen Moment stelle ich mir vor, dass ich ein chinesischer Tourist aus Yangzhou bin, der seine Reisegesellschaft verloren hat – was sehe ich dann? Ein kleines Kind mit lediglich einem Bein auf dem Schoß einer jungen Frau, deren Rock sich in einen Felsen verwandelt hat, und einen steinernen Vogel, der über den Gestalten sitzen geblieben ist. Eine Geschichte, ohne Zweifel, doch was bedeutet sie? Ich bleibe hier immer kurz stehen, diesmal hat jemand einen kleinen Topf mit lila Blumen davorgestellt, die Blätter erinnern an Salbei. An der Darstellung hat sich nichts geändert, was natürlich nicht stimmt, zwei böse Künstler, Wind und Regen, arbeiten nun schon seit Hunderten von Jahren an dieser Skulptur, wenn sie fertig sind, ist sie verschwunden. Dies waren einst, sagt Lorenzetti, die *estremi limiti della città*, hierher kamen die Menschen zur Zeit der ersten Konföderation von den Inseln in die Lagune, als die Stadt noch nicht erbaut war. Wenn man das weiß, bewegt man sich doch ein wenig anders. Olivolo sehe ich später auf einem Straßenschild, weil hier einst Oliven geblüht haben, und Castello heißt jener Teil, weil dort einmal eine Festung gelegen haben muss, die die ersten Venezianer erbaut hatten, um sich gegen Eindringlinge zu verteidigen. An diesem Ort muss schon vor dem Jahr 1000 eine Kirche gestanden haben, deren Bischof dem Patriarchen von Grado unterstellt war, was später in der Geschichte zu großer und unversöhnlicher Rivalität führen sollte, die erst 1451 von Papst Nikolaus v. dadurch geschlichtet wurde, dass er den Bischof dieser Kirche zum Patriarchen von Venedig machte. Der kleine Park vor der Kathedrale ist leer, der über den Canale di San Pietro durch die dürren Bäume heranwehende und den Staub vor der Kirche aufwirbelnde Wind weiß alles von der Geschichte. Bis 1807 durfte sie die bedeutendste Kirche der Stadt sein, danach wurde das der Markusdom. In der Ferne sehe ich die hohen, abweisenden Mauern des Arsenale. Was einst der Palast des Patriarchen gewesen sein muss, sieht jetzt traurig aus, vernachlässigt, die Mauern geschunden, Farbe abgeblättert, drinnen dürften noch byzantinische Elemente zu sehen sein, doch das Gebäude ist geschlossen. Auf einem verlassenen Innenhof stelle ich mich während eines Regenschauers unter, danach gehe ich in die Kirche, unter dem bösen Teenagerkopf eines ausgewachsenen Puttos mit dicken Lippen hindurch, der über dem Eingang unter den klassizistischen, immer beruhigenden Formen eines Adepten von Palladio hängt. Außer der Frau in dem Glaskasten, die die Eintrittskarten verkauft, ist niemand zu sehen. Das Gebäude ist riesig, was soll später bloß mit diesen mastodontischen Bauten geschehen? Ich stand einmal in Segesta auf Sizilien in dem riesigen leeren Poseidon-/Neptuntempel, wer hätte den damaligen Gläubigen erzählen sollen, was die Zukunft ihres Tempels sein würde, nachdem ihre Götter verschwunden waren? Ich unterdrücke diese blasphemischen Gedanken, denn vorläufig gibt es den ursprünglichen Bewohner zum Glück noch, erst wenn er verschwände, würde die Frage wirklich drängend. Oder schaurig, so wie der geschminkte und aufgebahrte Leichnam Lenins im Kreml. Doch auch hier sind die Toten nicht weit, als ich in dem riesigen Raum nach rechts gehe, ist das Erste, was ich sehe, ein Sarkophag, unvorstellbar hoch an der Wand. Warum die Venezianer ihre vornehmen Toten manchmal so weit oben beisetzen, weiß ich nicht, vielleicht hängt das mit ihrer ewigen Angst vor dem Hochwasser zusammen. Hoch und trocken sind sie dort, aber es bedeutet auch, dass niemand sie jemals erreichen kann und dass man die gemeißelten Gestalten unterhalb des Sargs – hier liegt der Leichnam obendrauf, nicht innendrin – nicht zu sehen vermag, es sei denn mit Hilfe eines starken Fernglases. Und weil meine kindliche Seele immer alles wörtlich nimmt, frage ich mich, wie es sich wohl anfühlt, dort jahrhundertelang so unbeweglich zu liegen und den Schritten der Lebenden zu lauschen, die man nie gekannt hat. Felipe Correr hieß der dort Beigesetzte, einer der vornehmen Namen der Stadt, in der der Adel die Macht hatte, er war *procuratore*, in dieser Seerepublik eine wichtige Funktion, Bruder von Papst Gregor XII. Als ich weitergehe, komme ich zu einem mit arabischen Girlanden verzierten Marmorsessel, die Zeichen sind Verse aus dem Koran. Venezianer schreckten vor nichts zurück, Löwen aus Syrien, Säulen und eine Quadriga aus Byzanz, alles wurde mit nach Hause genommen, und so auch dieser arabische Marmorthron, auf dem Petrus noch gesessen haben soll, die Welt war ihr Eigentum. Ein hilfreiches Schild übersetzt mir, was die kalligraphischen arabischen Zeichen auf der Rückenlehne bedeuten, Zeilen aus Sure III, Vers 192: »Herr unser, gib uns, was du uns durch deine Gesandten verheißen, und hülle uns nicht in Schande am Tag der Auferstehung.« Und darunter Sure XXIII, Vers 118: »O Herr, verzeihe und sei barmherzig, denn du bist der beste Erbarmer.«

Die Frau in ihrem Kassenhäuschen ist so weit entfernt, und es ist immer noch kein Mensch zu sehen, also wage ich es, den Stuhl kurz zu berühren, fahre mit den Fingern über die Arabesken des Textes, die geometrischen Linien des Davidsterns und frage mich wie immer, ob Petrus sich vielleicht doch an diese verzierte Lehne aus Antiochien gelehnt hat, ein Fischer aus Israel, der bewiesen hat, dass Geschichte ein Rätsel ohne Absicht, aber doch mit Folgen ist, das maskierte Schicksal, das ohne Menschen nichts ist. Wenn die Welt alles ist, was der Fall ist, dann ist Geschichte alles, was fortwährend geschieht, und dann steht ein marmorner Stuhl mit arabischen Zeichen in einer fast nicht mehr benutzten italienischen Kirche auf einer kleinen Insel am Rand der Lagune im Süden Europas. Dass die Lehne eigentlich ein Grabstein ist, aus dem man einen Thron gemacht hat, ist dann schon längst nicht mehr von Belang, genauso wenig wie es möglich ist, dass jemand aus dem ersten Jahrhundert der Zeitzählung auf einem Stuhl aus dem 13. sitzen kann. Legenden sind das Mark der Geschichte, und alles, was sie erzählen, ist wahr.

Ich brauche in der Kirche nur weiterzugehen, um zu sehen, dass das stimmt. Auf einem gigantischen Wandgemälde von Pietro Ricchi in der Kapelle rechts vom Hauptaltar sehe ich die Heiligen Drei Könige. Ob sie wirklich existiert haben, weiß ich nicht, aber schon seit Jahrhunderten ist bekannt, wie sie hießen und welche Geschenke sie in jenen Stall in Bethlehem brachten, und daran ist kein Zweifel mehr möglich, denn Ricchi hat sie gemalt, als wäre er dabei gewesen – Pferde, Reiter, Bäume, Sklaven, Posaunen, Frauenkörper, alles in wirbelnder Bewegung, und dazwischen die drei mächtigen Männer in ihren weiten Gewändern, zwei kniend mit ihren Geschenken, der dritte stehend, mit Licht auf dem weißen Turban, den strahlenden Umhang weit aufgeschlagen, das goldene Geschenk in der Linken; der Schimmel nicht weit hinter ihm bäumt sich auf und wiehert, wer dies betrachtet, ist selbst dabei, dagegen kommt kein Hollywood an, der Lärm muss ohrenbetäubend sein, ich stehe hier in der totenstillen, viel zu großen Kirche, doch als ich mich umdrehe, wird es noch schlimmer, dort hat Pietro Liberi gegenüber von den Königen ein Volk von Schlangen gemalt, das einem Angst macht. Später musste ich im Vierten Buch Mose nachschlagen, um zu verstehen, was ich gesehen hatte: das Volk Israel gemeinsam mit Moses auf dem Weg durch die Wüste, böse, unglücklich, unzufrieden, murrend und mit Gott und Moses hadernd: »Warum hast du uns aus Ägypten geführt, dass wir sterben in der Wüste? Denn es ist kein Brot noch Wasser hier, und uns ekelt vor dieser mageren Speise.« Vor allem dieser kulinarische Vorwurf muss das Fass zum Überlaufen gebracht haben, denn die Strafe folgt auf dem Fuß: »Da sandte der Herr feurige Schlangen unter das Volk; die bissen das Volk, dass viele aus Israel starben.«

Wer darüber klagt, dass es in Venedig zu viele Touristen gibt, kann sich in der San Pietro di Castello ausruhen, hier sind die Menschenmengen nur gemalt, die Wände erzählen uralte Legenden. Geschichte hat keine Absicht, nur Folgen, Menschen haben Absichten, und was dann geschieht, zeigen die Bilder an diesen Wänden. Ganz erfüllt von allem, was ich gesehen habe, streife ich noch ein wenig in den leeren Sträßchen hinter der Kirche umher, und weil diese Stadt ein Buch ist, das sich selbst umblättert, lese ich auf einem verwitterten hölzernen Schild mit eingekerbten Buchstaben, dass jemand will, dass ich an die Goldmedaille von Giovanni Sanguineti denke, der einst Leutnant im 71. Infanterieregiment war und am 14. Januar 1895 in Coatit im heutigen Eritrea ruhmvoll für das Vaterland gefallen ist. In Verehrung und Liebe, steht darunter, und wieder frage ich mich, ob die Geschichte ein Ziel oder eine Absicht hat. Was wir Geschichte nennen, ist ohne Menschen undenkbar, und Menschen haben nun einmal stets Absichten, doch sind Menschen nun die Gestalter oder lediglich das Material der Geschichte? Und erneut stoße ich auf ein Zeichen, um es mal so zu nennen, wieder andere Menschen wollen, dass wir dem *arciprete* Giovanni Cottin Dank bezeigen. Sie waren die Bewohner dieses Viertels hinter der Kirche, das Quintavalle genannt wird. Unter einer Marienfigur haben sie zu Ehren dieses Priesters einen kleinen Schlitz in eine Art Spardose gemacht, die 1915-1918 in die Wand gemauert wurde. Ein weiteres Rätsel, das ich heute nicht lösen werde, und als ich auf gut Glück versuche, eine heutige Münze hineinzustecken, gelingt mir das nicht. Ein *arciprete* ist ein Erzpriester, doch als ich das Internet später frage, was das nun ist, erfahre ich etwas über einen Priester aus einer Eindhovener Gemeinde, der dem Patriarchat von Konstantinopel unterstand, und so bin ich dann doch wieder in Venedig. Ich spaziere noch ein bisschen umher an diesem stillen Ende der Stadt, das der Ausgang aus dem Labyrinth sein muss, Calle di Mezzo, Calle Lunga Quintavalle, Fondamenta Olivolo, dann die Vaporetto-Haltestelle San Pietro und die Lagune, die weit und glatt und ein wenig neblig vor mir liegt.

Auch hier bin ich der Einzige. Das Wasser ist sehr still, schwarz mit einem Unterton von Grau. Mir schießt der Gedanke durch den Kopf, dass ich auf ihm gehen könnte, aber dann nähert sich ein einsames kleines Boot mit einem alten Mann aus dem Rio di Quintavalle und zieht eine gekräuselte Furche in das eben noch so bewegungslose Metall. An Bord sind zwei große Angeln und ein Netz, zu gerne würde ich mitfahren. Mir ist, als hätte ich die Stadt sehr weit hinter mir gelassen.

Unter Löwen

Astrologisch gesehen bin ich ein Löwe. Dass die zu mir gehörende Zahl dann die Eins ist und mein Metall reines Gold, lasse ich ja noch gelten, und auch, dass mein Beruf dann König oder Bankier sein muss, doch weiter habe ich nie viel darauf gegeben. Die Horoskope in Zeitungen und Frauenmagazinen stimmen nie, allein schon weil sie nie etwas Schreckliches vorherzusagen wagen. In diesen Rubriken stirbt niemand, und auch sonst sprechen sie keinerlei ernste Warnungen aus, aufgrund derer man zum Beispiel beschließen könnte, das für den kommenden Dienstag gebuchte

Flugzeug besser nicht zu nehmen. Der einzige Tribut, den ich meinem Sternzeichen zolle, besteht darin, dass ich in Zoos immer kurz zum Löwengehege gehe, um mir mit einer gewissen Wollust die Löwenfamilie anzusehen, und sei es nur des majestätischen Familienoberhaupts wegen. Nicht, dass ich dächte, ich sähe ihm ähnlich, denn dafür müsste ich eine echte Mähne haben, die den Kopf plötzlich doppelt so groß macht. Und nicht nur das, man muss sich diesem Kopf entsprechend gebärden, ihn genau über den Vorderpranken halten und vor sich hin starren, ohne sich um das Geschehen rundum zu kümmern. Wo auch immer er sich hinlegt, er ist stets der Mittelpunkt, und er weiß es. Dass er das Totemtier Venedigs ist, wundert mich kein bisschen. Die einzigen anderen Männer, die ein Löwe um sich erträgt, sind gelehrte Heilige, wie Carpaccio und Hieronymus Bosch sie dargestellt haben, etwa Hieronymus in der Wüste oder Markus, der das Evangelium geschrieben hat und achthundert Jahre nach seinem Tod mitsamt dem Löwen von den Venezianern aus Alexandria an die Lagune entführt worden ist. Auf meinen Streifzügen durch die Stadt begegne ich dem Löwen überall, ob aus Holz, Bronze, Marmor, Gips, er ist allgegenwärtig. Manchmal hat er ein aufgeschlagenes Buch bei sich, *Pax tibi, Marce, Evangelista meus*, Friede sei dir, Markus, mein Evangelist, steht auf den beiden aufgeschlagenen steinernen Seiten. Meist hat er dann auch gewaltige Flügel. So hat Carpaccio ihn gemalt, ziemlich wütend, mit langen, weit nach hinten ragenden Flügeln. Im Hintergrund rechts von ihm ein paar Schiffe, in der Ferne der Dogenpalast. Der Maler hat dem Löwen auch einen Heiligenschein gegeben, die rechte Tatze liegt auf dem aufgeschlagenen Markus-Evangelium, hier stimmt alles, dieser Löwe ist die Stadt. Ich habe versucht, mir das vorzustellen, ein fliegender Löwe. Ganz schön laut muss das sein. Er ist älter als unsere Zeitrechnung, Christus ist noch nicht geboren, Markus hat sein Evangelium noch nicht geschrieben. So muss er eines Nachts auf der Säule gelandet sein, ein Fabeltier aus dem byzantinischen Osten, das dort oben nun schon fast neunhundert Jahre über die Stadt wacht. In all den Jahren ist der Löwe nur ein Mal von seinem hohen Sockel heruntergekommen, und zwar als Napoleon ihn mit nach Hause nahm. Wie es mit Napoleon ausgegangen ist, wissen wir, vielleicht hat der verbannte Kaiser auf St. Helena noch manchmal von diesem Löwen geträumt, der schon so viele Kaiserreiche hatte verschwinden sehen. Erst mit dem Fernglas erkennt man seine gewaltige Größe. Im Laufe all der Jahre habe ich eine Fotosammlung von ihm angelegt, die Unterschiede sind atemberaubend. Der Löwe auf der Piazzetta hat, wenn man genau hinschaut, ein böses Altmännergesicht über einem hohen babylonischen Kragen, ich kenne wütende, durchtriebene, senile, politische, zahnlose, hysterische und verliebte Löwen. Der im Museo Storico Navale ist aus goldbemaltem Holz, er hält nicht nur ein Schwert in der rechten Pranke, sondern trägt auch noch eine Krone auf dem Haupt. Manchmal blicken die Löwen kummervoll, dann wieder sehen sie aus, als warteten sie schon seit Jahrhunderten auf jemanden. Der beim Denkmal von Ludovico Manin auf der Schiavoni ist aus einer heroischen und wagnerianischen Bronze, die nicht zum letzten Dogen und dem Untergang der Stadt passt, der bei der San Giorgio Maggiore kann sein Buch kaum halten und hat Kummer, der hölzerne Deckenlöwe in der Scuola Grande di San Marco ist in seinen eigenen goldenen Flügeln gefangen, man würde sie gern einmal alle beieinander auf einem riesigen Löwenfeld sehen oder in einer Gondelflotte auf dem Canal Grande, und sei es nur aus Dankbarkeit wegen erwiesener Dienste. Meine Lieblinge sind die an der Fassade des Ospedale neben der Giovanni e Paolo sowie die großen, traurigen Könige, die das Arsenale bewachen, einst das Kraftzentrum dieser Stadt. Hier wurden die Schiffe gebaut, die ein ganzes Kolonialreich eroberten, immer noch mächtig stehen die Löwen vor dem

Eingangstor, durch das man nicht treten darf, und ich bilde mir ein, sie wissen, dass es mit dem großen Reich vorbei ist. Vielleicht gibt es das ja, dass eine Marmorskulptur sich im Laufe der Jahrhunderte unmerklich verändert, dass mit dem Verschwinden der Macht eine träge Melancholie in den einst so furchterregenden Häuptern aufscheint. An dem Tag, an dem Venedig unter Wasser verschwindet, steigen sie alle auf wie ein tödliches Geschwader, ein letztes Mal noch fliegen sie mit dem Geräusch von hundert Kampfflugzeugen um den Campanile und ziehen dann, einer mächtigen Sonnenfinsternis gleich, über die Lagune hinweg.

Der Tod und Venedig

Wasser hat keine Vergangenheit, sagte der jüdische Dichter in dieser Stadt voller Wasser. Er liebte die Stadt, in der er entsprechend seinem Wunsch auch begraben ist. Er liegt in der Nähe des Antisemiten, der ebenfalls ein Dichter war und auch hier wohnte, bis er gefangen genommen und verbannt wurde und wieder zurückkehrte, um zu sterben. Sie liegen hier zusammen, ihr postumes Gespräch ist das Schweigen, aber sie liegen hier wegen all dessen, was sie einst sagten, ein Russe und ein Amerikaner, Joseph Brodsky und Ezra Pound. »*I have tried to write Paradise*«, sagt Pound in seinem letzten *Canto*, doch während des Zweiten Weltkriegs, mitten im grandiosen Bogen seiner *Cantos*, raste er ungezügelt in seine spätere Scham. Brodsky hört in einem seiner Gedichte, wie eine Gondel gegen eine Duckdalbe schlägt, er denkt an die ertrinkende Stadt, in der das trockene Licht der Vernunft in ein feucht gewordenes Auge zerfließt, denkt an den geflügelten Löwen der Stadt, einen Löwen, »der lesen und schreiben kann«. An einer anderen Stelle sieht er drei alte amerikanische Damen in einer Hotellobby, oder er spricht in einem Satz, den ich nicht mehr wiederfinden kann, vom düsteren und geldfarbenen Wasser.

In ihrem Buch *Falsche Papiere* sucht Valeria Luiselli das Grab des einen und findet eine alte Frau mit einer Tüte voller Sachen am Grab des anderen. Wer Pound war, weiß diese Frau, sie nennt ihren Toten *»il bello«*. Brodsky kennt sie nicht, aber sie kommen trotzdem ins Gespräch. Über diese Begegnung schreibt Luiselli und zitiert dabei Brodsky. »Wenn es einen unendlichen Aspekt des Raumes gibt«, sagt er, »dann ist das nicht seine Ausdehnung, sondern seine Reduktion, und sei es nur deshalb, weil sie, so seltsam das auch klingt, einleuchtender ist. Sie hat Struktur und mehr Namen: Zelle, Wandschrank, Grab.« Pound kannte sich aus mit Zellen, er saß, nachdem er von den amerikanischen Besatzungstruppen wegen Landesverrat verhaftet worden war, erst eine Zeitlang in einem Käfig und später, in Amerika, in einer Irrenanstalt. Ein Käfig ist ein reduzierter Raum par excellence. Brodsky lebte lange Zeit in einem Universum von Hotelzimmern, und auch ein Hotelzimmer ist ein reduzierter Raum, das weiß ich aus Erfahrung, das heißt, sofern der Raum einen Unendlichkeitsaspekt hat, wissen diese beiden toten Dichter bestens Bescheid über Reduktion. Luiselli sagt: »Um das Grab mit der gesuchten Inschrift zu finden, muss man die Äderchen im Marmor sehr sorgfältig untersuchen«. Sie suchte das Grab des einen und fand dadurch auch das des anderen, spekuliert dann, dass Brodsky wohl lieber irgendwo anders hätte begraben werden wollen, was ich nicht glaube, doch sie meint: »Wenn der Wille und das Leben zwei untrennbare Dinge sind, dann sind Tod und Zufall es ebenso«, und fährt dann fort: »... bewohnte Brodsky eine Unmenge von Räumen ... Aber vermutlich ist ein Mensch nur in zwei Räumen wirklich zu Hause: im Haus der Kindheit und im Grab. Alle anderen Orte, die wir bewohnen, sind bloß graue Fortsetzungen dieser ersten Wohnung, eine unbestimmte Abfolge von Mauern, die schließlich in der Krypta oder in der Urne münden – die mickrigste Ausprägung der unendlichen Aufteilungsmöglichkeiten eines Raumes, in die genau ein menschlicher Körper passt.« Was mich selbst betrifft – an das Haus meiner frühesten Kinderjahre erinnere ich mich nicht, und den letzten Aufenthaltsort kenne ich nicht, ich befinde mich noch in der Phase der unbestimmten Abfolge von Hotelzimmern und Mauern, und davon gibt es in Venedig genug.

Wenn man auf der Fondamenta delle Zattere zur Punta della Dogana geht, kommt man an der berühmten Pension La Calcina vorbei, dem Haus, in dem Byron einst wohnte und das heute ein teures Hotel ist. Früher bin ich hier gelegentlich abgestiegen, heute gebärde ich mich nur wie ein Tourist in einem gebärmutterartigen Sessel und bestelle einen Whiskey, der mir von jemandem aus fernen britischen Kolonialgebieten gebracht wird. Fehlt nur noch, dass er einen Turban trägt. Unweit von La Calcina steht eine Backsteinmauer, in der ein schlichter Stein kundtut, dass Brodsky häufig in dem dahinter gelegenen Haus logierte, der Wohnung eines adligen venezianischen Freundes. Durch einen Gitterzaun kann man einen Blick auf das Haus und den Garten werfen, aber das ist auch alles. Auf dem Umschlag seiner *Collected Poems in English*, die ich bei mir habe, sitzt Brodsky entspannt auf einer Bank am Kai mit seiner ewigen Zigarette, die Beine übereinandergeschlagen, die linke Hand in der Jeanstasche, jemand, der nicht unbedingt fotografiert werden wollte. Mit leicht ironischem Lächeln blickt er in die Kamera. Er war herzkrank, durfte eigentlich nicht rauchen und trinken und kümmerte sich nicht um dieses Verbot. Auf dem Foto ist es eindeutig Herbst oder Winter, nach den abgeblätterten Hauswänden hinter ihm zu urteilen ist er vielleicht in Venedig, hinter einem der Fenster ein wildes Durcheinander von Möbeln und antiken Gemälderahmen, möglicherweise ein

Antiquariat. Ich suche die Gedichte heraus, die mit Venedig zu tun haben. Was in Brodskys *Ufer der Verlorenen* auffällt, ist der blitzschnelle Blick, durch den alles, was er sieht und denkt, einen melancholischen Grundton erhält; in den Gedichten ist es die rasche Abfolge kaleidoskopischer Bilder, eine Kombination aus dieser Schnelligkeit des Sehens und Denkens und einer Form von Trauer gerade in Gedichten mit langem Atem.

Er sieht einen heruntergekommenen rostigen Tanker aus Rumänien vorbeifahren, in den langen Sekunden, die das dauern mag, hat er das Leben der halbnackten Männer an der Reling bereits durchschaut, Masturbierer, hungrig auf Frauen, aber ohne das nötige Geld, um sich nach einer langen Seereise weibliche Gesellschaft leisten zu können, er sieht auch, was diese Männer an Bord sehen müssen, Venedig wie eine Ansichtskarte vor den Sonnenuntergang geheftet, die Vision einer verzauberten Stadt nach einer langen Seereise ab den Wüstenhäfen, aus denen das Öl kommt, er beschwört sie in neun mal zwei Zeilen herauf, nur eine Seite lang und doch ein komplettes Bild der Sehnsucht nach dem Unmöglichen.

Der jüdische Friedhof

Von all diesen Gedanken über Urne, Grab und Tod angesteckt beschließe ich, den jüdischen Friedhof auf dem Lido aufzusuchen, auf dem Brodsky bekanntlich *nicht* liegt. Vor einigen Jahren fragte mich eine Freundin aus Amsterdam, ob er je geöffnet sei. Sie hatte schon zweimal umsonst vor dem Tor gestanden und wollte jetzt wieder nach Venedig, weil sie diesen Friedhof unbedingt sehen wollte.

Ich versprach, mich danach zu erkundigen, nahm das Vaporetto zum Lido, wo alles so anders ist als auf der anderen Seite des Wassers, ging durch ein paar stille Straßen hin, sah das schmale, aber verschlossene Tor, darüber ein blaues Mosaik mit einer angezündeten Menora und darunter die griechischen Buchstaben Alpha und Omega, allerdings in umgekehrter Reihenfolge. Als Reisender ist man mit verschlossenen Türen vertraut, wenn man nur lange genug wartet oder zur nächsten Tür weitergeht, so öffnet sich, wenn es, wie in diesem Fall, nicht gerade Sabbat ist, schon von allein irgendetwas. Ein Stück weiter gab es einen größeren Eingang, ich sah niemanden und ging hinein, wurde aber nach fünf Minuten von einem freundlichen, leicht keuchenden Wächter mit einer Kippa in der Hand eingeholt. Es ist nur ein winziges Kleidungsstück, ein Stückchen Stoff, aber irgendetwas geschieht doch, man wird ein klein wenig anders, verlangsamt seine Schritte und fängt an, auf nicht erklärbare Weise zur Umgebung zu gehören. Vielleicht ist es das, was man unter Mimikry versteht. Ich kenne den jüdischen Friedhof in Prag und den in Berlin, ich weiß, dass Gräber in solchen Begräbnisstätten eigentlich nicht geräumt werden dürfen, dass sie immer weiter in den Boden sinken können, dass alles, was die unerbittliche Vergangenheit an verschiedenen Steinsorten anrichten kann, dort zu besichtigen ist, dass das Emaille der Fotos von der Zeit so angegriffen werden kann, dass der darauf Abgebildete sich in diesem Fremdling niemals mehr erkennen könnte. Ich weiß auch, dass Grabsteine, falls sie alt genug werden, mit der Zeit so schief in der Erde stehen, als wären es alte Menschen. Worte – auf Hebräisch, Deutsch oder Italienisch – verwaschen, Namen zerbrechen, Familien werden auseinandergerissen. Auf Deutsch gibt es das Wort *Ruinenwert*, und davon ist hier jede Menge zu sehen, die Gräber haben sich mit der Natur verbündet, um sich gegenseitig zu stärken, ein schwarz verfärbter Grabstein mit unleserlich gewordenen

Buchstaben in hohem, wehendem Gras, eine umgefallene Säule unter einer Palme, ein Obelisk im Schlagschatten einer Zypresse, zwei Katafalke auf hohem Sockel, der Name des Mannes ist vom Wind oder von der Zeit ausgelöscht, doch der Name der Frau steht noch im Sonnenlicht, Lavinia, und auf dem Sockel darunter, gerade noch eben Buchstabe für Buchstabe zu erkennen, Levi oder Levy. Mich berühren vor allem das Kreuz und Quer der meisten Gräber, die angefressenen eisernen Umzäunungen, die verrosteten Gitter um einen liegenden zerborstenen Stein, dann wieder eine stumpfe Säule neben einem hohen, blumengeschmückten Grabstein, *A Mose Romano, nato in Padova* 1810, und weit darunter ein Satz auf Hebräisch, den ich nicht lesen kann. Ist dies Chaos? Nein, es ist die Ordnung des Verfalls, doch aufgrund der Stille ringsum ist es auch eine eigenartige Empfindung, als wäre man in ein Fest aus unendlich ferner Vergangenheit geraten und alle wären auf einmal stehen geblieben. Die hohen Grabsteine neigen sich einander zu, als machten sie eine Verbeugung, Elia Vivante, Fanny Sforni Vivante, Ignazio Sternberg, Samuele della Vida, der mehr als neunzig Jahre gelebt hat, *senza vacillare un instante*, ohne einen einzigen Augenblick zu wanken, beugt sich zu seiner Nachbarin, der riesige Baum daneben schickt sich an, mit all seinen Blättern über die beiden zu fallen, hier ist jetzt alles möglich, die unleserlichen Namen, das verschleierte Hebräisch, die tanzenden Schatten auf den umgestürzten Steinen, alles eine Mischung aus Trübsal und einem anderen, weit schwieriger zu deutenden Gefühl, vielleicht eine kaum erklärbare Freude darüber, dass die Welt nun einmal so ist, wie sie ist. Plötzlich frage ich mich, ob Brodsky hier wohl umhergegangen ist. Was mag er beim Grab von Esther Finzi Coen gedacht haben? Wer je *Die Gärten der Finzi-Contini* von Giorgio Bassani gelesen oder den Film von Vittorio De Sica über das jüdische Leben in diesem Teil Italiens gesehen hat, dem Krieg und Hass ein Ende gemacht haben, der kennt die Formen von Heimweh nach dem endgültig Vergangenen, die einen an diesem Grab innehalten lassen, weil auch auf diesem Stein etwas Unmögliches und Unbegreifliches ausgedrückt wird, und wird sich dem kaum entziehen können. Die Jahreszahlen kann ich nicht mehr erkennen, die Äderchen im Marmor, wie Luiselli sie nennt, geben Rätsel auf. Was bedeuten die beiden Hände, die über dem Finzi ihres Namens auf dem ovalen, uralten Stein nach oben weisen? *Continuare* kann ich entziffern, weitergehen, doch wohin? Über den beiden Händen mit den leicht gespreizten Fingern sehe ich eine Krone mit drei Perlen. Wollten die Hände diese Krone halten, aufsetzen? Oder gibt es eine verborgene Bedeutung, die mir jemand vermitteln könnte? Ich bleibe eine Weile stehen, blicke auf die gebrochenen Zweige, die verdorrten Lorbeerblätter in ihrer kleinen Enklave und lasse dann diese Esther allein zwischen all den anderen, die sie gekannt oder nicht gekannt hat. Am Ausgang lege ich meine Kippa in einen kleinen Korb zu den anderen Kippas. Irgendwo sehe ich noch eine große ausgestreckte Hand mit einem Loch darin, in das ich meinen Obolus legen kann, und muss an meine Mutter denken, die so oft zu mir gesagt hat, Junge, du musst lernen, sparsam zu sein, du hast ein Loch in der Hand. Sie ist nicht beerdigt, meine Mutter, sondern in der Luft verweht. Ganz kurz denke ich, dass sie mich durch diese Hand mit dem Loch für einen Moment gerufen hat, und wahrscheinlich ist es auch so.

Postumer Alpinismus

Eine Stadt, in der so viel passiert ist, in der so viele unterschiedliche Lebende gewohnt haben, hat auch sehr unterschiedliche Arten von nicht mehr Lebenden hervorgebracht. Unter den Toten von Venedig sind die Dogen die Bergsteiger. Sie wollten nicht in die Erde, die sie so liebten, sondern, wie zu Lebzeiten, höher hinauf. Wozu das führt, sieht man in den großen Kirchen, der Frari, der Santi Giovanni e Paolo, dem Markusdom. Dort haben sie keine ruhigen Gräber, zu denen man eine Blume bringen oder vor denen man kurz niederknien oder einen Zettel hinlegen könnte, nein, man kommt nicht an sie heran, sie sind mitsamt ihrer Gefolgschaft bereits halb zum Himmel die Mauer emporgestiegen, wenn man sie sehen will, muss man hinaufstarren und achtgeben, dass einem nicht schwindlig wird. Hundertzwanzig Dogen hat es gegeben, weniger als Päpste (die sind inzwischen bei Nummer 266 angelangt), aber mehr als die meisten Könige und Kaiser. Der erste Doge war Paoluccio Anafesto, eine Schemengestalt aus den Sümpfen, Anführer der Inselmenschen, die die Lagune auf der Flucht vor den Horden bevölkerten. Diese nomadischen Seefahrer gehörten im Grunde nirgends wirklich dazu, auch nicht zur so nahen Lombardei. Das richtige Zählen beginnt erst später, in der Zeit, als die Venezianer sich auch dem Einfluss Konstantinopels zu entziehen beginnen. Im Jahr 697 wählen die über die Lagune verstreuten Bootsmenschen ihren ersten Dogen, in jenen frühen, schwer zu deutenden Jahren hört man auch erstmals die Namen, die noch jahrhundertelang wiederkehren werden, Dandolo, Memmo, Loredan, Foscari, Morosini, Tiepolo, Zen, doch was sich wirklich ereignet hat, spielt sich alles in einem

Dämmergebiet ab, in dem Legenden so gut gedeihen und spätere große Familien ihren Ursprung ersinnen, nach der Maxime: je älter, umso besser, ein Gedanke, der mehr als tausend Jahre lang gültig bleiben wird. Die Wahl eines Dogen war ein extrem komplizierter Prozess, der 1268 ein für allemal festgelegt wurde. Zwischen ein- und zweitausend Patrizier, natürlich nur Männer, versammelten sich im Dogenpalast und bekamen von einem Kind je eine zufällig herausgegriffene kleine Kupferkugel aus einer Vase, in der genauso viele Kugeln waren, wie es Wahlmänner gab. Allerdings waren unter all diesen Kupferkugeln dreißig aus Gold. Wer eine dieser Goldkugeln erhielt, dessen Verwandte mussten den Saal verlassen. Sie konnten also keine goldene Kugel mehr bekommen, Pech, aber jeder Schein von Nepotismus sollte vermieden werden. Neue Runde. So wird die Zahl der Auserkorenen auf neun verringert, die ihrerseits vierzig Namen vorschlagen dürfen. Jeder dieser gewählten vierzig Männer muss sieben der neun Stimmen auf sich vereinigen, doch auch damit ist das Ziel noch nicht erreicht – wieder wird gewählt, durch eine erneute Ziehung goldener Kugeln werden aus vierzig zwölf, die fünfundzwanzig andere wählen, die wieder auf neun reduziert werden. Was für ein Geist vonnöten ist, um so etwas zu ersinnen, weiß ich nicht, aber wenn man je die Abbildung eines menschlichen Gehirns im Querschnitt gesehen hat, kommt man der Antwort näher, und erst dann geht es weiter: Die fünfundzwanzig werden ihrerseits wieder auf neun reduziert, die fünfundvierzig Männer benennen, von denen nur elf wiederum durch goldene Kugeln zu Wählern der Wähler des Dogen gewählt werden. Diese elf bestimmen die einundvierzig buchstäblich Auserkorenen, deren Name bei keiner der vorangegangenen Auslosungen genannt worden ist; sie werden schließlich in einem Konklave den Dogen wählen, und zwar denjenigen, der dann eine Mehrheit von fünfundzwanzig der einundvierzig Stimmen auf sich vereint.

Vielleicht wird jetzt begreiflich, was ich mit den Bergsteigern meinte. Die beiden Dogen, deren Gräber ich besucht habe, waren Männer, die all dies durchgestanden haben. Ihre letzten Ruhestätten befinden sich hoch über dem Volk an den Wänden einer der schönsten Kirchen Venedigs, der Santa Maria Gloriosa dei Frari. Sie heißen Francesco Foscari und Nicolò Tron und waren Doge Nummer 65 und Nummer 68. Falls Francesco Foscari wollte, dass wir noch Jahrhunderte später an ihn denken, so ist ihm das gelungen. Er liegt hoch und trocken zwischen vier Tugenden, die natürlich durch Frauen verkörpert werden, auf seinem Prunkbett, den Kopf nach links gewandt. Zwei martialisch aussehende Krieger halten die goldenen Vorhänge des Bettes auf. Sein Wappen, eingebettet in zwei heftig strahlende Sonnen und gekrönt von der Dogenmütze, begleitet ihn in die Ewigkeit, damit die dort oben auch wissen, wen sie vor sich haben. Es ist ein hohes, rankes Grab, Christus hält die Seele des Verstorbenen in den Händen, ist aber so weit vom Betrachter entfernt, dass es kaum zu erkennen ist. Vierunddreißig Jahre lang regierte Francesco Foscari. Er war ein Feind jener anderen mächtigen Familie, der Loredans, die noch 1430 versucht hatten, ihn ermorden zu lassen. Und auch bevor er 1423 Doge wurde, hatte er Feinde, sein Vorgänger, Tommaso Mocenigo, warnte in seinem Testament vor Foscaris ungestümem Charakter. Er führte Krieg mit den Visconti, sicherte sich ziemlich viel Land im Frieden von Ferrara, vier seiner Kinder starben an der Pest, aber ihm blieben noch genügend andere, zwanzig Jahre später wurde sein letzter verbliebener Sohn zu lebenslanger Verbannung nach Kreta verurteilt, eines Mordes wegen, den er nicht verübt hatte, und starb, bevor er begnadigt wurde: unruhige Zeiten. 1457 starb Francesco, und es ist ein Wunder, dass er auf seinem steinernen Totenbett die Dogenmütze noch trägt, denn im wahren Leben war sie ihm eine Woche vor seinem Tod vom Rat der Zehn genommen worden, der ihn zum Rücktritt gezwungen hatte. Den Dogenring kann ich auf seinem Prunkgrab nicht erkennen – die Rechte liegt in der Ruhe des Todes da, die Linke sehe ich nicht. Der Ring, Zeichen des Dogen-Amtes, war auf Befehl des Rates der Zehn vernichtet worden. Nicht weit von diesem Grab und noch höher als das des gedemütigten Foscari befindet sich, fünf Etagen hoch, das Grabmal von Nicolò Tron. Er hat nur kurz regiert, in Jahren der Bedrohung. Bereits unter seinem Vorgänger waren die Ottomanen unter Mehmet II. vorgerückt, in der Schlacht von Negroponte war sein Sohn ums Leben gekommen, Venedig hatte zwei seiner bedeutendsten Kolonien verloren, er sandte die Flotte unter Pietro Mocenigo aus, die griechischen Inseln zu brandschatzen, und zerstörte Smyrna. Ruhig steht er in einer Nische in dem, was ich der Einfachheit halber die erste Etage seines Ehrenmals nenne, zwei Etagen höher ist er nochmals dargestellt, diesmal liegend und, anders als sein Vorgänger Foscari, mit dem Kopf nach rechts. Insgesamt zähle ich vierundzwanzig große und kleine menschliche und göttliche Figuren, die ihn in seinem ewigen Stillstand begleiten. Die von Antonio Rizzo geschaffene Caritas, die unten neben ihm steht, ist im wörtlichen Sinne bildschön. Ein beinahe orientalisches Gesicht mit sinnendem Ausdruck, ein gedrehter Zopf an ihrem Hals. Die Geschichte der Kunst besteht aus Falten und Kniffen, hat jemand gesagt, daran muss ich denken, als ich den Linien und Brüchen zu folgen versuche, die durch das schmale Band unter ihren Brüsten entstanden sind, genauso zierlich und frei wie die Falten des Gewands, das sie mit der Linken lüpft. Man mag nicht glauben, dass es sich hier nicht um Stoff handelt, sondern um Marmor. Sämtliche Jahre des Mittelalters sind vergessen, Rizzo hat ohne Komplexe ein Altertum zurückerobert, zu diesen Skulpturen gehört das Heimweh nach Ovids *Metamorphosen* sowie nach Macht und Glanz eines kaiserlichen Roms.

Wie viele Dogengräber kann man besuchen? Auch im Tod scheinen sie noch miteinander zu wetteifern. Doge Nummer 81, Francesco Venier, regierte nur zwei Jahre und wurde Amable de Fournoux zufolge von den Venezianern nicht wirklich geliebt, doch auf seinem hohen Grabmal in der San Salvatore liegt er wunderbar schlafend in seinem Hermelinschultermantel, und Doge Nummer 75, Leonardo Loredan, sitzt in der Santi Giovanni e Paolo mit seitlich ausgestreckten Armen zwischen den allegorischen Darstellungen der Liga von Cambrai und der Militärmacht Venedig. Das Problem bei allegorischen Darstellungen besteht darin, dass man ihnen zuweilen nur wenig von der vergangenen Wirklichkeit ansieht: Eine junge Frau mit einer Art griechischer Kothurne, hohen kleinen Brüsten und leicht blindem Blick, die in eine unbekannte Ferne starrt, soll die Koalition verkörpern, die zwischen dem König von Frankreich, dem Papst von Rom und dem Kaiser von Österreich geschlossen worden ist, um der Großmacht Venedig ein für allemal den Garaus zu machen, und der kräftige junge Mann mit Schild und Knüppel auf der anderen Seite des Dogen muss die Macht der venezianischen Armee personifizieren, die schon gleich 1509 bei Agnadello einen Teil des Besitzes auf dem italienischen Festland verlor. Wäre es so geblieben, dann hätte Loredan dort vielleicht nicht so ruhig liegen können, doch aus den Freunden der Liga wurden Feinde, die Fronten wechselten, allerorten Verrat, bis Venedig in der Schlacht von Marignano wieder fast alles zurückeroberte. Ich sitze da, still und leise, das Waffengeklirr ist verstummt, das Blut nicht mehr zu sehen, die meisten Toten haben keine Namen mehr, dieser eine freilich schon, und ansonsten ist da nur die Geschichte, die aussieht wie eine Reihe klassischer Statuen in anmutigen Posen, um einen Mann gruppiert, der viel jünger wirkt als die vierundachtzig Jahre, die Leonardo gelebt hat. Als ich aus der Kirche ins Freie trete, frage ich mich, wie viele Augen man haben müsste, um der Meinung zu sein, man habe diese Stadt zumindest ein wenig verstanden. Diese Stadt hat nie und nirgends ein Ende. In der Kirche der Jesuiten sehe ich noch, wie Doge Nummer 88, Pascuale Cicogna, auf der Seite liegend selig schläft, den Kopf auf die Linke gestützt, aber ich weiß auch, dass er derjenige ist, der Giordano Bruno an Rom ausgeliefert hat, wo dieser schließlich auf dem Scheiterhaufen landete, und das ist unverzeihlich, auch wenn Cicognas Name noch immer an der Rialtobrücke steht.

Vielleicht gehört es sich nicht, aber ich habe einen Lieblingsdogen, Enrico Dandolo, und der liegt nun ausgerechnet nicht in Venedig, sondern dort, wo er gestorben ist, in Konstantinopel. Ich muss den Grabstein gesehen haben, als ich vor etlichen Jahren in der Hagia Sophia in Istanbul war. Kein großartiges Monument, ein schlichter Stein, und das passt zu ihm. Für ihn muss ich in der Zeit zurückgehen, zu einem Spektakelstück, zu den Kreuzzügen, zur großen internationalen Politik jener Tage, nach Byzanz und ins 13. Jahrhundert. Über achtzig und nahezu blind war dieser Dandolo, als er gewählt wurde, eine mächtige Spinne im Netz der damals bekannten Welt. Man kann es sich immer schwer vorstellen: Es gab keine Zeitungen, kein Fernsehen, kein Internet, Kommunikation verlief zu Fuß, über Stimmen in Geheimräumen, über das Kratzen von Federn auf Pergament. Es ist eine Binsenweisheit, und trotzdem muss man sich das bewusst machen: Pferde, Schiffe, Boten, Geflüster, Geheimnisse, Besprechungen, Spione, Gerüchte, die Fallstricke der verschiedenen Sprachen, der König von Armenien, der König von Ungarn, Krieg mit Pisa, Aufstand in Dalmatien, und dann der Vierte Kreuzzug, eine Flotte, die ausläuft, Geschrei, Jubel, Fahnen, Oper, Film, und plötzlich kein Film mehr, die Stille der Lagune, als die Flotte ausgelaufen ist, der große Platz leer, die Schritte der Menschenmenge, als die Zurückbleibenden in ihre Häuser und Paläste zurückkehren, nachdem das letzte Schiff in See gestochen ist, die Atemlosigkeit von Menschen, die auf die ersten Nachrichten warten müssen. Dogen, Dogen und Dogen, wenn man die faszinierende Geschichte Venedigs von John Julius Norwich (*A History of Venice*, Penguin) liest, scheint es, als habe man sich in mehrere historische Romane zugleich verirrt. Vielleicht kommt das durch den byzantinischen Aspekt, eine orientalische Welt, in der tatsächliche Ereignisse und Legenden durcheinanderlaufen, doch die unendliche Aufeinanderfolge von Kampf, Strafe und Belohnung in der Geschichte der Stadt, die ein Reich war, ist fast zu viel für ein Buch, eher wären hier große Bildschirme angebracht, Opern, Chöre. Dandolo war Doge Nummer 41, ich gehe zurück in die Zeit vor ihm, zuerst Demütigung, dann wieder Ordnung, Stillstand, die leeren Seiten im Buch der Geschichte, von dem Hegel spricht. Erst danach kommt sein Auftritt.

Ob es vernünftig ist, Enrico Dandolo als Lieblingsdogen zu bezeichnen, steht dahin, doch das Bild eines über achtzigjährigen Blinden, der sich für den Vierten Kreuzzug an Bord eines Schiffes begibt, das Heilige Land aber nicht erreicht, sondern nur bis Byzanz segelt, wo er dieses und jenes zu erledigen hat und danach, im Jahr 1205, stirbt, nachdem er die byzantinische Krone abgelehnt, dafür aber die herrliche Quadriga abgebaut und in seine Heimatstadt geschickt hat, ist unwiderstehlich. Die vier Pferde, die Napoleon sechshundert Jahre später seinerseits den Venezianern rauben sollte, waren nur ein Teil der Kriegsbeute. Das gesamte byzantinische Reich wird unter den Kreuzfahrern aufgeteilt, und Dandolo und seine Nachfolger werden Herren über »ein Viertel und die Hälfte« des römischen Imperiums. Norwich zufolge ist nicht ganz gesichert, ob Dandolo wirklich blind und wirklich vierundachtzig war, als er gewählt wurde, doch in *La Venise des Doges* hält Amable de Fournoux sowohl an der Blindheit als auch am Alter fest, und so sehe ich ihn auf seinem Schiff aus dem venezianischen Hafen auslaufen, zweifellos zufrieden mit dem großen Pokerspiel, das er gegen die alliierte Flotte auf dem Lido gewonnen hat. Wie schreibt man Geschichte? Sowohl Norwich als auch de Fournoux haben sich in Bezug auf diesen Vierten Kreuzzug auf Geoffroy de Villehardouin gestützt, spätere Generationen sind Chronisten ausgeliefert, die ihr Wissen von wieder anderen Chronisten haben, im besten Fall wird nichts erfunden, doch wer alles nacherzählen will, wird ins Netz der Geschichten gesogen und beschränkt sich tunlichst auf die Fakten, auf das, wovon wir genau wissen, dass es sich ereignet hat. Wenn wir denken, eine komplizierte Regierungsbildung in Deutschland, ein Brexit, ein koreanischer Diktator mit tödlichen Waffen und ein unberechenbarer amerikanischer Präsident stellten Probleme dar, dann ist es vielleicht hilfreich, sich Enrico Dandolos ganz andere, aber nicht weniger große Probleme vor Augen zu führen. Nachdem Venedig 1201 zugesagt hatte, eine Flotte für den Vierten Kreuzzug auszurüsten, an dem sich nicht nur Venezianer, sondern auch Flamen, Deutsche und Franzosen beteiligen wollten, saß er jetzt mit viertausendfünfhundert Rittern, neuntausend Schildknappen, zwanzigtausend Mann Fußvolk und Verpflegung für neun Monate da, als würde nach diesen neun Monaten ein riesiges Kind geboren werden. Die Kosten lagen bei vierundachtzigtausend Silbermark. Verträge wurden unterzeichnet. Alles wurde festgelegt, auch der Tag des Auslaufens, 24. Juni, Johanni. Nicht jeder wusste, wohin genau die Reise gehen sollte. Doppelspiel war an der Tagesordnung, insgeheim beabsichtigte Dandolo, nach Konstantinopel zu segeln und nicht nach Jerusalem, und als das, möglicherweise nicht unabsichtlich, durchgesickert war, erschien nicht einmal ein Drittel der Truppen. Venedig hatte seine Zusagen eingehalten, die Flotte lag bereit, doch wer sollte jetzt an Bord gehen? Und wer die vierundachtzigtausend Mark bezahlen? Würde der ganze Kreuzzug ins Wasser fallen? Dandolo spielte eine großartige Pokerpartie. Die Truppen, die bereits vor Ort waren, durften Venedig nicht betreten, der schmale Lido war ihr Versammlungsort, an dem nun nichts geschah, sondern nur endlos gewartet wurde. Der Doge wusste, dass die dort lagernden Truppen mit großer Kriegsbeute gerechnet hatten, Konstantinopel umgab der Ruf eines Eldorados, und jetzt unverrichteter Dinge wieder nach Hause zu ziehen, kam nicht in Frage.

Poker ist Poker: Kein Schiff durfte den Hafen verlassen, solange nicht bezahlt war. Und wieder kommt es zu einer Hollywoodszene à la Spielberg: eine Messe in der Basilika, wo der alte Doge mit einem Kreuz auf seinem *corno*, seiner Kopfbedeckung, zu den Truppen spricht und sagt, er sei – dem Wortlaut der Chronik zufolge – bereit, mit ihnen und den Pilgern aufzubrechen und zu leben und zu sterben, wenn es sein müsse. In der nächsten Szene läuft die Flotte aus, das Schiff des Dogen vorneweg, zinnoberrot, Trompetenschall, Zymbeln, Gesang, windgeblähte Segel. Eine ruhmreiche Reise wird es nicht werden, eine Woche später haben sie bereits einen kroatischen Hafen zurückerobert, die Franken und die Venezianer geraten in Streit wegen der Beute, und das ist erst der Anfang, ein Jahr später wird Konstantinopel vernichtet sein, gedemütigt, leergeplündert, in Brand gesteckt, ein unvorstellbares Blutbad, ein Sakrileg oder, wie der Chronist Niketas Choniates es in Worten erzählt, die danach schreien, von Hieronymus Bosch gemalt zu werden, Pferde und Esel in der Kirche, Gold und Edelsteine aus dem Thron gebrochen, die goldenen Kelche gestohlen, eine Hure auf dem Thron des Patriarchen, und das alles in der Stadt, die heute Erdogans Stadt ist, denn auch da ist die Geschichte nie zur Ruhe gekommen. Und Dandolo? Er erhält fünfzigtausend Silbermark, wird noch in die Wahl des neuen Kaisers verwickelt, kann den weiteren Gewinn einstreichen, die Herrschaft über das Mittelmeer von der Lagune bis zum Schwarzen Meer, und stirbt 1205 im kaiserlichen Palast, fern von seinem geliebten Venedig. Sein Grab befindet sich auf einer Galerie in der Hagia Sophia. Was er davon gehalten hätte, wissen wir nicht, vielleicht trifft zu, was Norwich am Ende seines Kapitels über ihn schreibt: dass durch diesen von Dandolo angeführten Kreuzzug, der nichts mit dem Kreuz zu tun hatte, das römische Ostreich mit dem gesamten in Konstantinopel versammelten Erbe an griechischer und römischer Kultur zweihundert Jahre später untergehen und an das ottomanische Reich fallen würde. San Marco, Santa Sofia, von der einen Kirche in die andere, doch von Sofia ist nur der Name geblieben, eine ehemals heilige Moschee mit dem Grab eines venezianischen Dogen.

Vielleicht liegt es daran, dass ich aus Amsterdam bin, jedenfalls kamen mir bei allen Geschichten über Venedig Übereinstimmungen zwischen den beiden Städten in den Sinn. Auch Amsterdam war einmal klein, geballt, und dennoch ebenfalls eine Zeitlang Hauptstadt eines Imperiums mit Niederlassungen an fernen Gestaden. Handel war die Triebfeder, auch in Amsterdam konnten Menschen, die selbst nicht in die Welt hinauszogen, Beteiligungen erstehen, um so an allen Abenteuern teilzuhaben. Genauso wenig wie Venedig war Amsterdam je feudal, nicht umsonst kommen im Amsterdamer Grachtengürtel die Herren vor den Kaisern und den Prinzen, die Kaufmannsschicht der Bürger war der eigentliche Adel, und die Niederländische Ostindien-Kompanie spielte die gleiche Rolle wie der Große Rat in Venedig. Und wie Venedig war auch Amsterdam eine Stadt der Maler, und vielleicht ist es nur Ironie der Geschichte, dass beide Städte heute von Touristen überrannt werden, die anreisen, um die Reliquien jener fernen Vergangenheit zu bestaunen. Wie Venedig ist auch Amsterdam eine Stadt des Wassers, und wie Venedig war Amsterdam in gewisser Weise eine Republik, da Teil der Republik der Sieben Vereinigten Niederlande. Auf alten Stichen liegen in beiden Städten Schiffe auf der Reede, und immer ist ein wenig Heimweh nach endgültig vergangenen Zeiten und verflogenen Imperien zu verspüren. Hier hört der Vergleich dann vielleicht auf, doch so erklärt sich möglicherweise, weshalb es mich immer wieder in die Stadt an der Adria zieht.

Erzählte Bilder

Giorgione in der Accademia. Eines der geheimnisvollsten Gemälde des ohnehin geheimnisvollen Giorgione heißt *Das Gewitter* und hängt in der Accademia an einem nicht besonders auffälligen Platz. Ich war nicht auf der Suche danach, sondern nach etwas anderem. Einer dieser seltsamen Augenblicke, man ist an etwas vorbeigegangen, doch im Grunde bereits stehen geblieben. In dem komplizierten Schaltwerk von Augen und Gehirn ist ein Hebel umgelegt worden, ich musste stehen bleiben, musste wissen, was da mit mir geschah. Nachdem ich mir dieses Gemälde inzwischen unzählige Male angesehen habe, frage ich mich noch immer, was es war, was genau. Es gab da eine Bedeutung, die etwas mit mir zu tun hatte, und ich wusste nicht, welche. Sie war gemalt und ich vorläufig noch real. Wollte ich selbst in das Bild? Aber wer sollte mich dann malen? Die Zeitmauer zwischen uns ist unsichtbar, und doch kann ich sie nicht überwinden. Worin liegt das Geheimnis? Es war nicht das unirdische Licht, nicht der Blitz zwischen den geblähten Wolken, nicht das Leuchten im Laub der ranken Bäume an der Stadtmauer. Die Frau, bis auf eine weiße Pelerine nackt, hat ein kleines Kind an der Brust. Das Kind trinkt, aber sie schaut ihm nicht zu. Sie schaut mich an, will sagen: jeden, der sie in einem bestimmten Moment betrachtet. Das muss auch für den Maler gelten, wenngleich der nicht in dieser Landschaft gestanden haben kann. Er hat sie in seiner Vorstellung gesehen. Ob der junge Mann mit dem langen Stock und der sehr festlichen kurzen Hose die Frau ansieht, ist nicht sicher. Ich kann das jedenfalls nicht erkennen. Sein Kopf ist leicht erhoben, er scheint zu lächeln, gehört in das Bild, ohne zu ihr zu gehören. Doch er ist da, der Maler hat sich Zeit für ihn genommen. Und dennoch, wenn ich seinen Platz innehätte, würde sie mich nicht so ansehen. Weiß sie, dass auch ich sie betrachte? Wenn sie das nicht wüsste, würde sie doch anders schauen? Dies hier spielt sich zwischen uns ab, ohne Frage.

Zur Linken des jungen Mannes ist etwas, das ein Schornstein sein könnte, wenn ein Haus dazu gehörte, doch da ist nur eine kleine Mauer und darauf zwei im Licht glänzende Säulen? Rohre? Röhren?, ein merkwürdiges Objekt, das die Rätselhaftigkeit des gesamten Bildes noch erhöht. Warum bin ich stehen geblieben? Es kann doch nur an dem Blick der Frau liegen, einem Blick zwischen Argwohn und Neugier, als kennte sie mich oder den unsichtbaren anderen, der sie betrachtet, über die Zeit hinweg, wüsste etwas von mir oder ihm. Sie sitzt, das nackte linke Bein merkwürdig abgewinkelt neben sich, im Gras, als wolle sie schnell aufstehen oder flüchten. Die zarten Blättchen eines kleinen Strauchs zeichnen sich fast wie eine Tätowierung auf ihrer nackten Haut ab und ebenso wie eine Verzierung auf den Falten des weißen Tuchs, das schräg hinter ihr liegt. Eine Brücke, Stadtmauern im Unheilslicht, dunkle Baumwipfel, alles düster, und dann die Farbe ihrer Haut, das der Welt entrückte Kind an ihrer vollen Brust, der weiße Schulterumhang, das weiße Hemd des jungen Mannes, sein unbestimmter Blick, ihr Argwohn, das Rätsel ihrer Gedanken, und dann, irrational, mein tiefes Verlangen, in dieses Gemälde eintreten zu dürfen, an ihr vorbeizugehen, durch diese Stadt zu streifen, die dort so hell und strahlend

liegt wie eine Vision, und schließlich, gehetzt und unruhig, von der anderen Seite her aus der Stadt zurückzukehren, um bei ihr zu sein, zu Farbe zu werden und zugleich unsichtbar, ein gemalter Mann neben ihr im Gras, Teil ihres Geheimnisses, das Unmögliche, denn während ich vor dem Gemälde stehe und nicht hineinkann, weiß ich gleichzeitig, dass ich irgendwo hinter diesen Mauern oder diesen Sträuchern versteckt bin, dass ich warte und so lange weiterwarten werde, bis ich endlich weiß, was sie will. Es geht jetzt nur noch um sie und mich, alle anderen sind verschwunden.

Canaletto. Auf dem Umschlag des zweiten Bandes der großen deutschen Ausgabe des Venedig-Buchs, das mir beim Schreiben so geholfen hat (Giandomenico Romanelli: *Venedig. Kunst und Architektur*), ist ein Ausschnitt eines berühmten Gemäldes von Canaletto zu sehen, das nicht in Venedig, sondern in Rom hängt. Es heißt *Die Rialtobrücke*, doch weil der Umschlag nur einen Ausschnitt zeigt, ist die Brücke selbst nicht zu sehen, und da es sich um eine Fotoreproduktion handelt, wirkt das Gemälde dadurch und durch den Glanz des Papiers außergewöhnlich träumerisch. In das vielfarbene Wasser sind kleine Bögen gezeichnet, die Wellen darstellen sollen, die Gondolieri fern und nah stehen in den typischen Haltungen von Menschen da, die ein Wasserfahrzeug mit einer langen Stange fortbewegen müssen, Haltungen, die sich im Laufe der Zeit nie verändert haben. Weil sie in dem Gemälde, das ich in Wirklichkeit noch nie gesehen habe, sehr klein dargestellt sind, haben sie keinen Gesichtsausdruck, was die Verfremdung noch vergrößert, womöglich sind es Spukgestalten; auf der rechten Bildseite laufen durchsichtige goldene Lichtbahnen senkrecht nach unten, es muss spätabends sein, oder sogar Nacht. Die Gondel im Vordergrund hat nicht, wie die anderen Gondeln, vorn ein *ferro*, ein Gebilde wie ein Vogelschnabel, vielleicht, um nicht von der zentralen Figur abzulenken, die durch ihre Haltung das gesamte Bild prägt. Sie steht aufrecht da, hat einen weiten ockerfarbenen Umhang umgelegt, am Hals ein weißes Jabot, der Mann strahlt Macht aus, wäre dies der Beginn eines Films, so wüsste man, das ist die Hauptperson. Das Ocker seines Umhangs spiegelt sich im Wasser. Seine Perücke lässt mich denken, dass es Casanova ist, auf dem Weg zur Spielbank oder einem seiner Abenteuer. Er steht reglos da, die Augen sind dunkle Flecken, aber er sieht uns an. Zu seinen Füßen in der Gondel sitzt, wie es aussieht, ein Kind, es scheint, als rudere es, doch weiter rechts steht, mit dem Rücken zu uns, der wahre Gondoliere. In der zweiten Gondel sitzen unter der Überdachung, die damals *felze* hieß, heutzutage aber seltener benutzt wird, Menschen, wir sehen von ihnen die Form und die Farbe eines Gesichts, das uns halb zugewandt ist, aber eindeutig mit einem unsichtbaren Anderen spricht. Wer waren sie? Warum denke ich, dass es Liebende waren, die sich verbergen wollten? Und warum will ich das wissen? Woran liegt es, dass dieses Bild so suggestiv ist, dass man auf der Stelle wissen möchte, wer diese schon so lange verschwundenen Menschen waren, was sie sagten, und allein schon durch diesen Gedanken werden sie zum Sinnbild aller Gespräche, die in dieser Stadt nie verstummt sind; dank Canalettos Kunst hört man ihre Stimmen, ohne sie zu verstehen, heisere, geflüsterte Worte, genauso wie man das Geräusch der Riemen hört und des an die Unterseite der Gondel plätschernden Wassers. Dahinter sind weitere Gondeln unterwegs, schwarze dahingleitende Fledermäuse, fast immer stehen die Gondolieri an Steuerbord, nur der Gondoliere im Lichtstrahl, ganz in der Nähe des ockerfarbenen Mannes, hat sich für Backbord entschieden. Er hat keine Fahrgäste, sein Gewicht am Heck und der sechszahnige Vogelschnabel am Bug halten das Plattbodenboot im Gleichgewicht. Durch ihre klassischen Haltungen werden alle diese Gondolieri zu einem Ballett, das für einen Augenblick in der Bewegung erstarrt ist, vielleicht wollen wir deshalb immer wieder in diese Stadt zurückkehren, durch die zeitlose Wiederholung der Körperhaltungen ist Venedig zu einem Teil der in diesem Gemälde sichtbaren Ewigkeit geworden, einer fortdauernden Zeit, in der Uhren nichts zu sagen haben und zu der man, solange man hinschaut, gehören darf.

Tintoretto. Über die Verkündigung, eines der seltsamsten Geschehnisse in der Geschichte, und den Umgang von Malern damit habe ich einmal in einem anderen Buch geschrieben, nicht aus theologischen Motiven heraus, sondern weil dieses Ereignis für die Maler eine möglicherweise äußerst verwunderliche, aber doch auch unumstößliche theologische Wahrheit und Wirklichkeit war, der sie Gestalt verleihen wollten. Sie müssen es sich vorgestellt haben, als wären sie dabei gewesen, deshalb tragen die Personen auf diesen Bildern stets die Kleidung ihrer Zeit. Eine Frau, die mit einem älteren Mann zusammenlebt und nicht schwanger ist, sitzt in ihrem Zimmer. Dieses Zimmer hat bei den verschiedenen Malern unterschiedliche Formen erhalten, fast immer gleicht es einem zeitgenössisch ausgestatteten Raum. Hier, bei Tintoretto, ist das nicht anders. Josef war bekanntlich Zimmermann, doch er bleibt ausgeklammert, wie wir ebenfalls wissen. Auf diesem Bild sogar im wahrsten Sinne des Wortes, denn er steht draußen, vor etwas, was möglicherweise eine Scheune ist, im Garten. In der Ferne sehen wir einen Hügel, und er dort draußen, nahe dem Haus, hantiert mit allerlei Brettern, groben Stücken wahrscheinlich noch brauchbaren Holzes, er blickt nicht auf, sieht und hört nichts. Worum es ging, das wurde vom Heiligen Geist erledigt. Das Haus ist ärmlich, man erkennt das an dem Gips, der von den Backsteinen abgefallen ist, an dem unordentlichen Steinstapel, der noch auf dem Sockel dessen liegt, was einst eine Säule war, an dem kleinen Stuhl mit dem Sitz aus geflochtenem Schilf, das an der Unterseite des Sitzes ausgefranst ist, ungeeignet, um sich darauf niederzulassen, Armut. In seltsamem Gegensatz dazu steht das große, sorgfältig gemachte Bett mit dem tiefroten, zur Seite hin aufgeschlagenen Baldachin, das eher in einen Palast gehören würde, genau wie die hohe, verzierte Zimmerdecke. Den Schwarm ziemlich fetter nackter Putti, der unter dieser Decke durch die Luft fliegt, lasse ich mal außer Betracht, obgleich so mancher Kannibale bei ihrem Anblick auf merkwürdige Gedanken kommen könnte. Sie begleiten das Geschehen unter ihnen mit ihren Fluggeräuschen, ein Schwirren molto agitato. Das Besondere hier ist wie immer die Hauptperson, Maria. Was denkt man, wenn man ruhig dasitzt und liest – das Buch liegt noch aufgeschlagen auf ihrem Schoß –, und ein junger geflügelter Mann fliegt in rasantem Tempo horizontal in dein stilles Zimmer? Wie soll er bremsen? Es sind kräftige Flügel, was bei einem Arm der Ellbogen wäre, liegt hier im vollen Licht, woher der Schein kommt, ist nicht ganz ersichtlich, dass ein heftiger Wind bläst, sehen wir auch an den wilden Falten des weißen Gewandes, das der Geflügelte trägt. Ob auch der Heilige Geist in Gestalt einer durchscheinenden, aber doch goldenen Taube für Maria sichtbar war, ist nicht klar, ein Strahl berührt ihren Kopf und die Aureole um ihn. Sie ist erschrocken, das sieht man deutlich. Ihr linker Fuß ist nach hinten gestellt, mit der rechten Hand scheint sie sich schützen zu wollen, mit dem ängstlich ausgestreckten linken Arm greift sie mit gespreizten Fingern bis unter ein Spinnrad, was tut man, wenn ein fliegender Mann einem verkündet, dass man die Mutter Gottes wird? Ungläubigkeit, Angst, alles ist in dem im Verhältnis zum kräftigen, in schweres Tuch gekleideten Körper plötzlich kleinen Gesicht zu lesen, diese Botschaft muss, im buchstäblichen wie im übertragenen Sinn, erst noch einsinken. Sie hatte noch das Gesicht eines Mädchens, wusste noch nicht, was wir wissen, wir kennen die Bilder, die die Maler aus ihrem Leben gemacht haben, die Flucht nach

Ägypten, der Stall zu Bethlehem, die drei Könige und der lange, lange Weg ihres noch ungeborenen Sohnes bis ans Kreuz, die wundersame, millionenfache Farbvermehrung.

Unvollendeter Abschied

Zwei Wörter haben meinen letzten Tag in Venedig beherrscht: *buran* und *pilone*. Auf Letzteres richtete sich die Aufmerksamkeit infolge des Ersteren. Ein *buran* ist ein fürchterlicher Sturm aus Sibirien, der eigentlich in Venedig nichts zu suchen hat und schon gar nicht an meinem letzten Tag, vor allem nicht, wenn er mit gezückten Mördermessern über die Lagune angefegt kommt und eine *pilone*, einen Pfeiler, auf der Brücke der Freiheit zu Fall bringt, wodurch die einzige Landverbindung zwischen Venedig und dem Rest der Welt unterbrochen wird. Es braucht ein bisschen Zeit, bis einem das klar wird. Man hat sich den Wetterbericht im Fernsehen nicht richtig angeschaut. Es stehen Wahlen vor der Tür, und weil diesmal keiner weiß, wie sie ausgehen werden, starrt man den ganzen Abend auf den aufgetakelten Roboter, zu dem Berlusconi geworden ist, versucht, die junge ultrarechte Giorgia Meloni zu verstehen, die meinen italienischen Freunden zufolge kein Wort normales Italienisch sprechen kann, hört sich die politisch verbrämten Fremdenhassparolen des anderen rechtsgerichteten Kandidaten Matteo Salvini von der Lega Nord an und vergisst unterdessen, dass die wahre Gefahr nicht von Menschen, sondern an diesem Tag tatsächlich aus dem Osten kommt und ihre eigenen Pläne hat. Das Apartment, das eine niederländische Freundin diesmal für uns gefunden hatte, war eine Art länglicher Innenhof in einem Seitengang der Calle Lunga de San Barnaba, in den der

Wind nicht hineinkam. Dort war es ruhig, man hatte Aussicht auf zwei Kanäle, wenn das Wasser durch den Wind oder durch eines der wenigen vorbeifahrenden Schiffe in Bewegung geriet, entstanden im graugrünen Nass die verschiedensten beweglichen Bilder, die ich stundenlang betrachten konnte. Lange bevor moderne Maler das taten, haben Wind und Wasser Dinge verformt und gestreckt, Rechtecke wogen und glänzen lassen, wie ein Fenster oder eine Mauer sich nun mal nie bewegen kann. Vielleicht lag es daran, dass der Karneval vorbei war und der Polarwind ganze Scharen von Menschen aus der Stadt gejagt hatte, vielleicht auch nur, weil meine Sterne günstig standen, jedenfalls verbrachten wir dort eine glückliche Zeit. In dem kleinen Apartment hörten wir die Glocken der Carmini, die jede Stunde irgendein Marienlied aus meiner lange verflogenen Jugend spielten, manchmal fuhr ein Boot vorbei, das die Stimmen von Menschen mitbrachte, ein Kormoran hatte sich eine Stelle vor unserem Fenster ausgesucht, wo er seine Flügel trocknete, das Haus lag günstig zwischen den Vaporetto-Haltestellen San Basilio und Ca'Rezzonico, auf dem Campo Santa Margherita gab es einen Fischstand, und nahe der San Barnaba hatte ein Gemüseboot angelegt, es gab ein paar wunderbare Kneipen, ich hatte nicht mehr das Gefühl, hier irgendetwas tun zu müssen, und ließ mich im Rhythmus der Tage treiben. Es war, als hätte sich die Stadt nach all den Jahren in mir eingenistet, wollte nichts mehr von mir. Das Viertel war ruhig, der größte Trubel vorbei. Die Palazzi an den Kanälen stellten noch immer ihre Macht zur Schau, wenn es dunkel wurde, gingen die Leute wie Spukgestalten durch die engen Straßen, Passanten, wie auch ich einer geworden war. Noch nie habe ich so viel aufs Wasser geschaut wie in dieser Stadt. Wenn man in einem Vaporetto sitzt, ist das Wasser auf Augenhöhe, es wechselt in einem fort Farbe und Form, dies ist der Inbegriff einer fluiden Stadt, nach einer Woche sind ihre Umrisse, wie auf der Karte zu sehen, zu einem

Teil deines Körpers geworden, ein ständiger Gegensatz zwischen beweglichem Wasser und unbeweglichem Stein, die Unwiderruflichkeit von Mauern, das unerbittliche Ende einer *calle*, die in einen Kanal mündet, so dass einem nur noch die Umkehr bleibt, noch nie habe ich es so empfunden wie bei diesem letzten Mal, das natürlich kein letztes Mal ist, weil man sich das niemals eingestehen würde. Wenn ich die Augen schließe, sehe ich die Form der Stadt, nach all den Jahren hängen jetzt an sämtlichen *sestieri* Erinnerungen, diese Stadt wird nie die meine sein, mich aber auch nie mehr loslassen. Freunde hatten uns zum Parkhaus gebracht, das bekannte hilflose Koffergeschleppe über Brücken aus Holz und aus Stein, das Quengeln der in Venedig mittlerweile verbotenen Kofferräder, das zu diesem Jahrhundert gehört, bis sie sich etwas anderes ausdenken, der ruppige, unregelmäßige Rhythmus auf dem Pflaster mit seinen großen, aus fernen Bergen herausgehauenen Steinen, das Auto auf dem obersten Parkdeck wie ein verschmutzter Verbannter: Abschied, der soundsovielte. Dachten wir. Der *buran* hatte eine bessere Idee.

Wir waren noch nicht ganz aus dem Parkhaus gerollt, und schon stand der gesamte Verkehr auf dem Piazzale Roma. Auffallenderweise hupte niemand, ein Zeichen, dass das Schicksal zugeschlagen hatte und als solches erkannt worden war, das Schicksal hupt man nicht an. Man bleibt in seinem Auto sitzen und friert. Der Piazzale ist der einzige Ort in Venedig, an dem man Auto fahren – oder in diesem Fall in seinem stehenden Auto sitzen – kann, er ist auch Ziel und Abfahrtspunkt der großen gelben Busse, die die Stadt mit dem Veneto verbinden, aber die konnten jetzt auch nicht weg, genauso wenig wie der blaue Flughafenbus. Es fühlte sich ein bisschen an wie früher in Berlin zur Zeit der Mauer, wenn man sonntags ins Freie wollte. Der Bahnhof von Venedig ist von der Stadt aus über zwei hohe Brücken erreichbar,

doch die Stadt ganz verlassen kann man nur über die Brücke der Freiheit, und die war jetzt, wie sich zeigte, versperrt. Ein riesiger Betonpfeiler lag quer über der Fahrbahn, es drohte Gefahr wegen der Stromleitungen, die er bei seinem Fall mitgerissen hatte, noch mindestens eine Stunde würde es dauern, die Feuerwehr musste anrücken, und das geht nicht so schnell. Aus einer Stunde wurden zwei, dann drei, dann vier, und bei fünf gaben wir auf. *Crolla pilone, Venezia nel caos*, schrieb der *Gazzettino* am nächsten Tag. Die Freunde, die uns zum Parkhaus begleitet hatten, waren bei uns geblieben, jetzt konnten wir mit ihnen zurück in ihre hochgelegene Wohnung gegenüber unserem alten Apartment, der Trost von Pasta, einem Wein aus Sizilien und einem Grappa, um die Kälte zu vergessen. Weil wir gedacht hatten, wir würden für dieses Mal endgültig abreisen, hatten wir die Schlüssel, wie es sich gehört, in unserem Apartment hinterlassen, die Eigentümerin trotzte der eisigen Nacht, kam über den Dnjepr und die Tundra und öffnete das Apartment mit Hilfe einer Röntgenaufnahme, weil die Putzfrau den einzigen anderen Schlüssel hatte; wir waren wieder zu Hause und eigentlich doch nicht mehr, unsere Bücher und Kleidung befanden sich bereits im Auto, Menschen ohne Gepäck. Als ich mich über das Röntgenfoto wunderte, sagte sie, Einbrechen ist viel einfacher, als man denkt, ich komme auch mit einer Kreditkarte hinein, und mit diesem hoffnungsfrohen Gedanken schlief ich ein. Am nächsten Morgen lag leichter Nebel über dem Kanal, ich erkannte den Kormoran, der mich mit dem Blick eines Tiers ansah, das Menschen nicht wahrnimmt, ich wusste, ich musste die Stadt verlassen und gegen die hohen Berge eintauschen, die man bei klarem Wetter von der Lagune aus in der Ferne sieht, aber ich wollte noch nicht. Ich starrte auf die alten Stiche an der gegenüberliegenden Wand, die ich in der letzten Zeit jedes Mal beim Aufstehen gesehen hatte, Karten aus verschiedenen Jahrhunderten, die beweisen wollten, dass sich die

Form der Stadt über sehr lange Zeit hinweg nicht verändert hatte, der wollüstige Schlenker des Canal Grande, der den Anschein erweckt, als wollte das *sestiere* San Polo an der Rialtobrücke der gegenüberliegenden Seite in den weichen Bauch beißen, die Friedhofsinsel San Michele gegenüber dem Ospedale wie ein Kind, das zu seiner Mutter schwimmen will, San Giorgio doch noch ein wenig seine eigene Festung an der Spitze von Giudecca, Giudecca selbst mit dieser geheimnisvollen Rückseite, die dem Rest der Welt sagt, dass Venedig hier wirklich aufhört. Irgendwo in dem schwarzen Liniengewirr jener Karten mussten sich auch die eingeritzten Striche befinden, die das in diesem Maßstab fast unauffindbare Haus darstellten, in dem ich noch geborgen war, eine beinahe körperliche Empfindung. Die zurückliegenden Wochen waren gut gewesen, wir hatten die Stadt nicht mehr als Pflicht empfunden, waren immer wieder ohne Plan aufgebrochen. Jetzt betrachtete ich diese alten Karten und begriff, dass der sibirische Sturm, der mich am Vortag hier festgehalten hatte, eine Botschaft war. Ich brauchte gar nicht weg, ich konnte noch einmal zum Fischmarkt gehen, noch eine lange Fahrt mit dem Vaporetto machen und ein letztes Mal das prachtvolle mittelalterliche Grab von Arnolde d'Este in der Frari betrachten, ich konnte die vergangenen Wochen um ein paar weitere Tage fortsetzen, musste noch keinen Abschied nehmen, durfte mich in der Stadt treiben lassen. Die Karten an der Wand waren nicht koloriert, ich versuchte, die Giardini zu finden. Nie zuvor hatte ich ernsthaft über diese städtischen Gärten nachgedacht, für mich war das der Ort der Biennale, die ich nie besucht hatte, ein grüner Fleck auf der Karte, wo das Vaporetto auf dem Weg zum Lido immer hielt, jetzt hatte ich auf einmal die Zeit, mir die eigenartigen Statuen anzusehen, die dort zwischen den Sträuchern stehen, nicht weit von der Stelle entfernt, an der die ermordete Partisanin ausgestreckt im Wasser liegt, das lange Haar in den Algen schwimmend, eine Erinnerung

an jenen Krieg, den ich noch selbst erlebt habe. Sie liegt dort so still, dass es den Anschein hat, als seien die leisen Bewegungen des Wassers die Übersetzung ihrer Gedanken, eine Meditation über die Dinge, die hinter der Zeitmauer verschwinden, für manche Menschen aber noch immer in der Verborgenheit ihres geheimen Wesens präsent bleiben. Nicht weit von ihr steht eine ganze Gruppe, wenn man dort allein umhergeht, hat man das Gefühl, dass sie sich untereinander alle kennen und man selbst sie möglicherweise stört. Ein Mann, der aussieht wie ein heroischer Karl Marx mit etwas wie einem Grabstein an der Stelle seiner Brust, darauf sein fast unleserlicher Name, Giosuè Carducci, sowie zwei von ihm abgewandte Frauenköpfe dort, wo normalerweise die Schultern sind. Hoch ragt er aus dem Geäst kahler Winterbäume hervor, unter ihm ein wütender schwarzer Adler. Ein Dichter war er, ein Italiener, der nicht an Gott glaubte und 1906 den Nobelpreis erhielt. Was denken Dichter, wenn sie ihr eigenes Standbild sehen? Und was denken sie über die steinerne Gesellschaft, in deren Mitte sie so viele Jahre nach ihrem Tod gelandet sind? Nicht weit von ihm steht Guglielmo Oberdan, der 1882 zum Tode verurteilt worden war, weil er in Triest ein Attentat auf den österreichischen Kaiser verüben wollte. Held Italiens, Märtyrer, Anhänger von Garibaldi, missglücktes Attentat. Italien hatte weite Gebiete an Österreich abtreten müssen, Triest gehörte zu Habsburg, es sollte an Italien zurückgegeben werden. Dreißig Jahre danach wurde in Sarajewo ein anderes Attentat auf einen Habsburger verübt, das den Ersten Weltkrieg auslöste, etwas von der nationalistischen Leidenschaft jener Zeiten strahlt aus dem geschwärzten Gesicht Oberdans, der eigentlich Oberdank hieß, das K seines Namens aber bereits geopfert hatte, bevor er sein Leben dahingab. Das Mindeste, was Venedig tun könnte, ist, das Schwarz aus seinem verschmutzten Gesicht zu entfernen: Sein Kopf ist schön genug dafür – so sollte ein Held aussehen, weit offener Kragen, Kinn in

die Höhe gereckt, kantige Kiefer. Jemand hat auf sein Brustbein einen Kreis mit einem A darin geritzt. Austria? Ein Streifzug durch eine Stadt ist immer auch ein Streifzug von einem Zeichen zum anderen. Alles Mögliche wollen diese Statuen erzählen, Gustavo Modena, Riccardo Selvatico, Pier Luigi Penzo, ein Schauspieler, ein Bürgermeister, ein heldenhafter Pilot, die altmodische Fliegerbrille noch auf der Stirn, es ist ein regnerischer Tag, auf einer Parkbank sitzt ein alter Mann aus Indien und teilt sein Brot mit gut und gerne dreißig Tauben, ich sehe, wie kleine Vögel an den kahlen Zweigen der Bäume noch etwas zu fressen finden, höre meine eigenen Schritte auf dem Kies der Wege und fühle mich wohl in der Gesellschaft dieser Standbilder, es ist ein freundlicher Friedhof mit aufrecht stehenden steinernen Toten. Auch Wagner, der hier Ricardo heißt, weil er 1883 in Venedig gestorben ist, gehört dazu und blickt über die Lagune, an den Jahreszahlen ist abzulesen, dass alle hier fast schon ein Jahrhundert lang oder länger tot sind, sie sind daran gewöhnt, das macht den Ort wahrscheinlich so ruhig. Ein verstümmelter Apollo, der hinter einem Strauch den Satyr Marsyas häutet und ein Stück steinerner Haut in der Hand hält, Pallas Athene, mit hochgestreckten Armen auf einem monumentalen Löwen sitzend, verirrt unter einem Lorbeerbaum, ich bin im Land der Träume an einem Tag, den ich mir selbst geschenkt habe, doch das Schönste kommt erst noch, ein Entdeckungsreisender mit Hunden: Francesco Querini. Später lese ich, dass er ein Bergsteiger und Forscher war, der zusammen mit dem Herzog der Abruzzen an einer Expedition zum Nordpol teilgenommen hatte und im Gegensatz zum Herzog von dieser Tour im Jahr 1900 nicht mehr zurückgekehrt war. Von einer Reise nach Spitzbergen kenne ich seinen Namen, denn nördlich des Archipels hat man eine Insel nach ihm benannt. In jener Gegend erwartet man keine Inseln mit italienischen Namen, doch wie es aussieht, berührt das Querini kaum mehr. Er ruht ohne Grab irgendwo in der eisigen arktischen Kälte, hier aber sitzt er hoch und trocken auf einem Fels mit zwei Hunden zu seinen Füßen – und was für Hunden. Sie wollen nicht von seiner Seite weichen, das ist ganz deutlich, sondern schmiegen sich links und rechts an seine Beine, die beide bis zu den Knien mit Gamaschen umwickelt sind, und sie sehen mich an, als hätten sie mich schon vor Stunden erwartet, was aber auch für ihren Herrn gilt. Alle drei haben einen eigenartigen, erstaunten Blick, als könnten sie noch immer nicht verstehen, wie sie aus dem Polareis nach Venedig geraten sind, und ich denke, das liegt daran, dass der Bildhauer ihre Pupillen so merkwürdig mitten ins Auge gesetzt hat, ich kann meinen Blick nicht davon lösen. Querinis Name auf dem Denkmal ist verwaschen, wer nicht gezielt danach sucht, wird nie erfahren, wer er war, er ist nie richtig heimgekehrt.

An allem ist dieser Pfeiler schuld, der quer über die Brücke gefallen ist. Die leeren Tage, die ich mir selbst geschenkt habe, bringen mich an Orte, an denen ich nie zuvor war, und dadurch auf merkwürdige Gedanken. Den Kopf noch voll von den Standbildern in den Giardini, bin ich langsam durch die halbe Stadt spaziert und ohne viel nachzudenken im Museo di Storia Naturale im Fontego dei Turchi gelandet, wo ich mich Auge in Auge mit einem riesigen Gorilla befinde, der mit weit ausgestreckten Armen an der hellrosa Wand hängt. Er ist böse, der Gorilla, sein Maul mit den vielen Zähnen ist weit aufgerissen, an seiner nackten Brust hängt ein Messingschild, auf dem »Gorilla« steht, die schwarzledernen Hände und Füße gleichen einander, zu seiner Linken hängt der Panzer einer Riesenschildkröte, was tue ich hier? So viele Male war ich in dieser Stadt voller Museen mit Gemälden und von Menschen geschaffenen Meisterwerken, und jetzt bin ich plötzlich hier, in einem Museum mit Objekten, die niemand gemacht hat, zwischen Skeletten prähistorischer Tiere, Regalbrettern voller

Vögel, die aussehen, als könnten sie doch noch singen, dem Fossil eines Fisches aus dem Känozoikum, der noch immer so aussieht, als hätte ich diesen Brassenartigen morgens auf dem Markt gekauft, um ihn am Abend in Weißwein zu dünsten.

Falsch, der Fisch stammt aus der Nähe von Verona, wo es jetzt kein Meer mehr gibt, vor sechsundsechzig Millionen Jahren allerdings schon, als Verona und ich im Gegensatz zu diesem Fisch noch gar nicht existierten. So wird es dann doch noch ein meditativer Vormittag. In dieser Stadt der vielen Epochen ist auch so etwas möglich, heute kein Tintoretto oder Carpaccio, heute werde ich in diesem erstaunlichen Museum zwischen Zeitaltern und ausgestorbenen Tierarten, venezianischen Entdeckungsreisenden und adligen Jägern hin und her gestoßen, die ihre Triumphe in die Lagunenstadt zurückgebracht haben. Venezianer waren ausgeschwärmt, um die Welt zu entdecken, ihre Beute ist hier zur Schau gestellt, und so stehe ich denn vor einer Vitrine, in der zwei von Kopf bis Fuß schwarz lackierte Mumien von Krokodilen liegen, zusammen mit der ebenfalls schwarz lackierten, glänzenden Mumie einer Frau. Der Saal ist dem venezianischen Entdeckungsreisenden Giovanni Miani gewidmet. Aus seinem 19.-Jahrhundert-Porträt heraus blickt er mich leicht melancholisch an, die breite Gestalt in etwas gehüllt, was wahrscheinlich ein arabisches Gewand sein soll. Er hatte zwischen 1859 und 1861 nach den Quellen des Nils gesucht, sie aber nicht gefunden, das gelang ein paar Engländern ein Jahr später. Dafür brachte er aber seine Lithographien, Notizen, Zeichnungen mit zurück, seine handschriftlichen Tagebucheintragungen über Stämme, die er besucht, und über Dinge, die er gesehen hatte, ein Goldschatz für Ethnologen. Waffen, Musikinstrumente, landwirtschaftliche Geräte, alles ist für uns bewahrt in geräumigen, hellen Vitrinen hinter jenen mumifizierten Krokodilen und dem ebenso schwarzen aristokratischen Schädel der daneben liegenden Frau, die Miani für eine Prieste-

rin gehalten hatte, wie von Herodot beschrieben, eine der Frauen, die damit betraut waren, die heiligen Krokodile zu füttern, und, wenn die Krokodile starben, sofort getötet, einbalsamiert und zusammen mit ihren Tieren bestattet wurden. Als er sie fand, war ihr Gesicht mit einer goldenen Maske bedeckt. Die Krokodile liegen neben ihr in umgekehrter Richtung, als wollten sie an ihr vorbei in eine unvorstellbare Zukunft schwimmen. Ich versuche, an eine lebendige Frau zu denken, an den Klang einer Stimme in einer vergessenen Sprache, die nie mehr von irgendjemandem gehört worden ist, doch wegen der glänzendem Onyx gleichenden Haut an ihren schlanken Händen und Füßen gelingt mir das nicht mehr, zu viel Zeit ist zwischen ihr und mir vergangen.

Noch merkwürdiger geht es in dem höchst eigenartigen Jagdzimmer des Grafen de Reali zu. Es ist nicht gerade ein Raum für die Tierschutzpartei, aber doch großartig gestaltet. Irgendwie ist der Tod nicht zugegen, obwohl nichts als tote Tiere zu sehen sind. Die unendlich langen Hälse zweier Giraffen recken sich schwungvoll aus ihren Rahmen an der Wand, ferner gibt es Affen, Zebras, Hirschköpfe mit weit ausladenden Geweihen, ausgestopfte hoch aufgerichtete Schlangen, die gespaltene Zunge drohend mir entgegengestreckt, am Boden und an der Wand Tiger- und Löwenfelle, Stoßzähne aus Elfenbein, der ähnlich den Giraffen langgereckte Hals eines Straußes genau gegenüber von dem Gorilla, abgesägte Elefantenfüße als kleine Tische, ein absurdes, Heiterkeit erweckendes Panorama, das durch die wunderbare Symmetrie doch wie eine Art Ehrenerweis an die irrsinnige Vielfalt wirkt, die die Natur für sich selbst erdacht hat, ein evolutionäres Raritätenkabinett. In irgendeiner Ecke hängt das Ölporträt des Grafen, der dies alles gesammelt und wahrscheinlich auch getötet hat, ein leicht erkahlter Herr mit Krawatte unter einer dicken Firnisschicht, mit stechendem Blick, der noch immer zu zielen scheint, ein Mann, der mit seinem ausladenden, bis weit über die Wangen hinaus gemalten horizontalen Schnauzbart selbst wie eines seiner merkwürdigen Opfer aussieht. Nach seinem Tod vermachte die Familie den gesamten Schatz der Stadt. An dem furchteinflößenden drei Meter hohen und sieben Meter langen Skelett des *Ouranosaurus nigeriensis* vorbei gehe ich in den venezianischen Mittag hinaus und sehe auf der Kaimauer am Wasser eine große Möwe, die mit ihrem gewalttätigen Schnabel in die Überreste einer Taube hackt, um sie danach schwungvoll ins Wasser zu werfen, und als ich wieder zu Hause bin, beobachte ich, wie mein Kormoran tief ins graue Wasser taucht und nach einer Weile ein ganzes Stück entfernt zurück an die Oberfläche kommt. In wie viel Millionen Jahren darf er in ein Museum?

Noch vor meiner missglückten Abreise hatte ich in einer schönen Buchhandlung nicht nur zwei englischsprachige Bücher von Donna Leon gekauft, die beide etwas mit der Lagune zu tun haben, sondern auch ein kleines Buch in schöner Aufmachung von einer mir unbekannten italienischen Schriftstellerin namens Rosella Mamoli Zorzi. Italienische Namen sind Kantilenen, vielleicht sind Italiener deshalb so fasziniert von nördlichen Autoren, etwas an diesem für eine südliche Zunge so Knirschenden ihrer Namen scheint Geheimnisse zu bergen, die die südliche Seele zu gerne ergründen würde. Bei mir ist es umgekehrt, ich summe Mamoli Zorzi, Rosella in umgekehrter Reihenfolge vor mich hin und habe das Buch schon gekauft, nicht zuletzt deswegen, weil Veroneses *Der Raub der Europa* die Umschlagvorderseite ziert. Der nachdenkliche Kopf des geschmückten Stiers, der sie entführen wird, das blonde geflochtene Haar der Europa, das Schicksal, das sie erwartet, ihr milchweißer Hals mit der kleinen Kette, die eine jungfräuliche, ebenso weiße Brust in dieser Überfülle an Stoff und Juwelen, die wirbelnden Bewegungen all dieser Frauenkörper in ihrem Textilüberfluss, das kleine Buch ist unwiderstehlich.

Wonder and Irony heißt es, und es beschreibt die Gefühle und Gedanken von Henry James und Mark Twain bei der Betrachtung der Werke Tintorettos und Veroneses im Dogenpalast. In meiner plötzlich freien Zeit scheint jetzt wieder alles möglich. Es wird nicht das letzte Mal sein, dass eine Buchlektüre meinen Tag verändert. Dogenpalast und Markusdom hatte ich früher schon ausgiebig besucht, in den letzten Jahren jedoch wegen des allzu großen Gedränges und der langen Warteschlangen meist gemieden und mich gleichzeitig deswegen schuldig gefühlt. Es hat angefangen zu regnen, in einem Café habe ich in dem Buch geblättert und gelesen, unterschiedlicher können zwei Amerikaner nicht sein. James, höchst intelligenter und belesener Ästhet, gleicht in dem, was er schreibt, den Porträts, die ich von ihm kenne, ein bedächtiger Mann, der sehr gut betrachten konnte, nicht nur Gemälde, sondern auch seine Landsleute im Ausland, die Hauptfiguren seiner Bücher. Rosella Zorzi hat die richtigen Passagen in diesen Büchern gefunden, *Italian Hours, The Princess Casamassima, The Golden Bowl, The Wings of the Dove*, überall sieht er oder sehen seine Romanfiguren Gemälde, sie reden und schreiben darüber und denken über sie nach, in *The American* lässt er seinen Protagonisten sogar ein Gemälde kaufen, das dann der Grundstein zu einer Sammlung wird, kurz und gut, James bewegt sich, langsam und vornehm, in einem gemalten Universum, man schreibt das Ende des 19. Jahrhunderts, er muss im Dogenpalast die Zeit und Muße gehabt haben, in aller Ruhe die Veroneses und Tintorettos zu betrachten, und obgleich auch er wusste, wie er anderen Touristen aus dem Weg zu gehen hatte, waren es nicht die Touristen von heute, eher Leute wie er selbst. Er lebte in einer anderen Epoche, nicht gestört von ungehörigen Schulklassen und undenkbaren Chinesen mit undenkbaren Selfies, und konnte so das Gesehene in seinen Büchern unterbringen, ein Amerikaner aus den besseren Kreisen, der mit dem Schiff gekommen war, weil es Flugzeuge noch nicht gab, und in der einstigen Macht und dem Reichtum Venedigs mit einer beneidenswerten Selbstverständlichkeit und dem gemächlichen Tempo eines Überseedampfers umherspazierte. Ich sehe prächtige, von jemand anderem geputzte Schuhe, einen dreiteiligen Anzug, eine goldene Uhrkette, eine endgültig entschwundene Zeit, in der er an nichts zweifeln musste. Sieht er dieselben Gemälde wie ich? Ich komme vom Außendeck eines Vaporettos, bin auf der Schiavoni unangenehm nass geworden, stehe in einer langen Schlange nasser Zeitgenossen, die mittels eines gespannten Seils im Zaum gehalten werden, alle paar Minuten darf eine kleine Gruppe hinein, als wir endlich drinnen sind, versuchen wir, die nassen Sachen an einer Garderobe loszuwerden. Wir verlieren uns wie immer in den ungeheuren Dimensionen des mächtigen Gebäudes, auf dem großen Innenhof schüttet es, durchgefroren irren wir über die Treppen und Galerien, Henry James ist nirgends zu sehen, in jedem Saal steht ein Schild mit Erläuterungen, vor dem sich ein Menschenknäuel drängt, ich tue so, als hätte ich keinen Körper, und lese über die Schultern hinweg und neben den Ohren und lächerlichen Kopfbedeckungen anderer über das, was ich sehe, die Bewohner des Reiches von Ovid, Helden und Fabeltiere, Götter und Göttinnen, den Raub der Europa, über den James an seinen berühmten Bruder, den Philosophen William James, schreibt, »dass es unmöglich ist, dieses Gemälde ohne den Schmerz des Neides zu betrachten, weil sich nirgendwo in der Kunst auf diese Weise ein solches Temperament offenbart hat« wie hier bei »dieser Mischung aus Blumen und Juwelen und Brokat«, der noch nicht einmal dreißigjährige Schriftsteller gerät in Verzückung, in seiner Erzählung »Travelling Companions« *(Complete Stories*, 1864-1874*)* geht er ein weiteres Mal auf Veroneses *Raub der Europa* ein, mit ekstatischen Beschreibungen, die zu lyrisch sind, um übersetzt zu werden, wie zum Beispiel: *»I steeped myself with unprotesting joy in the gorgeous glow and salu-*

brity of that radiant scene, wherein, against her bosky screen of immortal verdure, the rosy-footed, pearl-circled, nymph-flattered victim of a divine delusion rustles her lustrous satin against the ambrosial hide of bovine Jove.« Ich schaue noch einmal, und nein, ich werde nicht mit dem Blick des Späteren an ihm und seiner erhabenen Prosa zweifeln, dergleichen hat keinen Sinn, ich sehe, wie das rechte Bein der Nymphe das »ambrosische Fell« des göttlichen Stiers im Grunde nur knapp berührt. Jupiter war dabei, die schöne Europa zu entführen, er hat einen zutiefst nachdenklichen Ausdruck auf seinem Stiergesicht, erträgt wie ein alter Herr den Tumult der drei Frauenkörper auf ihm und um ihn herum, und ich denke an die gleiche Szene auf einem Gemälde von Nicolaas Verkolje im Rijksmuseum, über das ich vor langer Zeit einmal geschrieben habe, und sehe dann, weil die vor dem Bild stehenden Menschen plötzlich verschwunden sind, in einer anderen Ecke der Sala dell'Anticollegio das kleine Tintoretto-Gemälde, über das James ebenfalls schreibt, *Bacchus und Ariadne*. Nach den gigantischen Wänden mit Tintorettos *Paradies* in der Sala del Maggior Consiglio ist dieses kleine Bild ein Wunder an Schlichtheit. In besagter Erzählung *Travelling Companions* greift James in einem Gespräch zweier seiner Figuren den Unterschied zwischen diesen beiden Gemälden und ihren Malern erneut auf, wie kann der düstere Maler aus der Scuola San Rocco auch dieses helle, bezaubernde Bild geschaffen haben, »*this dazzling idyll*«? Und er hat recht, als ich später an anderen Orten in dem Palast weitere Tintoretto-Gemälde betrachte, wird das Rätsel nur noch größer. Venus scheint zu fliegen, als sie der sitzenden Ariadne die Krone aufsetzt, der schlanke Bacchus hält die beiden Frauenfiguren in vollkommenem Gleichgewicht, die beiden linken Hände der Frauen berühren einander unter dem wundersam hellen Himmel, es ist ein Traum von einem Gemälde. Vor wie langer Zeit stand Henry James hier? Vor etlichen Kriegen, lautet eine korrekte Antwort und damit sogleich ein Abgrund, über den man im Palast eines Staates nachdenken kann, der selbst so viele Kriege geführt und so viel Reichtum angehäuft hat, dass ich mir dieses Gemälde auch heute noch anschauen kann, die Venezianer haben ihre Schätze gut bewahrt. Für einen Moment ist die Vergänglichkeit aufgehoben, für einen Moment bin ich Henry James und jeder, der dieses Bild in den vergangenen fünfhundert Jahren betrachtet hat, und inmitten all dieser Leute um mich herum habe ich wieder einen Augenblick lang diese eigenartige Empfindung, ein Gefühl, als hätte ich keinen Körper mehr, und so streife ich weiter durch die großen Säle, bis Mark Twain mich mit einem ironischen Auftrag schlagartig aus meinen Träumereien weckt, und das ist dann die *Irony* aus dem Buchtitel. Henry James war das *Wonder*, das hier Verzauberung und Staunen zugleich bedeutet, Mark Twain, der Autor des Buches *A Tramp Abroad (Bummel durch Europa)*, darf mich wieder auf die Erde zurückbringen, mit einem Satz, den ich erst verstehe, als ich den von ihm erwähnten Gegenstand endlich gefunden habe. Das Gemälde, um das es geht, stammt von Francesco und Leandro Bassano und hängt im Saal des Zehnerrats, doch wenn man sich ein bloßes Gemälde vorgestellt hat, bleibt man am Saaleingang erst einmal erschrocken stehen, denn es handelt sich hier um ein endloses Bild von Wand zu Wand. Als Erstes sieht man einen Papst, der offenbar einen Dogen mit der entsprechenden Gebärde segnet, wobei der Doge den Segen nicht kniend empfängt, und weiter zur Rechten, nach einer großen Gruppe Fahnen tragender Männer, das gewaltig dicke Hinterteil eines Streitrosses, ein Schimmel, der mehr Raum einnimmt als Papst und Doge zusammen – doch das war es nicht, was Mark Twain sah. Ich habe seinen Text dabei, und ich kann Englisch lesen, verstehe aber trotzdem nicht, was er meint, wenn er dem Bassano-Gemälde einen anderen Namen gibt. »*The other great work which fascinated me was Bassano's immortal Hair Trunk.*« Von diesem Moment an lautete mein

Auftrag an mich selbst, in der ungeheuren Menge von Personen an der Wand diesen unsterblichen *Hair Trunk*, diesen »Fellkoffer«, zu finden. Hunde, Pferde, Männer mit Lanzen, Bischöfe mit Mitra, ein Papst, ein Doge, eine Frau mit einem Kind, ein Mann, der sich zu zwei Hunden vorbeugt, und dann habe ich erst einige wenige Meter mit meinem Blick zurückgelegt, bin noch lange nicht bei Papst Alexander III., der unter einem hohen Baldachin dem Dogen Sebastiano Ziani seinen Segen erteilt. Später schlage ich Ziani in meinem Dogenbuch nach. Er war der neununddreißigste Doge und regierte von 1172 bis 1178. Er war nicht nur derjenige, der die erste Staatsbank gründete, sondern er brachte auch die Versöhnung zwischen Alexander III. und Kaiser Friedrich Barbarossa zuwege, die Geschichte mit dem berühmten Kuss und dem Steigbügeldienst direkt vor dem Markusdom. Der schon damals unvorstellbare Reichtum Venedigs hat sicher dazu beigetragen. Am Ende seines Lebens zog Ziani sich auf die andere Seite des Wassers ins Kloster San Giorgio Maggiore zurück. Nicht nur räumlich liegen die Dinge hier dicht beieinander, auch zeitlich, wenn man bedenkt, dass ebendieser Doge dafür sorgte, dass der Kaiser auch einen Waffenstillstand mit dem Lombardenbund, der Lega Lombarda, unterzeichnete, ein Name, der in unserem Jahrhundert in der Lega Nord nachklingt – Geschichte ist hier immer sehr präsent.

Wo aber ist mein *Hair Trunk*? Für Mark Twain muss dieser geheimnisvolle Fellkoffer so ungefähr das Zentrum, womöglich sogar die Hauptfigur in dem Gewimmel an der Wand gewesen sein. Rechts vom Papst und vom Dogen stehen hohe Würdenträger mit wehenden Fahnen, etwas weiter entfernt sehe ich Soldaten, einen Trommler, einen Mann, der über Rad und Lauf einer Kanone hängt, dann besagtes gewaltiges Pferd, das, wie ich erst jetzt bemerke, sich in Gesellschaft eines weiteren Schimmels befindet, und, eingeklemmt als Kontrast zwischen den beiden weißen

Tieren, einen schwarzen Mann. Noch weiter rechts bläst jemand Trompete, der Lärm auf diesem Bild muss gewaltig gewesen sein. »Von diesem Augenblick an«, schreibt Twain, »besitzt kein anderer Gegenstand auf diesen vierzig Fuß Leinwand noch irgendwelchen Reiz. Man sieht den Fellkoffer und nur den Fellkoffer«, (*Hair Trunk*, er schreibt es mit großen Anfangsbuchstaben), » – und ihn sehen heißt, ihn anbeten.« Dazu bin ich gern bereit, sehe aber nicht recht, was er meint, und damit bin ich nicht allein, denn Twain fährt fort: »Bassano brachte sogar in der unmittelbaren Nachbarschaft des Hauptthemas Gegenstände unter, deren vorgeblicher Zweck es ist, die Aufmerksamkeit noch ein bißchen länger von ihm abzulenken und dadurch die Überraschung hinauszuzögern und zu mehren.« Was mich betrifft, so ist das geglückt, denn ich sehe ihn noch immer nicht, und das war ja schließlich beabsichtigt: Man sieht ihn erst, wenn man ihn sieht, und dann weiß man, dass man von einem Meistererzähler genarrt worden ist. Unterhalb des gewaltigen Pferdehinterteils liegt eine gezackte Hellebarde auf dem Boden, dahinter steht ein Mann mit einem schweren zugeschnürten Sack auf dem Rücken, barfüßig ist er, und neben ihm steht ein anderer Mann in Blau, und ja, ich stelle mir vor, welch ungeheures Vergnügen es dem Maler bereitet haben muss, diese so verschiedenartige Menschenmenge zu malen, und dann sehe ich ihn endlich, eigentlich noch fast versteckt unter einem Kanonenlauf: einen kleinen fellüberzogenen Koffer, den Gegenstand, der Mark Twain zufolge das eigentliche Thema des riesigen Gemäldes ist. Dass danach noch ein Mann kommt, das hohe Heck einer Galeone, dahinter ein Himmel von unbeschreiblichem Blau, unter dem noch eine Reihe von Schiffen auf Reede liegt, ist dann schon nicht mehr von Belang. Ich versuche, mir die kleine Kiste möglichst genau anzusehen, schimmernde Messingnägel sind in das Fell genagelt, im Halbdunkel des Saals ist die Hauptfigur nahezu unsichtbar, Twain hat es geschafft, ich habe Papst und Dogen vergessen, möchte nur noch wissen, was Kunsthistoriker davon halten und ob Henry James die Geschichte seines so unterschiedlichen Landsmanns und Kollegen jemals gelesen hat. Rosella Zorzi sagt nichts darüber, und so spaziere ich weiter durch das mächtige Gebäude. Durch ein Fenster auf einem der Gänge sehe ich, dass es immer noch regnet, von fern höre ich das Tuten einer Schiffssirene, ich denke daran, dass nur eine Vaporettohaltestelle von hier das immer noch existierende Kloster San Giorgio liegt, in das sich Doge Ziani vor achthundert Jahren zurückzog, ohne zu wissen, dass er drei Jahrhunderte später seinen Ehrenplatz neben dem Papst auf diesem Gemälde an einen fellüberzogenen Koffer würde abtreten müssen, auf Geheiß eines Schriftstellers aus einem Erdteil, der zu seiner Regierungszeit noch nicht einmal entdeckt war.

Prezzo a richiesta! Preis auf Anfrage! FOR SALE!! Das prangt auf der Titelseite des Magazins des *Corriere della Sera* vom 22. Februar, das ich aufgehoben habe. Über dem Canal Grande steht eine helle Wolke, Abendstimmung, ein Gondoliere bewegt eine leere Gondel über das graue Wasser, man sieht die Lichter von Straßencafés, Häuserfassaden, Vaporetti in der Ferne und liest die großen weißen Buchstaben auf dem Umschlag: *VENDIAMO VENEZIA? Sind wir dabei, Venedig zu verkaufen? Ausverkauf??*

La serenissima, die Heiterste oder Gelassenste, ist die wörtliche Übersetzung des Adjektivs, das Venedig nun schon seit Jahrhunderten anhängt. Aber trifft es noch zu? Innendrin im Magazin ein großes Bild, eines jener trickreichen Fotos, mit denen man eine Stadt schrumpfen lassen oder aufblähen kann, die Perspektive verzerren, mit der Folge, dass nichts mehr stimmt. Meist macht man das, um etwas zu beweisen, und so ist es auch hier. Vorne links ein schmaler Wassergraben, das ist der Canal Grande, und am anderen Ufer die Santa Maria della Salute, ein großes Gebäude an einem schmalen Gewässer. Das Bild stimmt hinten und vorn nicht, doch die Kirche ist deutlich erkennbar. Viel erkennbarer noch ist das riesige Kreuzfahrtschiff dahinter, das durch die Bildmontage größer wirkt als eine halbe Stadt, man könnte fünf Salutes daneben- oder davorsetzen. Hinter dem Schiff ein großes Gewässer, wir befinden uns schließlich nach wie vor in La Serenissima, doch am grauen Himmel darüber steht in großen Buchstaben geschrieben: »*Noi Veneziani? Non stiamo serenissimi!!*« Wir Venezianer? Wir bleiben nicht länger *serenissimi*!! Verfasst hat den Artikel Tiziano Scarpa, aber mich mit meinem nicht perfekten Italienisch bringt er sofort auf eine falsche Fährte, denn er führt ein Gespräch mit jemandem (denke ich), der unter ihm wohnt. *La riconosco*, ich erkenne sie, sagt er, *è una pantegana grossa* (und dieses Wort kannte ich nicht), eine große Ratte, eine Riesenratte, die unter mir wohnt.

Tiziano Scarpa, der Autor von Romanen sowie einem subtilen Buch über Venedig, lässt die venezianische Ratte sagen: »Es gibt eines, was wir Venezianer nicht können. Wir können uns nicht verstecken. Wir haben keine Metro, keine unterirdischen Fluchtmöglichkeiten, wir leben an der Oberfläche, wir leben ohne Unterbewusstsein, Venedig ist auf Schlamm erbaut, die Bewohner sind die oberflächlichsten Menschen der Welt, wir haben keine Nischen, in die wir uns flüchten können, um unsere Identität zu bewahren. Andere Städte haben Katakomben, Bunker, wir haben keine antitouristischen Schutzkeller, um uns vor den Luftangriffen des *Low-cost*-Tourismus in Sicherheit zu bringen.«

Als Amsterdamer versteht man das sofort, auch wenn wir eine Metro haben. In dem Artikel liest man alles, was man in den letzten Jahren gesehen hat, nun aber mit Zahlen belegt. Fünfundfünfzigtausend Venezianer gibt es nur noch, in einer Stadt, die jedes Jahr von dreißig Millionen Touristen besucht wird. Venedig ist im Grunde schon mehr als ausverkauft. Im Stadtteil San Mar-

co werden neunzig Prozent der Restaurants von Chinesen, Albanern und Leuten aus dem Nahen Osten geführt. Danach folgt ein Plädoyer. Die Einkünfte, die Venedig erwirtschaftet, sind enorm. Unter all den Attraktionen, die Touristen nach Italien locken, ist Venedig mit seiner Geschichte, seinen unvorstellbaren Kunstschätzen und der Biennale eine der größten. Das Geld dieser Millionen Touristen bleibt nicht nur in der Stadt, sondern fließt auch nach Rom. Kann der italienische Staat dann nicht seinerseits etwas tun, um die Stadt zu schützen? Gegen die Gefahren des Wassers, gegen dieses Verkommen?

Die Mafia, die 'Ndrangheta, ist bereits vor Ort, die extreme Bürokratie gibt es immer noch. Man braucht nur zwei Krimis von Donna Leon zu lesen, um zu wissen, was los ist. Die Geschichte der letzten Jahre mit dem von Korruption und Skandalen durchdrungenen Kampf gegen das immer weiter vorrückende Hochwasser ist dafür auf dramatische Weise exemplarisch. Dann zitiert Tiziano Scarpa einen Gondoliere. Wie dieser früher Leute beförderte, die nicht nur eine halbe Stunde dumm in einer Gondel absitzen wollten, sondern etwas von der Stadt wussten, die zu bestimmten Kirchen gebracht werden wollten, Leute, die wirklich aus Liebe zur Stadt kamen, Gelehrte, die bessere Art von Touristen. Ich kenne die Geschichten über die anderen Touristen und kenne auch die Strategien, die Venezianer sich ausgedacht haben, um die Plage zu leugnen, zu ignorieren, ich kenne auch die Aktionen gegen die großen Schiffe, den leisen und den nicht so leisen Widerstand. In diesen eiskalten Februar- und Märzwochen ist der große Strom etwas abgeebbt, die Venezianer brauchen sich in ihren Lieblingslokalen nicht mit Ausländern abzugeben, die sich auf ihre angestammten Plätze gesetzt haben, und während ich dies schreibe, wird mir bewusst, dass ich selbst auch ein Tourist bin, dass ich abreisen kann, bevor der Sommer und die großen Horden kommen, und natürlich hat alles, was man darüber sagt, zwei Seiten und nochmals zwei Seiten. Doch wenn man schon seit so vielen Jahren hierherkommt, kann man sich die Empfindungen nur allzu gut vorstellen, den Ausverkauf, das Gefühl, dass andere langsam, aber sicher dein Geburtsrecht usurpieren, das, wovon man gedacht hat, es gehöre einem für immer und ewig, Leute, die deine Sprache nicht sprechen, die sich über deine Erinnerungen hinwegsetzen, die Geheimnisse nicht kennen, aus denen jede Stadt für ihre Bewohner besteht, Dinge, die man nicht erklären oder vermitteln kann, es sei denn, der Fremde sei aufgrund dessen, was er oder sie geschrieben oder getan hat, Teil der Geschichte der Stadt geworden wie zum Beispiel einst Montaigne, Byron oder Casanova und später Henry James und Ezra Pound oder Peggy Guggenheim, Thomas Mann, Ernest Hemingway und Mary McCarthy, Namen, die die Farbe der Stadt angenommen haben, weil ihre Träger in ihr gewohnt oder über sie geschrieben haben.

Letzter Tag

Ein letzter Tag oder etwas, das dem gleicht. Wo nehme ich Abschied? Morgenkaffee mit dem *Gazzettino* in einem Café auf der Piazza Santa Margherita. Zum letzten Mal tarne ich mich als Venezianer, versuche, ohne Akzent zu bestellen, möchte verborgen bleiben, Mimikry, sitze im schwachen Sonnenlicht am Fenster wie ein Mann mit einer Zeitung, schaue zum Fischstand hinüber, an dem ich heute keinen Fisch mehr kaufen werde. Wann werde ich wiederkommen? Seit jenem ersten Besuch im Jahr 1964 bin ich fünfzig Jahre lang durch die Welt gereist, doch ich bin immer wieder hierher zurückgekehrt, eine besondere Form von Heimweh. Dennoch habe ich mich nie entschieden, hier zu wohnen, vielleicht weil ich schon mein ganzes Leben lang das Gefühl habe, nie irgendwo wirklich gewohnt zu haben. Weshalb aber liebe ich diesen Ort mehr als andere Orte? Ich versuche, darüber nachzudenken, und komme nicht weiter als bis zu dem Wort eigenartig, und hier meine ich die wörtliche Bedeutung: eigen-artig. Diese Stadt ist unvergleichlich in ihrer Art, in ihrer Geschichte, ihren Menschen, ihren Gebäuden, doch es sind nicht die einzelnen Gebäude, Ereignisse, Charaktere, sondern die Gesamtheit, die Anhäufung sehr großer und sehr kleiner Dinge. Es ist die Stadt selbst, es sind die Menschen, die sie geschaffen haben, diese absurde Kombination von Macht, Geld, Genie und großer Kunst. Erst haben sie die Stadt der Lagune abgerungen, danach sind sie über die großen Meere dahinter ausgeschwärmt, um immer wieder in die Stadt zurückzukehren, die ihr Zuhause war, stets geschützt durch das weise, weite, oft so ruhige und manchmal doch so gefährliche Wasser, das sie auf allen Seiten umschließt, bis es in diesem Jahrhundert zur Gefahr geworden ist, und während ich mir das alles durch den Kopf gehen lasse, weiß ich, dass ich diesen Tag auf dem Wasser verbringen will, aber ich möchte nicht nach Murano oder Torcello, sondern zu der Insel, die ich noch nicht kenne, Sant'Erasmo, Venedigs Gemüsegarten. Im letzten Buch, das ich von Donna Leon gelesen habe, *Stille Wasser*, spielt diese Insel eine besondere Rolle. Ich lasse die Details des Krimis beiseite, mir geht es hier nur um eines, die Schilderung zweier Männer, die über die Unendlichkeit dieses Gewässers rudern, die die Wasserwege kennen. Als ich das Buch las, habe ich die Detailkarte der Lagune danebengelegt, Wasserwege im Wasser, das hat mich an dieser Karte fasziniert. Der eine der beiden Männer hat sich auf diese kleine Insel zurückgezogen, seit dem Tod seiner Frau lebt er dort allein. Hier und da in der Lagune hat er Bienenkörbe, nach denen er sieht. Manchmal sind sie weit entfernt, und diese

Ferne wird beschrieben. Der Mann, der mit ihm rudert, ist Commissario Brunetti, die Hauptfigur in allen Romanen von Donna Leon. Brunetti ist jünger als der andere, der Davide heißt. Er ist auf die Insel gekommen, um sich auszuruhen. Zwischen den beiden hat es klick gemacht, sehr viel früher hat Davide mit Brunettis Vater eine Regatta gewonnen, das verbindet. Und natürlich rudert Davide besser als der Stadtmensch Brunetti, der sehr schnell merkt, dass er körperlich an jenem ersten Tag noch nicht richtig mithalten kann, dass er Blasen an den Händen bekommt. Wie die beiden rudern, wird wunderbar beschrieben. Wir wissen da noch nicht, dass der Ältere am Ende des Buches sterben wird, ein Tod, der im Zusammenhang mit dem wohl wichtigsten Thema aller Bücher von Donna Leon steht: der Korruption in Venedig – wahrscheinlich der Grund, weshalb sie nicht möchte, dass ihre Bücher, die auf der ganzen Welt übersetzt und verfilmt werden, in Italien erscheinen. Vermutlich will sie unbehelligt weiter ihre Arbeit tun, die Korruption ist ein Wuchergebilde, das sich über alles erstreckt, Bau, Immobilienhandel, Adoption, Lizenzen, Restaurants, Schmuggel, Kunst. Doch an jenem ersten Tag geht es nicht um Korruption, sondern um das weite Wasser, die Stille, die Vögel. Während ich dies schreibe, liegt die Karte vor mir. Ich weiß, wohin sie an jenem ersten Tag rudern, auf der Karte sehe ich den Canale di San Felice, aber der Begriff Kanal weckt eigentlich eine falsche Vorstellung. Wasser ist, wie auf allen Karten, hellblau dargestellt. Doch wie ist es, wenn sich in all diesem Hellblau, in dem mit feinen Buchstaben Canale di San Felice steht, Buchstaben zwischen äußerst dünnen Linien von einem dunkleren Blau befinden? Sind diese Linien Ufer? Nein, eigentlich nicht, es sind Wasserwege im Wasser, und dann sieht man es, Seitenkanäle, ganz feine bizarre Windungen, Bezeichnungen für Sumpfland, Segge, Schilf, Land, knapp unter dem Wasser, für jemanden, der Namen liebt, gibt es ständig neue Überraschungen, Motta dei Cunicci,

Ossario di Sant'Ariano und, weiter entfernt, Palude Maggiore, wo die ersten, von den Ostgoten und später von den Langobarden aufgescheuchten Venezianer herkamen, um sich auf die sumpfigen Inseln zu flüchten, aus denen später ihre Stadt werden sollte.

Der Davide Casati aus der Geschichte weiß, wo er fahren, wo er anlegen kann, zwischen den beiden Männern herrscht eine vom Plätschern der Riemen begleitete Stille, als ich es las, hörte ich sie, ich spürte, wie der jüngere Mann langsam in die Stille des anderen vordringt, alles, was sie hören und sehen, schenkt eine merkwürdige Ruhe.

Ich weiß, dass Vaporetto Nummer 13 von der Fondamenta Nuove einmal pro Stunde nach Sant'Erasmo abfährt. Es sind nicht viele Fahrgäste, wir halten ein Mal bei Vignole, wo es im Sommer sehr belebt ist, weil die Stadtbewohner bei großer Hitze dorthin fliehen. Zwei Leute steigen aus, ein Mädchen und ein Mann, der dort ein Fahrrad stehen hat, mit leichtem Neid sehe ich sie langsam in der Landschaft verschwinden, verspüre Neugier auf ihr Leben. Als wir weiterfahren, scheint es, als würde die Welt immer offener, und dennoch ist es nur eine kurze Fahrt. Ich denke, dass ich in der Ferne Burano erkenne, das Vaporetto legt bei Capannone auf Sant'Erasmo an, und die Bewegung der wenigen Leute auf dem Boot sagt mir, dass ich hier aussteigen muss. Ich frage nicht, sondern warte ab, was passiert. Das ist die Stelle, an der in Donna Leons Buch Brunetti aussteigt und Davide Casati trifft. Ich sehe ein paar Leute zur Haltestelle kommen, es sind keine Touristen und keine Stadtbewohner. Sant'Erasmo ist nicht groß, aber langgestreckt, dies sind Leute, die sich kennen, sie haben Landgesichter, Meer und Wind haben sich eingegraben. An ihrem Blick erkenne ich, dass sie die Fremden, die wir sind, registrieren oder, besser ausgedrückt, als gegeben hinnehmen. Wir sind jetzt nur noch zu fünft. Ich hatte beschlossen, bis zur Haltestelle Sant'Erasmo Chiesa zu fahren, weil ich dachte, dass es im Umkreis der Kirche wohl ein Café geben würde, aber dort ist nichts. Wir sind die Einzigen, die aussteigen, die anderen bleiben sitzen bis zur einzigen Haltestelle, die danach noch kommt. Das Boot legt ab, noch eine ganze Weile höre ich das Geräusch des Motors. Nahe der Kirche steht eine Säule und auf ihrer Spitze ein Vogel mit ausgebreiteten Flügeln. Die Stille ist übermächtig, allein die Buchstaben auf der Säule sagen etwas. Von Ehre sprechen sie, von Heldentum, Sant'Erasmo wird sie nicht vergessen, die hier, auf dem Altar des Vaterlands, ihre jungen Jahre geopfert haben. Ob ich es richtig verstehe, weiß ich nicht, von einer zinnoberroten Blume ist die Rede, einer Blume, parfümiert mit menschlicher Tugend. So viel Eloquenz verwirrt, und es stehen keine Namen dabei. Die Kirche ist niedrig, klein, intim. Die Türen sind offen, aber es ist niemand zu sehen. Neben dem hohen Eingangstor gibt es nur noch zwei schmale Fenster, dadurch gleicht die Kirche einer Festung, es kann ordentlich toben auf der Lagune. Die Oberseite der vorderen Fassade hat Ähnlichkeit mit einer Wolke, aufeinanderfolgende Wellen von Weiß. Drinnen ein Mosaik mit einem gekrönten Christus und seiner Mutter, ihre byzantinischen Füße in kleinen Steinchen quer auf einem niedrigen Podest, daneben, kniend, der heilige Erasmus. Als ich wieder draußen bin, sehe ich noch immer niemanden. Aus der Kirche habe ich ein Blatt mitgenommen, eine arabische Legende über einen Sultan. Ich erkenne die Geschichte, es ist die vom Gärtner und vom Tod, die wir aus dem berühmten Gedicht von P.N. van Eyck kennen, es endet mit den unvergesslichen Versen, mit denen der Tod seiner Verwunderung darüber Ausdruck verleiht, »hier noch zu sehn den Gärtnersmann, den abends ich sollt' hol'n in Isfahan«. Was danach auf dem Blatt steht, handelt von einem Zen-Meister. Japan, Persien, ich bin weit weg und doch mitten in der globalen Welt ausgestiegen. Es kommt einem Ereignis gleich, als später ein kleiner Pick-up vorbeifährt. Auf gut Glück gehen wir zuerst ein Stück nach links, dann nach rechts. Ein Weingarten, in der Ferne Häuser, hier und da ein abgestelltes Fahrrad, weit weg das Geräusch eines Traktors, ein kleiner Hafen, Boote ohne Menschen, Duckdalben, grauer Nebel, in der Ferne flaches Land, fast holländisch. Ich muss an die Ruderfahrten denken, die Leon in ihrem Buch beschreibt. Zwischen Segge und Schilf fährt das Boot, durch das niedrige Wasser schimmert der Sand, den die Glasbläser von Murano schon seit Jahrhunderten verwenden. Auch dort ist die Stille vollkommen. Casati rudert, ihr kleines Boot ist ein *puparìn*, ein Vorläufer der Gondel, und Commissario Brunetti hat die Augen weit geöffnet. »Brunetti hatte seit seiner Kindheit gerudert, aber ihm war klar, dass seine Hilfe bei dieser Fahrt nicht nötig war, so vollkommen gleichmäßig glitten sie wie am Schnürchen dahin, kein Schwanken, kein Rucken, wie ein im Aufwind segelnder Vogel oder ein Skiläufer, der einen Hang hinabschwebt … An der Inselspitze nahmen sie in einer fließenden Bewegung, der Küstenlinie folgend Kurs gen Osten auf, vorbei an vereinzelten Gebäuden und verlassenen Äckern … Nun drehte er sich doch um, musste Casati beim Rudern beobachten.

Wie vollkommen ausgewogen dieser sich bewegte, vor und zurück, vor und zurück, wie mühelos die Hände das Ruder führten. Kein Mann im Alter von Brunetti und auch kein jüngerer brächte es fertig, so zu rudern … Fast unmerklich fielen die Tropfen vom Blatt, bevor die Spitze eintauchte und nach hinten zog. Auch sein Vater hatte so gerudert.«

Jetzt will ich unbedingt ein Boot auf dem Wasser sehen, die Ruderer lediglich Umrisse vor dem Licht am Horizont, doch das Einzige, was es hier zu sehen gibt, ist das Wasser selbst, eine graue, glänzende Fläche, auf der nur wenige die geheimen Wege kennen; wir gehen einen schmalen Pfad zwischen grünen Feldern und dem Wasser entlang, Venedig ist weit weg und ganz nah, und während ich da gehe im Takt meiner Schritte, mit dem Wind als

Begleiter, versuche ich, über das Wunder von alldem nachzudenken, eine Stadt, von Menschen im Wasser erbaut, eine Menschengattung, die in dieser Wasserlandschaft einen aberwitzigen Traum geträumt hat, in Gedanken sehe ich über dem Wasser eine Stadt aus Palästen und Kirchen aufragen, eine so nie gesehene Vision. Einst holten die Venezianer aus Alexandria die Relikte des Evangelisten Markus und machten sein Löwengesicht zum Symbol ihrer Stadt. Schöner als Carpaccio hat niemand diesen Löwen gemalt, mit dem Dogenpalast links in der Ferne und rechts etlichen Schiffen mit vollen, geblähten Segeln. Links im Vordergrund Sträucher, ein Baum, ein Stück Land, das fast unsichtbar in das Wasser übergeht, mit dem die Stadt vermählt war, und inmitten von alledem der Löwe mit dem durchsichtigen Kreis seines Heiligenscheins um den wütenden, herrischen Kopf, hinter seinem Nacken mit der Mähne die gestreckten langen Flügel, dank derer er mit einem Mal auch ein Vogel ist. Kräftig und geschmeidig ist er, er steht fest auf der Erde, beherrscht aber auch das Wasser und die Luft darüber, Meister aller Elemente, aus der Antike nach Europa gekommen, seine rechte Tatze mit den scharfen Krallen liegt machtvoll auf dem aufrecht stehenden Buch. Die beiden aufgeschlagenen Seiten sind strahlend weiß, den Worten auf dem leuchtenden Blatt kann man sich nicht entziehen: Pax tibi marce evangelista meus, Friede dir, Markus, mein Evangelist. Mythen können alles, sie können den jüdischen Schüler eines gekreuzigten Lehrers ein Buch schreiben lassen, das über die Jahrhunderte hinweg bestehen bleibt, sie können dem Löwen, der zu dem Mann gehört, Flügel verleihen und die Kraft, eine Stadt zu schützen, sie können diesen Löwen auf eine Säule setzen, mitten auf einem Platz der Stadt, von wo er über die Lagune blicken kann, und so steht er da: ein Löwe über der Stadt und dem Wasser.

Textnachweise

Das erste Mal: entstanden 2018, deutsche Erstveröffentlichung im vorliegenden Band.

Langsame Ankunft: geringfügig überarbeiteter Auszug aus *Im Orientexpress*, entstanden 1982, auf Deutsch erstmals erschienen in: Cees Nooteboom, *Nootebooms Hotel*, Suhrkamp Verlag, Frankfurt am Main 2000.

Ein Traum von Macht und Geld: geringfügig überarbeitet, entstanden 1998, unter dem Titel *Venezianische Vignetten* auf Deutsch erstmals erschienen in: Cees Nooteboom, *Nootebooms Hotel*, Suhrkamp Verlag, Frankfurt am Main 2000.

Das zerstückelte Labyrinth: entstanden 2012/2013, auf Deutsch erstmals erschienen in: Cees Nooteboom, *Venezianische Vignetten*, Insel Verlag, Berlin 2013.

Venedig – Fluide Stadt: entstanden 2017, nummerierte und limitierte Auflage, Edition 5Plus, Hamburg u.a. 2017.

Auf der Spur der Maler: entstanden 2018, deutsche Erstveröffentlichung im vorliegenden Band.

Auszug aus *Giacomo und Teresa: Eine Geschichte aus zwei Welten* (S. 153-158): entstanden 2000, auf Deutsch erstmals erschienen unter dem Titel *Casanova* in: Cees Nooteboom, *Nootebooms Hotel*, Suhrkamp Verlag, Frankfurt am Main 2000.

Sämtliche Texte wurden von Helga van Beuningen aus dem Niederländischen übersetzt.

Bibliographie

Jorge Luis Borges, *El jardín de senderos que se bifurcan* (*Der Garten der Pfade, die sich verzweigen*), in: *Ficciones*, Editorial Sur, Buenos Aires 1944.

Joseph Brodsky, *Collected Poems in English*, Farrar, Straus & Giroux, New York 2002.

Joseph Brodsky, *Ufer der Verlorenen*, aus dem Amerikanischen von Jörg Trobitius, Carl Hanser Verlag, München 1991.

Alejo Carpentier, *Concierto barroco*, Alianza Editorial, Madrid 2012 (*Barockkonzert*, aus dem Spanischen von Anneliese Botond, Suhrkamp Verlag, Frankfurt am Main 2006).

Jorge Carrión, *Barcelona. Libro de los pasajes*, Galaxia Gutenberg, Barcelona 2017.

D.S. Chambers, *The Imperial Age of Venice*, 1380-1580, Thames & Hudson, London 1970.

Louis Couperus, *Uit blanke steden onder blauwe lucht*, L.J. Veen, Amsterdam 1912.

Michael Dibdin, *Tödliche Lagune. Aurelio Zen ermittelt in Venedig*, aus dem Englischen von Ellen Schlootz, Goldmann, München 1995.

Carlo Favero/Giorgia Favero, *The discalced Carmelites in Venice*, ins Englische übertragen von Jeremy James Scott, Biblos Edizioni, Cittadella 2015.

Federico Fellini/Bernardino Zapponi, *Le Casanova de Fellini*, *Scénario*, Éditions Albin Michel, Paris 1977.

Amable de Fournoux, *La Venise des Doges*, Editions Tallandier, Paris 2012.

Marina Gasparini Lagrange, *Labirinto veneziano*, Candaya, Barcelona 2010.

Franz Kafka, *Tagebücher*, Band 2: 1912-1914, S. Fischer, Frankfurt am Main 2008.

Donna Leon, *Earthly Remains*, Arrow Books, Penguin Random House, London 2017 (*Stille Wasser*, aus dem Amerikanischen von Werner Schmitz, Diogenes, Zürich 2017).

Donna Leon, *Through a glass darkly*, Arrow Books, Penguin Random House, London 2007.

Giulio Lorenzetti, *Venezia e il suo estuario*, Instituto Poligrafico dello Stato, Rom 1956.

Valeria Luiselli, *Falsche Papiere. Essays*, aus dem Spanischen von Dagmar Ploetz und Nora Haller, Verlag Antje Kunstmann, München 2014.

Rosella Mamoli Zorzi, *Wonder and Irony with Henry James and Mark Twain in the Venice Ducal Palace*, Supernova Edizioni srl, Venedig 2018.

Predrag Matvejević, *Das andere Venedig*, Wieser Verlag, Klagenfurt 2007.

Mary McCarthy, *Venice Observed*, A Harvest Book, New York 1963.

Eugenio Montale, *Collected Poems* 1920-1954, übersetzt und mit Anmerkungen versehen von Jonathan Galassi, Farrar, Straus & Giroux, New York 1998.

Eugenio Montale, *Selected Poems*, Penguin Books, Harmondsworth 1969.

Paul Morand, *Venetiës*, privédomein nr. 136, De Arbeiderspers, Amsterdam 1988 (*Venises*, Gallimard, Paris 1983).

Lothar Müller, *Casanovas Venedig. Ein Reiselesebuch*, Verlag Klaus Wagenbach, Berlin 2009.

John Julius Norwich, *A History of Venice*, Penguin Books, London 2003.

Rev. Alexander Robertson, *Fra Paolo Sarpi, the greatest of the Venetians*, Sampson Low, Marston & Company, London 1894.

Andrea di Robilant, *Venetian Navigators*, Faber and Faber, London 2011.

Giandomenico Romanelli, *Venedig, Kunst und Architektur*, 2 Bände, Könemann, Keulen 1997.

John Ruskin, *The Stones of Venice*, herausgegeben von J. G. Links, Da Capo Press, Cambridge 2003 (*Steine von Venedig*, Faksimile-Ausgabe in drei Bänden, herausgegeben und mit einem Nachwort versehen von Wolfgang Kemp, aus dem Englischen von Hedwig Jahn, Harenberg, Dortmund 1994).

John Ruskin, *The Stones of Venice,* Vol. I and II, Bernhard Tauchnitz, Leipzig 1906.

Toni Sepeda, *Brunetti's Venice*, Grove Press, New York 2008.

Salvatore Settis, *Wenn Venedig stirbt*, Verlag Klaus Wagenbach, Berlin 2015.

Philippe Sollers, *Casanova l'admirable*, Gallimard, Paris 2000.

Miklós Szentkuthy, *Marginalia on Casanova, St. Orpheus Breviary*, Vol. I, Contra Mundum Press, New York 2012.

Hippolyte Taine, *Venise*, in: *Voyage en Italie* (1866), Editions Grand Caractère, Paris 2006.

Gary Wills, *Venice Lion City*, Simon & Schuster, New York 2001.

Inhalt